HISTOIRE

DE LA VILLE

DE CHERBOURG.

Se trouve :

A Paris ,   chez *Pesron*, libraire, rue Pavée-Saint-André-
des-Arts , n.º 13, et *Lance* , libraire , rue
du Bouloy, n.º 7 ;

A Caen ,   chez *Mancel* , libraire ;

A Coutances, chez *Tanqueray* , imprimeur-libraire ;

A Valognes , chez *Gomont* , imprimeur-libraire.

CHERBOURG , IMPRIMERIE DE BOULANGER.

HISTOIRE

DE LA VILLE

DE CHERBOURG,

de Voisin-la-Hougue,

Continuée depuis 1728 jusqu'à 1835,

PAR VÉRUSMOR.

CHERBOURG,

BOULANGER, Libraire, rue des Bastions.

1835.

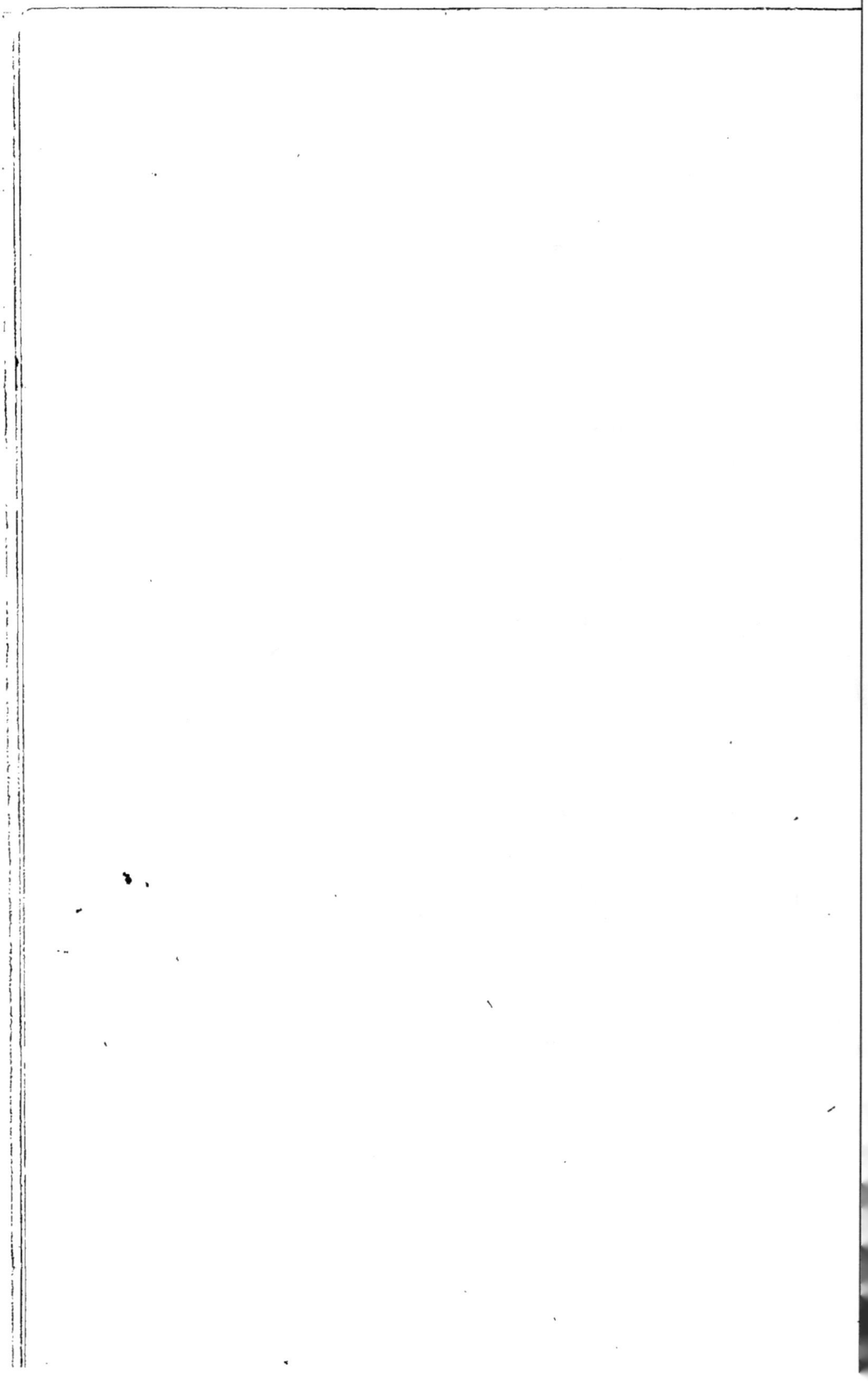

Préface des Éditeurs.

———••••••———

L'Histoire de la ville de Cherbourg, par Voisin-la-Hougue, fut composée dans l'intervalle de 1720 à 1740. Elle a été copiée et falsifiée par madame Retau-Dufresne, qui la fit imprimer sous son nom en 1760, en un petit volume in-12 ; mais elle n'a jamais été publiée par son véritable auteur. Son travail était donc inédit lorsque nous avons entrepris de le rendre public. Nous nous sommes servis non d'une copie , mais du manuscrit autographe , dont est propriétaire M. Boulanger, imprimeur de cette histoire. Nous ne nous sommes permis de faire des changements à la manière d'écrire de Voisin-la-Hougue, que quand des solécismes ou des obscurités dans la narration nous en ont fait un devoir ; quant au reste, nous n'avons eu garde d'y toucher. On nous reprochera peut-être ce scrupule , que nous avons cru une obligation ? on pourra nous demander pourquoi nous n'avons pas remanié le style de Voisin-la-Hougue, qui est assez médiocre : à cela nous répondons ici : sans doute ce style est loin d'être beau ; il manque de nerf et souvent de correction ; il est lourd et quelquefois diffus ; mais s'il est permis de changer le style de l'écrivain médiocre sous prétexte d'améliorer ses phrases, il n'y a pas de raison pour que cela n'autorise à changer aussi celui de l'écrivain supérieur, non plus alors pour l'embellir mais pour le dégrader. Nous croyons que l'on doit un religieux respect au style des manuscrits, qu'il est sacré pour les éditeurs, et qu'il faut imprimer un auteur, quel qu'il soit, d'après lui-même et non pas d'après nous. D'ailleurs Voisin-la-Hougue est le plus ancien historien de Cherbourg; à ce titre on doit respecter sa mémoire, et ce motif seul nous eût décidé à la publication textuelle de son manuscrit.

Mais un mérite qu'on ne contestera pas à Voisin-la-Hougue, c'est celui des recherches et de l'exactitude dans les faits et les détails, qualité si précieuse dans celui qui écrit l'histoire, que sans elle les annales d'un peuple ne sont plus qu'une série d'erreurs et de mensonges.

RAGONDE. VÉRUSMOR.

Cherbourg, 25 avril 1835.

ERRATA.

•◊•

Page 27, ligne 13, au lieu de, *depuis*, lisez, *après*.

Page 32, ligne 20, après, *roi d'Angleterre*, il devrait y avoir en note : *Ce n'était point Canut, mais Ethelred II, qui régnait en Angleterre en 1003, et ce fut celui-ci , beau-frère du duc Richard, qui descendit à Barfleur et fut défait par Néel-de-Saint-Sauveur.*

Page 64, ligne 2, au lieu de, *le cabinet*, lisez, *les cabinets*.

Page 111, ligne 4, au lieu de, *près de cette chapelle*, lisez, *près de la chapelle*.

Page 176, ligne 25, au lieu de, *Arcadie*, lisez, *Acadie.*

Page 203, ligne 11, au lieu de, *cassematées*, lisez, *case-matées.*

Page 288, ligne 2, au lieu de, *leste*, lisez, *lest.*

Page 319, ligne 14, au lieu de, *l'hospice de la cité*, lisez, *de l'hospice et de la cité.*

Page 327, ligne 1.re, au lieu de, *aggression*, lisez, *agres-sion.*

Page 358, ligne 16, au lieu de, *à travrers*, lisez, *à travers.*

De la Situation et de l'État

P R É S E N T

de la ville de Cherbourg (1).

———◦———

CHERBOURG est une ancienne ville, frontière maritime, située en Basse-Normandie, dans la presqu'île du Cotentin, à l'entrée d'un port spacieux dans lequel se décharge la rivière Divette, et au fond d'une grande baie formée en partie par une grève de plus de deux lieues et demie de longueur, qui a la figure d'un croissant.

Messieurs de l'académie déterminèrent sa longitude ou distance du premier méridien, à 16 degrés, et sa latitude à 49 degrés 38 minutes 10 secondes. Ainsi elle se trouve dans le neuvième climat, vers le milieu de la zone tempérée septentrionale. Son plus long jour d'été est de 16 heures 4 minutes, et son plus court, de 7 heures 56 minutes.

---

(1) Cette introduction nous reporte vers l'année 1740.

Sa situation èst très-agréable et son air fort sain et tempéré. Elle est bornée, au nord et nord-est, par la Manche ou mer de Bretagne ; à l'est, elle a une plaine de sable ou *dunes*, où étaient autrefois des salines. Entre cette plaine et la ville se trouve le port, qui sera très-beau et très-commode lorsqu'il sera achevé. Vers le midi, se trouve la montagne du Roule composée de rochers d'une dureté extraordinaire et d'ardoises brunes excellentes. Enfin, vers le couchant, s'élèvent un peu au loin d'agréables collines qui forment un bel aspect.

Il y a aujourd'hui à Cherbourg un siége d'une vicomté royale, un de haute justice ou baillage abbatial, un d'amirauté, un des traites, et une bonne manufacture de draps.

L'église de la Très-Sainte-Trinité est la seule paroisse de cette ville : elle contient, outre le chœur, douze chapelles et autels. On y admire un crucifix de 5 pieds 7 pouces de hauteur, qui est un des plus beaux ouvrages qui soient au monde. La cure est à la présentation de monseigneur l'évêque de Coutances. Il y avait autrefois dans le château de Cherbourg une église paroissiale dédiée à Saint-Bénoît ; mais elle fut démolie en 1688, pour raisons qu'on rapportera en leur lieu.

De plus, il y a dans la ville un hôtel-dieu ou hôpital fort ancien, sous la protection de Saint-Louis, fondé et entretenu par les bourgeois, pour les pauvres du lieu, et dans son territoire, une abbaye royale nommée l'abbaye de Notre-Dame-du-Vœu, où il y a des chanoines de l'ordre de Saint-Augustin.

Au reste, Cherbourg est fort peuplé; ses habitants sont exempts de la taille, et ont leur *franc-salé* (1), à cause de la garde perpétuelle qu'ils font. On y compte environ huit mille ames et dix-huit cents maisons. M. de Matignon en est gouverneur; M. le marquis de Fontenay, lieutenant de roi. Il y a de plus trois maires-échevins, qui se changent ordinairement tous les trois ans. La bourgeoisie est divisée en quatre compagnies, qui ont chacune un capitaine de quartier.

Cette ville a été des plus fortes, et a soutenu de très-longs siéges, dans lesquels ses habi-

---

(1) C'est-à-dire la liberté d'acheter et de revendre du sel sans payer au roi aucune imposition.

tants ont fait voir leur valeur, les ayant pour la
plupart soutenus seuls et sans l'aide d'aucune
troupe ; mais son château et ses murs furent
démolis en 1689, comme on le verra dans le
cours de cette histoire.

Elle n'a présentement pour toute défense que
quelques petits forts bâtis sur le bord de la
côte , pour protéger l'accès de sa rade, qui est
à son nord et nord-est, à environ une demi-
lieue de distance. C'est un fond de sable ferme
et de très-bonne tenue , où les navires sont à
l'abri de tous vents , excepté des vents de nord
et de nord-ouest. Cette rade est fermée par
deux petites îles ou rochers, qui découvrent de
toutes les marées. La première , qui est au
nord-est, s'appelle l'île Pelée : elle était encore
vers le milieu du seizième siècle jointe à la terre
ferme, et il montait pour lors 2 pieds et demi
d'eau dans le port plus qu'il n'en montait avant
les nouveaux travaux de 1738 ; aujourd'hui elle
en est séparée par un trajet d'un quart de lieue ,
où il ne reste que 4 ou 5 pieds d'eau à mer
retirée. On pourrait la rejoindre au continent
par une digue sans beaucoup de peine , ce qui
rendrait la rade encore meilleure et presqu'aussi
assurée qu'un port. L'autre île se nomme le

Hommet ; elle est au nord-ouest, et découvre pareillement de toutes les marées ; on peut même l'accéder à pied sec dans les grands flots de mars et de septembre.

Ces deux îles ne sont éloignées l'une de l'autre que d'une portée de canon : étant placées à l'entrée de la rade, il serait aisé, en les fortifiant, d'en rendre l'approche impossible aux ennemis, d'autant plus que les vaisseaux ne peuvent en approcher qu'en côtoyant le Hommet, et que la rade est actuellement défendue par quatre forts qui subsistent aux environs de Cherbourg. Le premier est le fort d'Equeurdreville, bâti sur une pointe avancée à l'extrémité de la baie et à une portée de pistolet de l'île du Hommet. Le second, et plus considérable, se nomme le fort du Galet ; il est placé plus au-dedans de la baie sur une autre pointe. Le troisième se nomme le fort de Longlet ou de Langlet, situé à l'angle de la nouvelle ville que M. le maréchal Vauban faisait construire en 1688 ; et le quatrième est la redoute de Tourlaville, bâtie à l'orient de la ville, à l'opposite et vis-à-vis de l'île Pelée.

Le port de Cherbourg est, comme on l'a

dit , au fond de la baie , à côté de la ville , vers l'orient, et à l'abri de tous vents, et le bassin nouvellement fait est au bout vers le midi, dans lequel les vaisseaux sont toujours à flot quand on retient les écluses.

Il y a un autre petit fort à Cherbourg, nommé la Fosse-du-Galet, placé entre le fort de ce nom et celui d'Equeurdreville ; il est à l'abri des vents de nord et de nord-ouest par la pointe d'Equeurdreville et le Hommet. Deux rochers avancés forment comme deux jetées à ce port. Il y monte 19 à 20 pieds d'eau , même de mer retirée. Il serait fort aisé de l'accroître et d'en faire un port spacieux et profond où les vaisseaux de guerre du premier rang seraient toujours à flot, et sans contredit le meilleur du royaume , en faisant défoncer une pièce de terre voisine , nommée le Pré-du-Roi, dans laquelle on a sondé avec des crochets ou aiguilles de fer de 30 pieds de long , sans qu'il s'y soit trouvé autre chose que de la terre ou argile.

A la distance de 4 ou 5 lieues , des deux côtés de Cherbourg , sont les deux fameux caps de la Hague et de Barfleur , qui forment à leurs pointes deux grands raz ou tourbillons d'eau.

Cherbourg et ces deux caps sont à la tête d'une langue de terre qui s'avance jusqu'au milieu de la Manche, dans le voisinage et vis-à-vis de l'île de Wigth, et de Portsmouth, qui est le principal port de guerre des Anglais, où ils font presque tous leurs armements de mer, et qui n'est éloigné de Cherbourg que de 18 ou 20 lieues, c'est-à-dire de trois ou quatre heures de vent favorable : avec cette circonstance qu'à l'aide des différents courans qui règent entre Portsmouth et Cherbourg, ils peuvent venir en ce dernier lieu en très-peu de temps et même de vent contraire.

A côté de Cherbourg, à une distance beaucoup moindre, sont les îles de Jersey, Guernesey et Aurigny, où les Anglais et leurs alliés entretiennent en temps de guerre un grand nombre de corsaires.

Pendant ce temps, il est presqu'impossible que les vaisseaux français ne viennent relâcher à Cherbourg lorsqu'ils font commerce dans la Manche, n'ayant point d'autre asile où se retirer en cas qu'ils fussent poursuivis par les vaisseaux ennemis ou corsaires des îles, qui croisent continuellement à la hauteur de ce port, pour tâcher de les prendre lorsqu'ils les aperçoivent doubler l'un des deux caps de la Hague ou de Barfleur.

Toutes ces considérations font bien voir qu'il serait d'une très-grande utilité qu'il y eût deux bons ports à Cherbourg ; savoir : un dans la Fosse-du-Galet pour les vaisseaux de guerre, et que l'ancien ou celui des navires marchands, qui a été commencé à rebâtir depuis quelques années, fût achevé. On pourrait les construire sans beaucoup de dépenses, ayant sur les lieux d'excellents matériaux et en abondance, même pour faire toutes sortes d'ouvrages et fortifications qui seraient très-utiles et nécessaires en cette place, étant pour ainsi dire une clef du royaume ; d'autant plus que les Anglais, qui l'ont autrefois possédée, ont toujours eu fort à cœur de la reprendre et de s'y rétablir, comme on le verra dans la suite par les grandes guerres et siéges que ses habitants ont eus à soutenir, principalement contre cette nation, et dont ils ont toujours triomphé, ayant sans relâche donné des preuves éclatantes de la sincère affection et de l'entière obéissance qu'ils ont inviolablement gardées à leur souverain. De sorte qu'on donne à juste titre à cette ville pour devise : *Semper Fidelis, Toujours Fidèle*. Ayant de temps

immémorial mérité cette noble épithète dans les chartes et priviléges que les rois de France ont accordés à ses habitans, « la concession des-
» quels priviléges, dit la charte de Louis XV,
» étant le prix d'une fidélité dont ils nous ont
» et à nos prédécesseurs donné des preuves écla-
» tantes pendant les guerres civiles et externes
» qui ont affligé notre royaume en différents
» tems, etc. » On peut aussi dire, à la gloire des mêmes habitants, que dans les fâcheuses ré-volutions que le christianisme a souffertes pen-dant les guerres des derniers siècles, ils ont toujours conservé une catholicité si pure, que l'hérésie n'y a jamais gagné une seule famille.

Cherbourg a toujours fait naître des grands hommes pour les armes, pour les sciences et pour la religion.

Pour les armes, il ne faut que considérer Martel de Lécange, Duficet, Gerberot, comte de Cherbourg, ses deux fils ; Vigan, les Caillières père et fils ; les Roches-Oranges et le Hédois, qui, par leur valeur, se sont acquis la réputa-tion de braves guerriers dans la conquête de l'Angleterre et de la Terre-Sainte, ainsi que dans plusieurs siéges et batailles ; entr'autres les Roches-Oranges et le Hédois, qui, par leur générosité, sont devenus, le premier, de simple soldat, lieutenant-général des armées du roi, et le second, de simple matelot, vice-amiral du Brésil.

Pour les beaux-arts et les lumières, Cherbourg en a fourni dans tous les genres, historiens, sculpteurs, humanistes, poëtes, chirurgiens, médecins, navigateurs.

Entrons dans le détail, nous trouverons M. de Caillières père, qui s'est fort distingué dans l'histoire, en ayant donné plusieurs au public, dont on parlera en son lieu. François de Caillières et le chevalier son frère, qui ont brillé parmi les savants humanistes, et qui ont beaucoup contribué à la pureté et à l'élégance de la langue française, ayant composé la Science du Monde, les Droits des Ambassadeurs, le Traité des Mots à la mode et celui du Bon et du Mauvais Usage dans la manière de s'exprimer. Parmi les poëtes renommés, ont paru le chevalier de Caillières, de l'académie française, et la Tolvâterie Gallien, avocat, qui ont mis au jour plusieurs pièces de poésies fort estimées : ce dernier remporta, en 1639, le prix d'un poème au *Polinod* de Rouen, ayant pour concurrent le célèbre poëte Corneille. Le crucifix admirable qui se voit dans l'église de Cherbourg et le célèbre monument de l'Assomption, rendent des témoignages authentiques des bons sculpteurs et machinistes qui se sont trouvés dans cette ville. Jean Groult, chirurgien des rois Louis XIII et Louis XIV, et Jean Hamon, fameux médecin, auteurs de plusieurs ouvrages solides, ont rendu de grands services au public. Nos bourgeois enfin ont eu part aux découvertes du Nouveau-Monde, puisqu'en 1520, trois frères nommés les Parmentier, découvrirent l'île de Fernambouc (1), dans l'Amérique; Barthélemy le Hédois, vice-amiral du Brésil, dont on a déjà parlé, a aussi découvert une île, qu'il a nommée de son nom, l'île Barthélemy.

Touchant la religion, jamais on n'oubliera les noms du frère Claude, capucin, du bienheureux Barthélemy Picqueray, du père Duquesne, hermite, d'Antoine Paté, curé de Cherbourg, et de plusieurs autres grands personnages décédés en odeur de sainteté.

Enfin, les bornes d'une préface ne nous permettant pas de nous étendre davantage sur ces matières, nous dirons, avant de finir, que, quoique le malheur des temps et la négli-

(1) Ou Olinde.

gence de nos ancêtres ne nous aient presque rien laissé des divers grands événements qui se sont passés à Cherbourg, nous détaillerons au moins ce que les meilleurs auteurs et les plus dignes de foi nous ont laissé touchant cette ville.

HISTOIRE

DE LA

Ville de Cherbourg.

—————

CHERBOURG est une ville fort ancienne , qui était autrefois très-peuplée et très-commerçante.

L'étymologie de son nom et son origine ont beaucoup partagé les esprits ; car les uns l'appellent Caroburgus ou Charoburgum ; le père Briet, Baudrant et Moréri sont de ce sentiment ; le président de Thou, au contraire , le nomme Chéreburgum ; Monet, Cherburgium ; l'abbé Cossin , Cœrerisburgus , et quelques autres , Cheriburgum. Plusieurs même l'ont appelé Cherebertum , de Cherebert, roi de Paris , qui pourrait , disent-ils , l'avoir fondé ; mais si cette opinion avait du fondement , il faudrait que Clotaire, fils de Clovis , eût bâti cette ville et qu'il lui eût donné le nom de son fils Cherebert ; car il y a peu d'apparence que Cherebert l'ait bâtie lui-même , puisque notre province n'était point dans son partage, à moins que le canton où elle est située n'eût été une enclave qu'il aurait pu retenir ou acquérir dans le royaume de son frère Chilpéric, afin d'avoir un port de mer. Au reste, cela nous paraît sans solidité, et la ressemblance des noms ne suffit pas pour nous en persuader; car nous trouvons dans l'histoire de plus anciennes époques au sujet de cette ville que n'est le règne de ce roi.

Thomas Corneille, Scaliger et quelques autres écrivains croient que Cherbourg est le Coriallum de l'itinéraire d'Antonin.

Enfin, il est appelé Cœsarisburgus ou Cœsarisburgum, bourg de César, suivant Ordéric-Vital, Trivet, Cœnalis, Froissart, Sigebert, Sainte-Marthe, Duchesne, Desrues, Dumoutier, Audifret, Nagerel, Pelletier, Mollières et les plus célèbres auteurs. Ainsi le parti de ceux qui font César le fondateur de cette ville se trouve le plus nombreux, et c'est le sentiment le plus commun; car quoiqu'il ne soit point parlé dans les Commentaires de César qu'il fût jamais entré dans cette partie des Gaules, il se pourrait faire que le général Sabinus, qui y vint par son ordre, y eût laissé quelques monuments en son nom, faisant bâtir ou augmenter Cherbourg, supposé qu'il ne le fût pas dès lors. (1)

---

(1) S'il pouvait rester quelques doutes sur l'identité du Cherbourg moderne et du *Coriallum* de l'itinéraire d'Antonin, de la carte de Peutinger, du *Pagus Coriovallensis* de la chronique de Saint-Wandrille, l'étymologie du mot Cherbourg, que nous avons donnée dans l'Annuaire de la Manche de 1829, les fera peut-être tous disparaître.

Cherbourg est un mot celtique composé de deux mots encore employés dans les dialectes du pays de Galles et de la Basse-Bretagne. Dans ces dialectes, le mot *ker* signifie une ville, une habitation, *burg* ou *bourg* signifie un château, une forteresse. En Bretagne, le mot *ker* remplace dans les noms de lieux le mot ville des autres parties de la France ; ainsi le nom *Ker-Caer* répond à notre mot belle ville. D'après l'accent particulier au nord de la Manche, le mot *ker* devait se prononcer cher, puisque même encore de nos jours la même différence existe dans la prononciation des mots commençant par *ch*. Le mot *chien*, par exemple, se prononce, dans le midi du département de la Manche, kien, tandis que nos paysans du nord le prononcent tchien, en aspirant fortement *ch*.

Le mot Cherbourg signifiait donc, dans la langue des anciens Gaulois, une ville de guerre, une ville fortifiée. Ainsi c'est aux anciens Gaulois qu'il faut attribuer la fondation de cette ville ; car si elle eût été fondée par les

On a trouvé dans les ruines de son château
des médailles de Jules-César en quantité , ce

Romains, elle aurait , ainsi que beaucoup d'autres villes
romaines de la Gaule, pris un nom romain. Le mot latin
Coriallum ou *Coriovallum* , donné par les Romains à
Cherbourg, est une traduction du nom celtique. Les Romains se contentèrent de traduire la dernière partie de ce
nom , le mot *Burg* rendu par le mot *Vallum* , son équi-
valent en latin , et sans mettre beaucoup de soin à en
conserver la prononciation , ils maintinrent la première
partie de ce nom , le mot *ker* qui, dans la bouche des
soldats , devint très-facilement le mot *cor* ou *corio*. Le mot
ker , dans les divers dialectes celtiques , se prononce de
diverse smanières ; ainsi nous avons Carentan , Corintin
Cartret , etc.

Nous saisissons cette occasion pour réclamer contre un
oubli , sans doute involontaire , commis à notre préjudice
par M. A. de Berruyer, dans son Guide du Voyageur à
Cherbourg. Nous lui avions communiqué , lors de la ré-
daction de son Guide , entr'autres notes sur l'histoire
de Cherbourg , le développement de l'étymologie du nom
de Cherbourg, que nous n'avions fait qu'indiquer dans une
note marginale d'un article inséré dans l'Annuaire de la
Manche pour l'année 1829. M. de Berruyer s'est accommodé
de notre étymologie , et cela , sans se donner la peine de
dire à qui il la devait.

RAGONDE.

qui prouve très-bien qu'il fut bâti ou rétabli par ses généraux : il pouvait même être et subsister auparavant; car on y trouva aussi plusieurs médailles d'or très-anciennes (qui ne pouvaient être que du temps où l'art de la sculpture n'était point connu dans les Gaules), sur lesquelles étaient imprimés, d'un côté, un visage et de l'autre un cheval fort mal fait (1); or, la sculpture était connue du temps de César, ce que nous prouvons par les médailles de ce prince, qui étaient fort bien faites; donc Cherbourg subsistait, et même était déjà ancien quand les Romains portèrent leurs armes dans ce pays.

Le grand nombre de médailles qu'on trouve des premiers empereurs romains, Tibère, Caligula, Néron, Galba, Vespasien, Titus, Antonin, etc, démontre au mieux l'antiquité de cette ville, surtout la quantité qu'on trouva en 1688,

---

(1) Ces médailles, en bronze et en argent d'un titre très-bas, dont Voisin-Lahougue semble ignorer l'origine, appartiennent aux Celtes. On les trouve fréquemment dans le nord de la France. M. Ed. Lambert, de Bayeux, a fait de savantes et profondes recherches sur cette partie encore très-obscure de la numismatique. La publication de son travail est impatiemment attendue des savants.

R.

dans une urne sous une des roches du Roule, avec cette inscription grecque :

(**1**) *Nicomedes Epirôn basileus,* Nicomède, roi d'Epire.

Le château de Cherbourg avait d'ailleurs beaucoup de marques d'antiquité, principalement le donjon, dont les tours avaient plus de cent vingts pieds de hauteur : aussi passait-il pour le plus fort château du monde.

Froissart, Nagerol, Corneille, Masseville.

C'est ainsi qu'en parlent les plus célèbres historiens ; et on l'avait bâti pour défendre l'entrée du port, à l'extrémité duquel on avait construit avec beaucoup de peine un pont de sept ou huit arcades, pour la commodité des habitants et pour faciliter leur commerce.

Mais enfin laissons cette longue et ennuyeuse recherche, pour passer à l'état où était le Co-

---

(**1**) Le mémoire imprimé dans le volume de l'Académie des inscriptions et belles-lettres, sur un tombeau découvert dans la montagne du Roule, en 1741, ne parle point de cette inscription grecque. On a pu trouver à Cherbourg une médaille grecque transportée dans cette partie des Gaules pendant la domination romaine ; mais nous ne pensons pas qu'on y ait jamais trouvé d'autre inscription grecque que sur des médailles.   *(N. des Edit.)*

tentin à l'arrivée des Romains, et détailler les
motifs qui les engagèrent à y porter leurs armes.

Le Cotentin, dans lequel Cherbourg est situé,
faisait autrefois partie de la Gaule celtique, qui
fut avec toutes les Gaules sous une seule domination, jusque sous le règne d'Ambigatus, environ six cents ans avant la naissance de Notre
Seigneur J.-C., que cette puissante monarchie
commença à se diviser par l'ambition de quelques petits princes ou seigneurs qui voulaient
s'ériger en souverains chacun dans leurs quartiers, et se firent les uns aux autres des guerres
civiles très-sanglantes, dans lesquelles les habitants de cette ville (ou du moins ceux du
canton où elle est bâtie, supposé qu'elle ne le
fût pas encore) furent compris, ce qui donna
lieu aux Romains, en profitant de la désunion
de cette nation guerrière, de l'assujettir sans
beaucoup de peine.

Scaliger,
hist. des an-
ciens Gau-
lois,
Hist. de
Normand.,
Masseville.

Au commencement, les Gaulois remportèrent
de grandes victoires sur les Romains ; mais ils
furent à leur tour battus par César, qui, dans
l'espace de dix ans, conquit plus de huit cents
villes des Gaules, selon le témoignage d'Appien
et de Plutarque.

Scaliger,
h. des Gau-
lois ;
Plutarque,
Appien, h.
romaine.

La guerre du Cotentin est rapportée par César, au 3.ᵉ livre de ses Commentaires, où il dit que les Cotentinois, qu'il appelle Unelli, furent vaincus au premier choc par les Romains, ce qu'il raconte en la manière qui suit :

Commentaires de César, liv. III; Ptolomée, D'Ablancourt, descript. de la guerre des Gaules.

« Le jeune Crassus manquant de vivres dans l'Anjou, où il était à la tête d'une légion romaine, envoya ses principaux officiers en différents lieux pour y faire provision de blé. Tettasidius fut député vers les Unelles, qui sont certainement les Cotentinois, disent Ptolomée et d'Ablancourt, pour y faire une levée de blé et de bétail qui lui fut refusée par ces barbares (c'est ainsi qu'il les appelle) qui, prenant cet homme inconnu pour un espion, le retinrent prisonnier. »

Commentaires de César, liv. III.

César, qui était alors occupé à dompter ceux de Vannes, en Bretagne, ayant appris que les Cotentinois avaient ainsi violé le droit des gens dans la personne de son envoyé, ordonna à Titurius-Sabinus d'aller tirer raison de cette injure.

Ces peuples sentant bien que la chose en viendrait à ce point, se liguèrent avec leurs voisins pour se mettre en défense contre ceux qui voudraient les attaquer; mais il n'en était plus temps. Ce vaste et redoutable empire des Gaules était sur le penchant de sa ruine : la plupart de ses provinces étant déjà sous la puissance de César, et même ses armées étaient dès-lors composées de ces peuples désunis qui s'étaient joints aux Romains pour dompter plus facile-ment leurs concitoyens.

Aussitôt que Sabinus parut, Viridovix, qu'on choisit pour général, s'opposa avec une armée à son entrée dans le pays. Sabinus, craignant que ses forces ne fussent point suffisantes pour se défendre de l'armée de Viridovix, se retrancha sur une hauteur, d'où il ne se tira d'affaire que par la trahison d'un gaulois employé dans son armée, qui alla faire entendre adroitement à Viridovix que les Romains étaient dans la der-nière frayeur, qu'ils allaient décamper la nuit suivante pour aller donner du secours à César, à Vannes, et que s'il voulait les attaquer, il en aurait très-bon marché. Ce perfide débita si adroitement ces faux avis, que Viridovix et son armée, dans l'espérance d'un grand butin, prennent les armes, se chargent de fascines pour encombrer les fossés des ennemis, et cou-rent à perte d'haleine à dessein de forcer leurs retranchements. Mais Sabinus, qui avait disposé des troupes, sortit tout d'un coup par deux endroits, et se jeta impétueusement sur eux, ce qui les surprit étrangement, car ils ne s'attendaient à rien moins qu'à cela. Le carnage fut grand de part et d'autre; mais enfin Sabinus, fortifié par les avantages du lieu, mit les Gaulois en déroute et se rendit maître du Cotentin et de toutes ses villes, sans autre résistance de la part de ses habitants. Ainsi nous passâmes sous la domination des Romains l'an de la création du monde trois mil neuf cent cinquante-deux de la fondation de Rome, l'an sept cent deux, et environ cinquante ans avant la venue du Messie, selon Joseph Scaliger.

Quelque temps après, les Gaulois s'efforcèrent plusieurs fois de recouvrer leur liberté; entre autres, ils marchèrent une fois contre les Romains avec une armée de près de deux cent cinquante mille hommes, sous la conduite du roi Vercingentorix; mais leurs efforts furent inutiles. La fortune de César ne se démentit point, et il fut toujours victorieux, étant destiné à fonder le plus grand empire du monde.

Rouant, histoire des Gaulois; Scaliger, histoire de Norm.

Parlons maintenant de la religion qu'on suivait dans le Cotentin du temps des Romains.

Les dieux qu'on adorait alors dans le Cotentin étaient principalement Pluton, dont ses peuples se disaient être sortis. Les brandons de feu
que les enfants portent encore à présent à Cherbourg, le soir du premier dimanche de carême,
sont un reste des cérémonies des fêtes en l'honneur de ce dieu, au commencement du printemps, dans lesquelles ces idolâtres voulaient
représenter son sombre empire infernal, éclairé
par de semblables lumières, et à l'ombre desquelles ils disaient qu'ils le cherchaient (1).

Rouant, histoire des Gaulois du Cotentin ; Scaliger.

Mars, Apollon, Mercure et Minerve leur étaient
en singulière vénération, et ils leur sacrifiaient
des hommes vivants avec beaucoup *d'inhumanité.*

Jupiter y était aussi adoré ; ils le croyaient
caché dans les chênes : c'est pourquoi ils avaient
un grand respect pour ces arbres.

Les prêtres ou druides qui servaient ces dieux
étaient autant de sorciers et de magiciens ; ils
composaient le corps le plus considérable de la
nation, ayant l'intendance de la religion et
l'administration de la justice ; ils enseignaient
la jurisprudence, la théologie, l'éloquence et

Histoire de Norm, Rouant, Scaliger.

----

(1) Cet usage fut supprimé par une ordonnance de police
du 27 février 1745.   (*N. des Edit.*)

la morale. La magie était aussi fort en usage, et même on en faisait gloire parmi les savants.

Mais on est peu informé des principes de leur doctrine, parce qu'ils en faisaient mystère et n'en laissaient rien par écrit ; leur caprice allait jusqu'à s'enfoncer dans les forêts pour en instruire les peuples : on sait seulement qu'ils tenaient à la métempsycose.

Leurs temples étaient dans les bocages. Une ancienne tradition nous apprend qu'il y en avait un au pied d'un vallon dans un bois, à trois ou quatre lieues de Cherbourg, où était adorée la déesse Cérès, d'où ce lieu avait pris le

Histoire de
Norm.

nom de *Vallis-Cereris*, Val-de-Cérès, et qui par corruption s'est appelé depuis Val-de-Cère ou Saire. Il est vrai cependant qu'on n'en trouve aucun vestige (1).

Plusieurs même disent qu'il y en avait un consacré à Jupiter en la paroisse de Jobourg,

---

(1) Il est maintenant généralement admis que le Val-de-Saire tire son nom de la rivière qui le traverse, nommée Saire, en latin *Sario*, nom qu'elle porte dans les plus anciens monuments, et non d'un temple de Cérès, dont on n'a jamais trouvé aucune trace. C'est encore une étymologie comme celle de Cœsarisburgus. *(N. des Edit)*.

à quatre lieues de Cherbourg, duquel ce lieu avait conservé le nom de *Jovis-Burgus*, bourg de Jupiter, et que la corruption lui avait donné celui de Jobourg.

Les funérailles des Druides étaient magnifiques, mais elles étaient aussi fort cruelles; car ils brûlaient avec le corps d'un trépassé ses domestiques, ses troupeaux et tout ce qu'il avait de plus précieux, dans la croyance que tout cela lui serait d'un grand service dans l'autre monde. Quand un homme de qualité mourait, ses parents s'assemblaient pour examiner la conduite de sa femme, et si elle n'avait pas passé pour honnête, on la faisait périr par le feu. Mais revenons à notre sujet.

Le Cotentin et toutes les Gaules demeurèrent sous la domination des empereurs romains pendant plus de cinq cents ans. Durant tout ce temps, on ne trouve rien dans l'histoire qui regarde Cherbourg en particulier. On remarque en général que les habitants de ce pays étaient si maltraités des impositions excessives dont les Romains les chargeaient, qu'ils étaient souvent obligés d'avoir recours aux armes pour s'affranchir de cette tyrannie. D'ailleurs ils étaient souvent fatigués par les incursions de plusieurs

Histoire de Norm., Masseville.

Histoire de Norm., Masseville.

peuples venant des régions septentrionales : c'étaient des aventuriers qui sortaient de leurs pays pour en chercher de meilleurs aux dépens des autres nations.

L'an 418, ou 420.

Ceux qui réussirent le mieux furent les Français, qui, sous la conduite de Pharamond, leur roi, commencèrent à jeter les premiers fondements de leur monarchie vers l'an **418** ou **420** de l'Incarnation de N. S. ; mais ce prince mourut avant de voir son entreprise achevée.

Histoire de France, Mézerey.

Clodion, son fils, lui succéda et chassa les Romains de la Picardie.

Rouaut, vies des Evêques de Coutances.

429.

Pendant le règne de ce roi, le Cotentin reçut le christianisme par le ministère de S.t-Ereptiole, qui y fut envoyé l'an **429**. Il y fit de si grands progrès, que dès l'année suivante il fut élu pour en être le premier évêque, et fixa sa demeure dans la ville de Coutances.

Vie de S.t-Ereptiole.

432.

C'est à cet illustre apôtre du Cotentin que nous avons l'obligation de la première prédication de l'Evangile à Cherbourg, vers l'an **432**. Il déracina tellement l'idolâtrie de son diocèse, que les temples des faux dieux furent démolis, et ceux du Dieu vivant élevés sur leurs ruines.

Histoire de France.

Ses successeurs, S t-Exuperat et S.t-Léoncien,

continuèrent avec le même zèle, et détruisirent presqu'entièrement l'idolâtrie dans ce canton, malgré l'opposition des gouverneurs romains, qui craignaient que la diversité de religion ne divisât leur gouvernement ; car nous fûmes encore sous leur puissance pendant les règnes de Merovée et de Childéric.

Ce ne fut que sous celui de Clovis que les habitants de ce pays secouèrent le joug des Romains et s'incorporèrent volontiers dans la monarchie française. La religion chrétienne, que ce prince embrassa, en fut le principal motif. Ainsi Clovis posséda le premier Cherbourg depuis les empereurs de Rome, ce qui arriva vers l'an 502.

Histoire de Norm.

Histoires de France, de Norm.

Procope.

Les quatre fils de Clovis se partagèrent le royaume après la mort de leur père. Le Cotentin échut à Clotaire, roi de Soissons. Ce fut sous son règne que S.t–Rumphaire, évêque de Coutances, envoya à Cherbourg S.t–Scubilion, l'an 555, afin d'y abolir les restes du paganisme. Il y demeura quelque temps, selon qu'il est marqué dans un ancien livre intitulé *Neustria Pia.*

Vie de S.t-Scubilion.

555.

Neustria Pia.

Depuis ce temps jusqu'au neuvième siècle,

841.

Rouant ,
Masseville,
Chronique
de Norm. ;

Chroniq. de
Fontenelle,
Duchesne .
Fleury, liv.
XLVIII.

841

sous le règne de Charles-le-Chauve, il ne se trouve rien de particulier touchant Cherbourg. On remarque cependant que les Normands, peuples de Danemarck et de Norwège, abordèrent au mois de mai de l'an **841** sur les côtes du Cotentin, dont ils pillèrent les villes, brûlèrent les monastères et emmenèrent en captivité les personnes qu'ils purent prendre. Cherbourg ne fut pas plus exempt de leurs ravages que les autres lieux ; car il fut totalement saccagé et désolé. Quelque temps après, pour comble de malheur, la peste et la famine affligèrent ce pays, qui fut long-temps sans s'en pouvoir relever.

895.

Rouant ,
Masseville,
histoire de
Norm.

905.

Chronique
de Norm.,
Nagerel.

Les Normands continuèrent leurs ravages dans ce pays tout le reste de ce siècle. Il en arriva encore un grand nombre dans le commencement du suivant, vers l'an **905**, sous la conduite du fameux Raoul (1), seigneur de Danemarck, qui descendirent à l'embouchure de la Seine et s'emparèrent de la province. Elle portait alors le nom de Westrie ou Neustrie ; mais bientôt on lui donna celui de Normandie, du nom de ses nouveaux habitants.

---

(1) Raoul, Rol ou Rollon.

Raoul ne borna pas sa conquête à la Norman- Histoire de
die seule ; car il se soumit plusieurs autres pro- France.
vinces de France , ce qui obligea le roi Charles Histoire
III à s'accommoder avec lui , parce qu'il n'y de Norm.
avait point de fin aux troubles , et que d'ailleurs
on commençait à craindre que les peuples , fatigués de tant de misères , ne se rangeassent
sous ses étendards.

Par le traité qu'on fit avec lui , il se fit chré- Chroniq. de
Nagerel ,
tien, prit en mariage Gilette (1), fille du roi, et Duchesne.
rendit hommage à ce prince, pour la Norman-
die, qui lui fut cédée en forme de duché. Ainsi
Cherbourg passa de la domination française sous 912.
celle de Raoul , premier duc de Normandie ,
l'an **912.**

Ce prince posséda sa province paisiblement le Histoire
de Norm.
reste de ses jours. Son fils , Guillaume Longue- Chroniq. de
Epée , eut le même bonheur. De son temps il Nagerel,
Duchesne.
s'éleva un grand différent entre Héroult , roi de
Danemarck , et son fils qui voulait le détrôner : 938.
celui-ci joua si bien son rôle, qu'il obligea son

---

(1) Ou Gilelle. M. Th. Liequet, dans une savante disser-
tation imprimée dans les Mémoires de la Société des An-
tiquaires de Normandie, a, selon nous, prouvé que ce fait,
assez généralement admis, est cependant controuvé.

(N. des Edit.)

Histoire
de Norm. ;
Chroniq. de
Norm.,
Nagerel.

père de quitter le pays et de s'en venir avec les siens
se refugier en Normandie vers le duc Guillaume :
ils mirent à la voile avec **60** vaisseaux, et il y en
eut plusieurs qui abordèrent au port de Cherbourg, l'an **938**.

Chroniq. de
Norm.,
Nagerel.

Le roi de Danemarck fut reçu avec beaucoup d'humanité, et le duc lui donna le Cotentin,
où ses gens habitèrent jusqu'à ce qu'il fût rétabli
dans son royaume.

912.

Le duc Guillaume ayant été malheureusement
assassiné l'an **942**, son fils Richard fut troublé
dans sa minorité par Louis IV, roi de France,
qui, profitant de la jeunesse de ce prince, vint
à la tête d'une armée ravager la Haute-Norman-

942.

Histoire
de Norm.,
Nagerel,
Masseville.

die. Pour remédier à ce fâcheux inconvénient,
Bernard, comte d'Harcourt, gouverneur de l'état
pour le duc, implora le secours d'Aigrold (**1**), roi
de Danemarck, qui vint aborder au port de
Cherbourg avec **22** gros vaisseaux de guerre ;
il y descendit avec une armée. Après que ce
prince eut fait rendre au duc de Normandie ce
que le roi de France lui avait usurpé, il s'en retourna en son pays fort satisfait de la gratitude
des Normands. C'est le premier roi qui soit venu
à Cherbourg, selon les historiens.

---

(1) Aigrold est le même que Héroult, précédemment cité.
(*N. des Edit.*)

Richard mourut l'an **996**, et son fils aîné,   996.
Richard II, surnommé le Bon, fut son successeur. Il aimait beaucoup l'église et il en accrut
grandement les revenus. Il fonda à Cherbourg,
en l'année **998**, une église ou chapelle collégiale,
où il mit des chanoines, et leur donna la seigneurie de Tourlaville, Octeville et plusieurs   998.
autres terres.

Ce duc Richard étant un jour en oraison dans
sa chapelle de Cherbourg, un nommé maître
Bernard, homme de grand mérite et savoir, qui
était venu de Lombardie pour se mettre au service de ce duc, sur les grands éloges qu'on
faisait en son pays de ses vertus, se présenta à
lui et lui dit : « Sire, vous m'avez oncques fait   Chroniq. de
» moult grands biens, dont je vous mercie; aussi   Norm.
» vous ai-je grandement aidé et moult loya-
» lement servi, et pour toute récompense, je
» vous requiers un don ! — Je vous l'accorde,
» dit le duc; demandez-moi ce que vous vou-
» drez ! — Je vous requiers, dit-il, que de-
» dans trois jours je sois inhumé dans cette vostre
» chapelle; car dans trois jours je mourray. —
» Le cas offrant, dit le duc (ce que Dieu ne
» veuille), je vous l'octroye. »

Bernard mourut de mort naturelle le troisième

jour, comme il l'avait prédit (1), et les bourgeois de Cherbourg l'enterrèrent dans la chapelle ducale à l'endroit qu'il avait marqué.

Cette chapelle était située dans le château de Cherbourg et était dédiée à S.t-Bénoît. Son chapitre fut transféré à Coutances, l'an 1332, par le roi de France, Philippe VI, à l'instance de l'évêque Guillaume de Thieuville, qui l'érigea en paroisse. Le roi lui donna, à lui et à ses successeurs, le droit de présenter à la cure de la ville, en se réservant le patronage du château, ce qui s'observe encore, quoique l'église en soit démolie depuis 1688. Les chanoines de Coutances possèdent à présent les terres et seigneuries qui appartenaient à notre chapelle ducale, et sont encore obligés, dans certains temps de l'année, de célébrer dans leur cathédrale l'office de la chapelle de Cherbourg.

Vers l'an 1003.

Histoire de Norm., de Massev.; Chroniq. de Nagerel.

Le duc Richard II eut quelques différents avec Canut, roi d'Angleterre, vers l'an 1003, à cause qu'il avait répudié sa sœur. Ces deux princes s'entr'irritèrent si fort, qu'ils en vinrent à une guerre ouverte. L'Anglais leva une grosse armée qu'il fit passer dans le Coten-

Histoire de Norm.; Chroniq. de Nagerel.

(1) Défions-nous de ces données des légendes.

(N. des Edit.)

tin, avec ordre exprès de prendre le duc Richard et de le mener en Angleterre. L'armée
navale partit de Portsmouth et vint aborder au
port de Barfleur, qui était fort bon alors. Sitôt
que Néel-de-S.t-Sauveur, vicomte de Cotentin,
en fut averti, il assembla tous les habitants du
pays qui étaient en état de porter les armes,
avec lesquels il fut au devant des ennemis. Il les
attaqua si vigoureusement, qu'il les tailla en
pièces. Ceux qui purent se sauver à Barfleur *Anciennes*
se rembarquèrent dans leurs vaisseaux, et furent *chroniq. de Norm.*
porter la nouvelle de leur défaite au roi d'An-
gleterre. Les habitants de la ville de Cherbourg
eurent beaucoup de part à cette victoire, principalement Martel de l'Ecange et Du Ficet (1),
desquels les anciennes chroniques de notre province font mention.

Après la mort du duc Richard II, son fils
Richard III, craignant que les Anglais ne pas-
sassent de nouveau dans le Cotentin, fit réparer
les fortifications de plusieurs places, et celles
de Cherbourg, afin de se mettre en état de résis- *Diction. géograp.*
ter en cas d'attaque. La tradition, et même les *Annales Norm.*
Annales de Normandie, nous apprennent que
cette ville s'appelait alors Cœsar-burg, diminutif

---

(1) Ou Hue Du Filet.   (*N. des Edit.*)

3

de Cœsaris-burgus , Bourg de César (1) ; que le
duc Richard y étant venu voir les ouvrages qu'il
y faisait faire , dit : « Cy castel et carus burg
» por my, c'est-à-dire, c'est un château, un cher
» bourg pour moy. » Depuis ce temps on le
nomma Carus-burgus , selon le langage de ce
siècle , ou Cherbourg , et on ne l'appela plus
Cœsar-burg. Cependant les auteurs latins contemporains lui conservèrent toujours dans leurs
écrits le nom de Cœsaris-burgus. On lit dans
le Tableau de l'Europe qu'il est appelé par
plusieurs anciens écrivains Cœsaris-Sacellum.

Richard III eut pour successeur Robert I,
son frère. En ce siècle-là , les pélerinages de la
Terre-Sainte étant fort en usage , même chez
les princes , le duc Robert forma le dessein d'y
aller , après avoir mis sa province en état de
sûreté. Tous les seigneurs de sa cour s'efforcèrent
envain de l'en détourner : il entreprit d'y faire
un voyage en **1035** ; mais il mourut en revenant.

Ce duc, avant son départ, avait eu soin de
faire reconnaître pour son héritier son fils Guillaume ; mais comme il était né du mariage il-
légitime de ce prince avec Arlette , blanchis-
seuse de Falaise , il eut bien de la peine à s'assurer la couronne ducale.

(margin notes:)
1027

Annales de Norm.

Ordéric Vital;
Sigebert;
Tableau de l'Europe.

1028.

1035.

Histoire de Guillaume-le Conqué-rant;
Nagerel.

---

(1) Voir ci-dessus notre note sur le mot Cherbourg.
(*N. des Edit.*)

Il fallait que Cherbourg fût alors bien consi- 1053.
dérable, puisqu'en 1053 il fut choisi par ce M. Corneille,
Diction.
géograp. ;
Histoire de
Norm. du
duc Guil-
laume ;
le père
Tailiepied;
Chronique
de Norm. ;
M. Huet,
Antiquit. de
Caen, de
Bayeux ;
Dumoulin,
curé de
Méneval ;
le père
Pomeraye.
duc Guillaume, dit le Conquérant, au nombre
des quatre villes dans les hôpitaux desquelles il
fit une donation pour la nourriture et l'entretien
de cent pauvres, afin d'être dispensé du mariage incestueux qu'il avait contracté. Voici ce
que les plus célèbres auteurs disent de ce fait.

Le duc Guillaume avait été élevé sur le trône
de Normandie (comme nous l'avons dit) par
Robert, son père, qui, avant son départ pour la
Terre–Sainte, lui avait fait prêter serment de
fidélité en qualité de duc, par tous les prélats,
barons et seigneurs de sa province : mais parce
qu'il était sorti du commerce illicite du duc
Robert avec la fille de Foubert, bourgeois de
Falaise, il ne lui suffit pas, pour s'assurer la
couronne ducale, d'avoir été ainsi légitimé par 1053.
son père, ni d'avoir défait en bataille rangée
Guillaume, comte d'Arques, exilé Guillaume,
comte de Mortain, et Guillaume, comte d'Eu,
tous deux sortis de la race de Richard–sans–Peur,
et d'avoir vaincu, fait prisonnier et fait renon-
cer à la succession de Normandie Gui, comte
de Bourgogne, tous prétendants à cette couronne : il eut besoin pour s'affermir sur le trône

d'assurer l'alliance qu'il avait toujours très-soi-
gneusement conservée avec Baudouin V, dit le
Pieux, comte de Flandre, duquel il avait été
puissamment secouru dans les batailles qu'il avait

1053.

été obligé de livrer à ses concurrents ; et cette
alliance lui était d'autant plus nécessaire, que
depuis la renonciation de Gui, comte de Bourgogne, qui était le seul héritier de Normandie
(comme sorti d'Alix, fille de Richard II), il n'y
avait personne qui pût raisonnablement lui disputer cette couronne, que le comte de Flandre,
comme descendant de la fille puînée de ce
même Richard II : c'est ce qui porta le duc Guillaume à rechercher en mariage Mathilde, fille
du comte Baudouin.

Et comme il pouvait être traversé dans ce
mariage par le roi de France, auquel l'alliance
des Normands et des Flamands faisait ombrage,
il épousa cette princesse, qui était sa cousine-
germaine (étant fille de Léonore, sœur de son
père), sans en avoir auparavant demandé
dispense au pape, ainsi qu'il était nécessaire. Ce
qu'ayant appris le pape, Léon IX, qui pour
lors était à Rheims à la tête d'un concile, il
fulmina en pleine assemblée la condamnation

Le père
Pomeraye.

de ces noces incestueuses, ainsi que le rapporte
le père Pomeraye dans ses conciles de Rouen.

Cette condamnation emportait avec elle l'ex-communication des nouveaux mariés. Le duc Guillaume prévoyant bien que cela pourrait exciter de nouveaux troubles, ne négligea rien pour avoir dispense de la pénitence publique qu'il était obligé de subir, pour faire réhabiliter son mariage ; ce qui était fort difficile à obtenir, d'autant qu'ils avaient contracté sciemment dans des degrés prohibés, et que ceux qui l'avaient fait sciemment, par la rigueur des canons, devaient être séparés pour n'être jamais rejoints.

Le duc obtint cette dispense à condition de fonder cent places de pauvres dans quatre hôpitaux, cent dans chacun. Ainsi il choisit les hôtels-dieu de Cherbourg, Rouen, Bayeux et Caen, qui étaient déjà bâtis. Ce qui le détermina à choisir ces hôpitaux plutôt que d'autres, M. Corneille, Dictionn. géograp. c'est que ces quatre villes étaient les plus considérables et les plus peuplées de la province, comme le dit M. Corneille dans son dictionnaire géographique.

Tous ces faits sont tirés des historiens de Chroniq. de Norm.; Hist. de Norm.; Histoire anglicane. Normandie et d'Angleterre, et entr'autres de Wace (1), clerc de Caen et chanoine de Bayeux,

(1) Robert Wace, natif de l'île de Jersey.

(*N. des Edit.*)

qui écrivit en vers l'histoire du duc de Normandie, environ l'an 1160 , c'est-à-dire 70 ou 72
ans après la mort de Guillaume-le-Conquérant;

1o33.
« histoire, dit le savant M. Fleury , dans son

Histoire
ecclésiast. ,
M. Fleury ,
disc 5,
n.o 5.
histoire ecclésiastique , discours 5.e, n.º 5 , qui
est le premier ouvrage sérieux que je connaisse
écrit en langue française. » En voici les termes :

« Ly duc por satisfaction ,
» Et que Dex leur fasse pardon ,
» Et que l'Apostoile cunsente ,
» Que tenir poisse sa parente ,
» Fist cent provendes establir
» A cent poures paistres et vestir ,
» A mehaignez et non véanz
» A langoureux et non pouanz.
» A Chierebourg et à Roën ,
» A Bayez et à Caën ,
» Encor y sont encor y durent
» Si com establis y furent. »

1o53.

Chroniq. de
Nagerel.
Ce même fait est rapporté par Jean Nagerel ,
dans l'ancienne chronique de Normandie , qui
en parle ainsi : « après les épousailles , Mauger,
» archevêque de Rouen , excommunia le duc
» Guillaume et sa femme pour être trop pro-
» chains de lignage : néanmoins qu'ils fussent
» dispensés au moyen que le duc aumôna rentes

» pour le vivre et vêture de cent pauvres aveu-
» gles , partie à Cherebourg , partie à Bayeux,
» partie à Caen et autre partie à Rouen , où en-
» core sont les hôtels. »

Ces termes de Wace et de l'ancienne chronique,
fist establir cent provendes , c'est-à-dire cent
places, et *aumôna rentes* , supposent et font
foi que l'hôtel-dieu de Cherbourg existait avant
la donation du duc Guillaume , et qu'ainsi il
n'en est pas le premier fondateur ; mais bien les
habitants de cette ville, qui le bâtirent dès le
premier siècle de l'établissement du christianisme dans ce pays , en un lieu nommé la Bucaille, où il a subsisté jusqu'en 1504 , et qui ,
en cette qualité de fondateurs, ont toujours été
et sont encore aujourd'hui en possession de présenter au bénéfice prieuré de cet hôtel-dieu.

Le duc Guillaume donna au prieur de l'hôtel-
dieu le fief du Lardier, qui s'étendait presque
dans tout Cherbourg ; il le fit seigneur de cette
ville et commandant des bourgeois pour la garde
du château, suivant l'usage de ce siècle-là, où
l'on obligeait les ecclésiastiques possédant fiefs à
porter les armes. Il avait le droit de *franc pa--*.

nage (**1**) et d'usage de bois , tant pour la chauffe que pour bâtir , à prendre dans les forêts de Brix et de Tourlaville, po ur lui et ses hommes ou vassaux domiciliés sur ledit fief ; et même dans le temps du panage , le prieur avait le second porc de ceux qui échéaient au prince , et douze deniers tournois par jour tant que le pa-nage durait.

Et comme dans ces temps-là les souverains n'accordaient jamais de fiefs qu'à charge de ser-vice militaire , soit dans les armées du prince , soit pour la garde de la frontière , le prieur et ses hommes étaient obligés de fournir des cha-riots , dès béliers et autres instruments dont on se servait pour attaquer les châteaux. « Et s'il » avient ou avenoit (dit une ancienne sentence » rendue en faveur du prieur Cabieul et ses » hommes, l'an **1318**, auxquels ces droits étaient

---

(**1**) Panage ou glandée. C'était la récolte des glands , des faînes , des châtaignes et autres produits des forêts , qui se faisait en laissant paître des porcs en liberté dans les bois. Ce droit de panage dans les forêts du roi se vendait par les soins des maîtres des eaux et forêts. Le franc-panage était le droit de mettre dans la forêt , au temps prescrit par la coutume et les réglements , un certain nombre de cochons qu'on voulait engraisser.

(*N. des Edit.*)

» contestés, et dönt il prouva la possession de
» tout temps immémorial par quarante-huit té-
» moins des paroisses voisines) que pour cause
» de guerre il convenist faire lardier des chars
» en châtel de Chierebourg pour notre sire le
» roi , ledit priour et ses hommes seront tenus
» à faire le service , et pour chacun jour que
» le service dureroit , ledit priour airoit douze
» deniers tournois. »

Tous ces droits du prieur de l'hôtel-dieu de
Cherbourg et de ses hommes, aux charges ci-
dessus mentionnées, leur ont été confirmés par
plusieurs sentences de la verderie (1), rendues
depuis 1404 jusqu'en 1553 : elles sont rapportées
dans un inventaire de pièces de l'année 1572 ;
mais aujourd'hui notre hôtel-dieu n'en possède
plus rien. Et pour reprendre le fil de notre histoire, Mauger , archevêque de Rouen , qui avait
excommunié le duc après son mariage , était un
homme de prodigieuse dépense , qui partageait
son temps entre la chasse , la bonne chair et la
débauche ; son mauvais ménage alla jusqu'à dis-

1o53.

*Hist. et
Chron. de
Normand. ;
Nagerel.*

---

(1) Les verdiers étaient des officiers chargés de veiller à
la conservation des forêts.

(N. des Edit.)

siper les biens et les ornements de son église ;
ce qui obligea le duc Guillaume à le priver de
son archevêché, tant pour l'aversion qu'il avait
pour les mauvais pasteurs, que pour se venger
de l'outrage qu'il lui avait fait quand il se maria.

1055.

Hist. et
Chron. de
Normand.

Mauger ayant été déclaré indigne de l'épisco-
pat, un concile provincial tenu à Lisieux, en
1055, fut déposé de son bénéfice et relégué
dans l'île de Guernesey. Plusieurs auteurs pensent
que dans cet exil il s'adonna à la magie, et
qu'il avait un esprit familier, nommé Thouret
(1), qui lui prédisait l'avenir et qui l'avertit du
jour de sa mort. Quoi qu'il en soit, il lui en fit
une manière de prédiction. Un jour qu'il se
promenait sur la côte du Val-de-Saire, il dit au

Nagerel. batelier qui le conduisait : « pour vray l'un de
» nous deux sera huy noyé, issons de céans et
» nous mettons à terre. »

Hist. de
Normand.,
Masseville.

Le marinier prenant ces paroles pour un effet
de la frayeur ou de la rêverie de Mauger, con-

---

(1) M. Couppey, dans un mémoire sur l'archevêque
Mauger, pense que ce Thouret ou Thoret peut bien
être le dieu Thor des Scandinaves, Mauger s'étant peut-
être rejeté dans la religion et les surperstitions de ses pères.
(*N. des Edit.*)

tinua sa route sans s'en mettre en peine. Cepen- Histoire de Normand., Masseville. dant peu après le bateau vint à toucher terre, de sorte qu'il en fut tellement ébranlé, que Mauger, voulant en sortir, tomba dans la mer et y fut misérablement noyé auprès de S.t–Vaast, ou à Vinchant. On le trouva quelques jours après entre deux rochers, et on l'apporta à Cherbourg où il fut inhumé.

S.t–Edouard, troisième du nom, qui régnait Chroniq. de Normand., Nagerel. alors en Angleterre, se voyant sans enfants et cassé de vieillesse, désigna pour son successeur le duc Guillaume, à cause des grands services qu'il lui avait rendus, et, en cette qualité, le fit reconnaître par les seigneurs de son royaume, 1065. qui lui jurèrent, dans une assemblée solennelle, de le recevoir pour leur roi après la mort d'Edouard. Cependant quoique Harald, frère 1066. de la reine, eût prêté serment de fidélité au duc Guillaume, cela ne l'empêcha pas de se faire déclarer roi d'Angleterre lorsqu'Edouard fut mort, ce qui chagrina beaucoup notre duc, qui fut obligé de lever des troupes de toutes parts pour tenter la conquête de ce royaume : il forma une nombreuse armée avec la- 1066. quelle il passa en Angleterre, où, après avoir brûlé et coulé à fond ses vaisseaux, il dit à

ses gens : « Voilà votre patrie , il faut vaincre
» ou mourir. »

1066.

Histoire de
Normand. ;
Chroniq. de
Normand. ;
Hist. du duc
Guillaume.

Harald ayant appris la descente des Normands,
vint pour leur tenir tête et s'opposer à leur
entrée : mais il perdit la vie dans la fameuse bataille de Hastings, en 1066 ; son armée y fut entièrement défaite. Les chroniques de Normandie
et l'histoire du duc Guillaume rapportent que
Gerberot , comte de Cherbourg , et ses deux
fils , se signalèrent beaucoup dans cette célèbre bataille , ainsi qu'à la conquête de tout le
royaume.

Après ces victoires , le duc Guillaume entra
triomphant dans Londres , où il fut solennellement proclamé roi le jour de Noël de ladite
année 1066. Voilà donc Cherbourg sous la
domination des ducs de Normandie et rois d'Angleterre.

1087.

Histoire de
Normandie

Le duc Guillaume étant mort le premier décembre 1087 , son fils Robert lui succéda dans
la Normandie , et la guerre s'éleva , vers l'an
1106, entre son frère Henri I, roi d'Angleterre,
qui le renferma dans une prison perpétuelle,
après l'avoir vaincu. Henri s'empara aisément de
cette province après la défaite de son frère, et il
en fut maître le reste de ses jours.

Enfin se voyant malade et en danger de mort, il déclara en présence de toute la noblesse, que l'impératrice Mathilde, sa fille unique, veuve de l'empereur Henri V, et épouse en seconde noce de Geoffroy, dit Plantagenet, comte d'Anjou, était sa légitime héritière. En cette qualité, il lui fit prêter serment de fidélité et la fit reconnaître pour reine d'Angleterre et duchesse de Normandie, par tous les prélats, barons, seigneurs et tout ce qu'il y avait de grand dans ses états.

1134.

Histoire de Normand.; Histoire de Guienne; Histoire Anglicane.

Etienne, comte de Boulogne, son cousin, fut du nombre de ceux qui lui firent serment; mais il le viola bientôt après : lorsque le roi fut mort, il se déclara son héritier, au préjudice de Mathilde, qui était absente dans les états de son mari.

1134.

Mathieu, par Duchesne ; Mezeray.

On en vint à une guerre ouverte. Etienne, après s'être fait couronner roi d'Angleterre, équipa une flotte, passa avec une armée en Normandie, s'empara de presque toute la province, et mit le siége devant Cherbourg.

Richard-de-la-Haye, connétable de Normandie, qui en était gouverneur, soutint un siége de plus de deux mois, et ne se rendit qu'à la dernière extrémité : ce fut en **1139.**

1139.

1142.
Ce comte ne posséda pas long-temps Cherbourg ; car il en fut honteusement chassé, ainsi que de toute la province, par le comte d'Anjou, époux de Mathilde, auquel Cherbourg se rendit, en **1142**, après un siége de cinq semaines.

Histoire de Normand. ; Histoires Anglicanes.

La guerre continuant en Angleterre, l'impératrice-reine Mathilde passa en Normandie pour y chercher du secours contre son cousin. Dans le trajet qui sépare ce royaume de notre province, elle fut battue d'une si furieuse tempête, que se voyant sur le point de perdre la vie, elle fit vœu de fonder une abbaye au lieu où elle pourrait arriver à bon port. Elle débarqua heureusement à Cherbourg, à l'embouchure d'une petite rivière que la tradition nous apprend avoir été appelée Chantereyne depuis ce temps-là. Voici la raison pourquoi.

1145.

Le Chartrier de l'abbaye de Cherbourg.

L'impératrice, au plus fort de la tempête, avait promis de chanter un hymne en l'honneur de la Sainte-Vierge aussitôt qu'elle verrait la terre, et de donner récompense à celui qui la lui montrerait le premier. L'un des hommes de l'équipage de son vaisseau l'ayant découverte, le lui annonça en ces termes : « *Cante royne, veci terre.* » Elle chanta selon sa promesse, et descendit à Cherbourg, l'an **1145**, à l'endroit que nous venons de marquer.

Les premiers soins de cette pieuse princesse *Histoire de Normand.*
furent d'exécuter son vœu, en faisant sur-le-
champ bâtir et doter une chapelle sous le nom
de Notre-Dame-du-Vœu, sur le bord dudit ruisseau (1), pour servir de monument éternel à la
protection visible qu'elle avait reçue du ciel.

Elle jeta ensuite les premiers fondements de
l'abbaye de Cherbourg, qu'on fut long-temps à
bâtir, à cause des grosses dépenses que faisait
Mathilde pour continuer la guerre.

Le siége épiscopal de Coutances était alors oc- *Ordéric-*
cupé par Algare, homme de grande vertu. Ce *Vital ; Rouaut ;*
fut lui qui établit dans notre abbaye des cha- *La vie du B. Guillaume.*
noines réguliers de l'ordre de S.t-Augustin, qu'il
tira du fameux monastère de S.te-Barbe, en *1150.*
Auge, et il y mit pour premier abbé le vénérable *Le chartrier de l'abbaye*
Robert, qui l'était déjà de l'abbaye S.t-Hélier, *de Cherbourg.*
dans l'île de Jersey. Tout ceci arriva en 1150.

Le roi Henri II, fils de Mathilde, vint à

_____

(1) On voyait encore il y a peu d'années quelques ruines
de cet édifice votif dans une pièce de terre nommée le
Clos-de-la-Vieille-Chapelle : ces ruines ont totalement
disparu lors des travaux du Port-Militaire. Les guerres
ayant détruit cette ancienne *Chapelle-du-Vœu*, on l'a
rebâtie au lieu où elle est à présent.

(N. des Edit.)

Cherbourg avec la reine Eléonore, son épouse, en l'année **1163**. Leurs majestés firent leur entrée publique dans la ville le mercredi **25** décembre, fête de la nativité de Notre-Seigneur, et furent reçues avec beaucoup de magnificence par les bourgeois, ayant à leur tête Richard-de-la-Haye, connétable de Normandie et maître-d'hôtel du roi d'Angleterre, leur gouverneur. Le lendemain le roi et la reine furent voir l'abbaye : ils y furent complimentés par l'abbé Robert, à la tête de ses religieux. Ce roi ratifia toutes les donations que l'impératrice avait faites à cette abbaye, et lui fit de grandes largesses, ayant donné des fonds pour achever d'en perfectionner les bâtimens, qui étaient restés imparfaits à cause des guerres ; puis il repassa en Angleterre, où il rendit les derniers devoirs à Mathilde, qui mourut le **10** septembre **1166** ou **67**.

Quelque temps avant la mort de l'impératrice Mathilde, il s'éleva de grands différents entre le roi Henri et S.t-Thomas, archevêque de Cantorbéry, qui durèrent plus de six années. Mathilde envoya à Rome, l'an **1165**, Robert, premier abbé de Cherbourg, en ambassade vers le pape Alexandre III, pour justifier S.t-Thomas et plaider sa cause, et pour obtenir de sa sainteté des lettres en sa faveur, afin d'engager le roi d'Angleterre à le rappeler de son exil et à lui rendre l'archevêché dont il l'avait dépouillé. Mais l'ambassade de l'abbé de Cherbourg fut infructueuse, comme le rapporte le cardinal Baronius, n.° 1.; car le pape, qui lui avait promis de parler aux rois de France et d'Angleterre, n'en fit rien. Ainsi S.t-Thomas demeura dans son exil jusqu'en 1169, que le roi Henri lui rendit ses bonnes grâces et son bénéfice : mais ce ne fut pas pour long-temps ; il changea bientôt de dessein et de sentiment, et devint plus ennemi de Thomas que jamais : aussi lorsque cet archevêque fut assassiné dans son église, le mardi 29 décembre 1170, on crut qu'il en était l'auteur, et qu'il y avait envoyé les meurtriers, encore bien qu'il s'en justifiât.

En 1185, l'abbaye royale de Cherbourg reçut un grand accroissement aux dépens de celle de Saint-Hélier ou Eloi, qui avait été fondée en 1125, dans l'île de Jersey, par Guillaume Hamon.

Vautier, archevêque de Rouen, les fit réunir par l'ordre de Henri II, roi d'Angleterre, en sorte que les deux n'en firent plus qu'une. Par cette réunion, celle de Saint-Hélier se

4

trouva éteinte : quoiqu'elle fût plus riche que celle
de Cherbourg, on préféra cependant la conservation de celle-ci, soit parce que les religieux
y étaient dans la ferveur de leur institut, soit
à cause qu'elle était de fondation royale, soit
enfin parce qu'elle était en terre ferme et que
celle de Saint-Hélier était dans une île.

Le roi Henri II étant mort, son fils Richard,
surnommé Cœur-de-Lion, lui succéda immédiatement après son décès. Philippe-Auguste,
roi de France, eut une sanglante guerre avec
lui ; mais à la fin ils s'accordèrent, et se croisèrent
ensemble pour marcher au secours des chrétiens opprimés dans la Terre-Sainte. Il y eut
beaucoup de bourgeois de Cherbourg qui se
distinguèrent dans cette conquête, et entr'autres,
le sieur Vigan, qui se signala à la prise d'Acre,
à la bataille de d'Antipatride, gagnée sur les
infidèles, en 1191, et eut beaucoup de part à
la conquête de l'île de Cypre, dont le roi Richard
se rendit maître, pour punir ses habitants qui
avaient maltraité et pillé ses vaisseaux, jetés
par une tempête sur les côtes de cette île.

Les deux princes, étant de retour dans leurs
états, recommencèrent à se faire la guerre ; mais
comme ils étaient sur le point de se livrer ba-

taille, le ciel leur inspira de faire la paix : elle ne dura pas long-tems; un nouveau prétexte leur fit reprendre les armes et continuer la guerre, où Richard fut tué, en 1199.

Sa mort n'éteignit pas ce grand brasier. Artus, duc de Bretagne, qui était de son parti, s'étant bien mis avec Philippe, demanda que Jean-sans-Terre, successeur de Richard, eût à lui restituer tout ce qu'il avait usurpé sur lui dans la France : ce que l'Anglais ayant refusé, Philippe se jeta de rechef dans la Normandie. Artus, de son côté, ravagea le Poitou, et passa jusqu'en Guienne, où il tomba malheureusement entre les mains de ses ennemis. Jean, le voyant en son pouvoir, le promena de ville en ville chargé de fers, et le resserra, les uns disent dans le château de Cherbourg, les autres, dans celui de Falaise, et quelques-uns, dans la tour de Rouen : comme il disparut quelque temps après, on ne douta point qu'il ne l'eût fait mourir. Il y a des auteurs qui assurent que l'ayant été voir la nuit dans sa prison, il l'avait tué et jeté dans la Seine; d'autres disent qu'il le fit précipiter dans la mer du haut d'un rocher à Cherbourg.

Philippe-Auguste, pour se venger de l'outrage

fait à ce prince, son allié, entra pour la troisième fois dans la Normandie, et en fit la conquête. Il fit mettre le siége devant Cherbourg, qui se rendit sans aucune résistance. Ses habitants, n'ayant rien perdu de l'affection qu'ils avaient pour la France pendant que leur ville était possédée par les ducs de Normandie et par les rois d'Angleterre, furent bien aises de secouer leur joug insupportable, ce qui arriva l'an **1203**.

Aussitôt que Cherbourg fut remis en l'obéissance du roi Philippe-Auguste, les bourgeois présentèrent une requête à ce monarque pour le supplier d'accorder des priviléges à l'hôtel-dieu de Cherbourg ; ce qui fut répondu favorablement, comme on le voit dans le cartulaire de cet hôtel-dieu, où il est fait mention des droits royaux qu'il possédait, à cause du fief du Lardier, et que ce roi permettait au prieur de faire plusieurs acquisitions, etc., etc.

Ce même roi, ayant égard à la grande fidélité des habitants de Cherbourg, accorda, en **1207**, aux marchands de cette ville, une belle prérogative, leur permettant d'envoyer tous les ans un vaisseau en Irlande. «Les marchands » de Rouen, dit-il, pourront seuls faire le

» commerce d'Irlande , et nous faisons défense
» aux autres habitants de Normandie de faire
» voile en cette île-là , à la réserve de ceux
» de Cherbourg , qui pourront y envoyer tous
» les ans un vaisseau.»

Pendant ce siècle, on vit paraître à Cherbourg
un prêtre, nommé Thomas Hélie, qui s'est rendu
célèbre par la sainteté de sa vie et de ses mœurs.
Il était natif de Bîville , à trois lieues de Cherbourg. Il fut curé de la paroisse Saint-Maurice,
ensuite aumônier et confesseur du roi Saint-
Louis. Il mourut à Bîville l'an 1257 , le 19 d'octobre , jour auquel il y a dans l'église de ce
lieu (au milieu du chœur de laquelle est son
tombeau) un concours de peuple prodigieux,
où il s'est fait quantité de miracles , ce qui l'a
fait appeler le thaumaturge de Normandie ,
en ayant même opéré plusieurs pendant sa vie.
On le connaît sous le nom du Bienheureux-
Thomas.

Les Anglais tentèrent plusieurs fois de reprendre Cherbourg sous les successeurs de
Philippe-Auguste , mais ils ne purent y parvenir. Ils brûlèrent deux fois l'abbaye et l'hôtel-
dieu. On ignore le temps du premier incendie ;
on est assuré cependant qu'il arriva avant le

1286.

le règne de Philippe-le-Bel, IV.ᵉ du nom ; car ce prince accorda, en 1286, des priviléges à l'hôtel-dieu, pour le dédommager des pertes qu'il avait souffertes lors de cet incendie, et à la prière du prieur et des frères : *prior et fratres domûs Dei de Cœsaris-burgo nobis humiliter suplicaverunt.*

Cette charte fait aussi mention du prieur et des frères comme ayant fait plusieurs acquisitions en conséquence de la charte de Philippe-Auguste, dont on a parlé sur l'année 1203 : *per prœdictos priorem et fratres et eorum prœdecessores post et juxtà dictam concessionem à nostris prœdictis acquisitas, etc.*

1293.

Le second incendie est rapporté par les historiens d'Angleterre, qui disent qu'en 1293, sous le même règne de Philippe-le-Bel, pendant que Charles de Valois et Raoul Néel, connétable de France, étaient en Guienne pour exploiter la contumace jugée contre Edouard Iᵉʳ, roi d'Angleterre, qui refusait de *comparoir* devant le roi de France, pour rendre raison de certaines dépouilles faites par ses sujets sur les côtes de Normandie. Les Anglais firent une descente en cette province, prirent, pillèrent et brûlèrent Cherbourg, qui n'était point encore ceint de murailles, et

qui n'avait alors d'autre forteresse que le château, dans lequel les habitants s'étaient refugiés,
et où ils se défendirent seuls sans l'aide d'aucune troupe avec une vigueur si extraordinaire,
qu'ils forcèrent les ennemis de lever le siége.

Ils n'épargnèrent pas même l'abbaye : ils en
pillèrent les livres, les ornements d'église, *Le Chartrier de*
titres et papiers, puis y mirent le feu. Cela *l'abbaye de
Cherbourg.*
demeure constant par une bulle que le pape
Jean XXII accorda à cette abbaye en 1529, à la
sollicitation de Philippe de Valois, roi de France,
qui exposa au pape que «l'abbaye de Cherbourg *Archives de*
avait été brûlée deux fois par les Anglais dans *l'abbaye de
Cherbourg.*
les guerres qu'ils avaient eues avec les rois de
France, ses prédécesseurs : « *quod propter
guerras, quæ olim inter, claræ memoriæ,
Franciæ prœdecessores suos et Angliæ reges,
suscitante latore zizaniæ, pullularunt, dictum
monasterium beatæ Mariæ de voto juxtà Cœ-
saris-burgum, sublatis libris, ornamentis
ecclesiasticis, chartis ac monumentis ipsius
per eorumdem regum et regni Franciæ inimicos
adeò fuit per incendium etiam bis consump-
tum.*

Et ce fut à cause de ces deux ravages faits à
Cherbourg, que la Guienne et tout ce que les

les Anglais possédaient en France fut, par juge-
ment des pairs , réunis à la couronne , et la ville
de Douvres pillée par les Français , l'année suivante, en représailles. Ce fut aussi à l'occasion
de ces deux incendies et pour prévenir de semblables malheurs , que par ordre du roi Philippe-le-Bel , Cherbourg fut fermé de murailles
vers l'an 1300, pour la première fois. Dans la
partie la plus voisine du château , où, à la
réserve de l'église et de quelques maisons res-
tées des deux incendies que nous venons de
rapporter , ou rebâties depuis , il n'y avait
plus que des pièces de terre et des jardins , et
chacun des habitants s'empressa d'y rebâtir des
maisons ; car depuis les incendies , on avait re-
bâti la ville dans un plus grand éloignement du
château, du côté de l'occident , dans la vallée,
vers la Bucaille , afin qu'elle fût à couvert des
insultes des ennemis lorsqu'ils assiégeraient le
château.

L'abbé de Cherbourg et le prieur de l'hôtel-
dieu songèrent , chacun de leur côté, à se faire
dans cette nouvelle enceinte une maison de
refuge pour les temps de guerre et d'hostilité ;
ce qui leur était d'autant plus nécessaire, qu'alors
le pays était affligé d'une guerre civile.

Marginal notes:

1300.
Antiq. de
Cherbourg.

Archives de
l'abbaye et
de l'hôtel-
dieu de
Cherbourg.

L'abbé N. .(1) acheta de Thomas Sartrin et de Richard de Nissette, deux maisons tenant ensemble, situées dans la rue du Noüet ou rue au Blé; il en obtint confirmation par une charte de l'an 1370, dont on parlera dans la suite, et « y fit bâtir une chapelle pour se retirer » dans ladite maison avec ses religieux en » temps de guerre et d'hostilité, et y faire dire » et célébrer le service divin, ainsi que le porte » un aveu que rendirent l'abbé Léobin Le Fil- » lastre et ses religieux, en 1549. »

C'est cette maison de refuge qui, jusqu'au temps de sa démolition, a été appelée l'abbaye Sartrine, et dont la place conserve encore ce nom (2). La prison du baillage est aujourd'hui en cet endroit.

Jean Cabieul, prieur de l'hôtel-dieu, prit semblable précaution; il y acquit, en 1504, un héritage proche de l'église, dans lequel il plaça l'hôtel-dieu de refuge pour le temps de guerre, et y fit bâtir une chapelle en 1316, laquelle fut dédiée à S.t–Louis, le vingt-deuxième

1304.

Archives de l'hôtel-dieu de Cherbourg. 1316.

---

(1) Cet abbé devait être Guillaume ou Humfroy.

(2) Cette place, ainsi que la prison du baillage, n'existent plus aujourd'hui : le nom de Sartrine est à peine connu.

(N. des Edit.)

jour de février de la même année : c'est le lieu
où est à présent l'hôtel-dieu ou hôpital de Cherbourg.

1318

Le cartu-
laire de
l'hôtel-dieu
de
Cherbourg.

Les droits royaux et le franc-panage que
possédait notre hôtel-dieu, à cause du fief du
Lardier, donné par Guillaume-le-Conquérant,
lui ayant été contestés, le prieur fit rendre, en
1318, une sentence par laquelle il fut confirmé
dans tous ses droits, en ayant prouvé la possession immémoriale par titres et par 48 témoins
des paroisses voisines, comme on le va voir par
la copie que nous avons tirée du cartulaire de
l'hôtel-dieu.

« L'an de grâce 1318, le mercredy *cintime*
» du lundy avant Noël, à Valoingne, par-devant
» nous bailli du Cotentin, etc., fudrent présents,
» Jehan de Beuzeville, escuyer, et Colin du
» Laignier et lours compagnons, panégéours des
» forets de Brix, de l'an 1317, d'une part ; et
» Jehan Cabieul, prestre, priour et gardes des
» poures de l'hosteil-dié de Chierebourg, pour
» luy et ses hommes, maignants et rességants en
» fieu que l'on appelle *fieu* du *Lardier*, à Chiere-
» bourg, sur ce que lesdits panégéours avoient
» proposé que les dessusdits avoient mal passé
» lours porcs audit panage, et tous que ils
» les avoient tous passés comme francs et ils

» ne les étoient pas , se comme ils disoient , et
» mêmement se le fieu gardoit franchise au roy,
» si n'y en peut-il avoir que un franc , ne n'a-
» voient les dessusdits, maintenant le contraire
» disent que ils sont francs de panage , et ont été
» en dit fieu de si long tems que memore d'homme
» n'est du contraire , et pour lours franchises
» avoir coutumes et autres les hommes audit
» priour resséants en dit fieu le panage durant
» à Tourlaville, prennent les porcs qui échient
» au roy, pour raison dudit panage , et ledit
» priour comme ils échient lour coupe les
» oreilles et les met en la broche devant ceux
» qui tiennent le panage , et ledit priour a le
» second porc qui échiet au roy au commen-
» cemènt des porcs passés audit panage , et 12
» deniers tournois pour chacun jour que le pa-
» nage durera ; et s'il avenit ou avenoit que pour
» cause de guerre il convenist faire lardier des
» chars en chastel de Chierebourg pour notre
» syre le roy, ledit priour et ses hommes seront
» tenus à faire le service , et pour chacun jour
» que le service dureroit ledit priour airoit 12
» deniers tournois. Et sur ce , la vue avoit été
» termée entre lesdites parties, laquelle est faite
» aujourd'huy par 48 hommes des prochaines
» paroisses , en la présence des véours desdites

1318.
Cartulaire
de
l'hôtel-dieu
de
Cherbourg.

» forets lesquels furent à la vüe. Lesdits pané-
» géours délaissèrent lour opposition et distrent
» que eux étoient informés que c'étoit le droit
» audit priour et à ses hommes dessusdits, et
» que eux étoient et avoient esté toujours francs
» de panage, et tous ceux qui ont esté résidents
» et demourants audit fieu. Et pour savoir si le
» roy notre syre y a nul droit, nous commismes
» au vicomte de Valoingne a ouir la déposition de
» l'enquestre, et ce que les véours desdites forets
» voudront dire sur ce , lequel vicomte nous rap-
» porta présentement qu'il avoit fait jurer lesdits
» hommes et lour avoit demandé se ils aparte-
» noient de rien au priour ne à les hommes des-
» susdits ou cousins, compères, justiciables ne
» à leurs fames , et ils avoient dit que non ; et
» emprès qu'il lour avoit demandé en présence
» desdits véours desdites forets, se ledit priour
» et ses tenants dudit fieu avoient été francs de
» panage , toujours en étoient par les services
» et redevances dessusdites, et ils luy avoient
» dit que ouï ; et aussy luy avoient dit les
» véours desdites forets. Pour quoi, nous bailli
» dessusdit, à la relation dudit vicomte , déli-
» vrasmes audit priour et resséants dudit fieu ,
» lours franchises et s'en allèrent quittes et dé-
» fendus vers lesdits panégéours , et francs sans

» payer panage, et en lour saisine. Donné à Va-
» loingne, sous le scéel de sa baillie, en jour et
» an dessusdits , etc. »

1320.

Archives de
l'hôtel-dieu
de
Cherbourg.

Deux ans après , le prieur de l'Hôtel - Dieu
de Cherbourg sollicita du roi Philippe–le–Long
la confirmation de cette sentence ; ce qu'il
obtint en effet , comme on le voit dans la
chartre de ce prince, qui fait mention de tous
les droits appartenants audit prieur.

Histoire de
France , de
Normand.

Quelques temps après , il s'éleva de grandes
guerres entre les Français et les Anglais , qui
furent très–longues et très–sanglantes. Ces derniers descendirent à la Hougue, en **1346**, avec
une armée de quarante mille hommes. Ils s'emparèrent d'abord de Barfleur , qui était alors
une petite ville et un bon port de mer. Ils
le ruinèrent , puis se présentèrent devant Cherbourg , au mois de juillet de la même année.
Mais voyant la force de son château et la vigueur
de ses habitants, qui le défendaient, ils en levèrent
honteusement le siége. Les historiens remarquent
que cette ville fut la seule du pays qui leur résis-
tât, dans un temps où toutes les autres , savoir ,
Valognes , Carentan , Saint–Lo , Bayeux , Caen,
et plusieurs autres des environs, furent prises ,
pillées et brûlées ; et les habitans de Cherbourg,
seuls, sans l'aide d'aucune troupe , par leur

1346.

Géograp.
de
Vosgien.

1346.

Histoire de
Norm.,
de Pleix.
Annales de
France :
Paul-Emile
Vitahi.

vigoureuse résistance, forcèrent les ennemis de s'éloigner d'eux ; pour s'en venger, ceux-ci réduisirent, avant leur départ, les faubourgs en cendres.

Froissard, chap. 122.
Froissard, célèbre annaliste, en parle en ces termes, au chapitre CXXII de son histoire : « Et allèrent (les Anglais) tant qu'ils vindrent » en une bonne, grosse et très riche ville qui » s'apelle Chierebourg, si en ardirent et robèrent » une partie ; mais dans le chastel ne purent y » entrer, ils le trouvèrent trop fort et bien » garni de gens d'armes ; puis passèrent outre. »

1354,
Archives
de l'abbaye
de
Cherbourg.
En 1354, Cherbourg et plusieurs autres places de Normandie furent cédées à Charles-le-Mauvais, roi de Navarre, gendre du roi Jean et fils de Philippe-d'Evreux, prince du sang. Il fit garder cette ville par des Navarrois ; mais comme ses murs n'étaient pas suffisants pour mettre à couvert les habitans contre les Anglais, qui menaçaient, en 1359, de descendre en France avec la plus formidable armée que cette nation eût jamais mise sur pied, Charles-le-Mauvais y fit faire, cette année et les suivantes, ces fortes et puissantes murailles dont nous ne voyons plus que les ruines, et fit raser l'Abbaye, crainte que les Anglais n'y fissent forteresse.

En 1363, le roi de Navarre, Charles-le-Mauvais, vint à Cherbourg voir la nouvelle enceinte qu'on y bâtissait par son ordre. Il y fit son entrée publique le jeudi, dixième jour de juillet, accompagné des principaux officiers de sa cour, et fut reçu avec bien de la pompe par les bourgeois et par la garnison navarroise, commandée par leur gouverneur Spoletto. Ce roi séjourna à Cherbourg près de deux mois.

Vers ce temps-là, le roi de Cypre, Pierre Ier, vint en Europe pour demander du secours aux princes chrétiens contre les Infidèles, qui voulaient s'emparer de son royaume : il fit sentir si pathétiquement l'importance de la conservation d'un pays qui était auprès de la Terre-Sainte, que le roi Jean lui promit d'y aller en personne à la tête d'une armée. Le roi de Cypre apprenant que le roi de Navarre mettait sur pied des troupes contre la France, vint le trouver à Cherbourg pour lui faire des propositions de paix, craignant que cette guerre ne ralentit l'exécution de la promesse que lui avait faite le roi Jean. Le roi de Navarre le reçut assez bien, et fit aller la bourgeoisie et la garnison navarroise au-devant de lui ; ce qui arriva le mardi dix-neuvième jour d'août 1363, comme

1363.

Histoire
de Norm.

il est marqué dans d'anciens manuscrits de ce temps-là, qui se trouvent dans le cabinet de quelques curieux; mais il lui dit qu'il était résolu de suivre ses prétentions par les armes. Le roi de Cypre resta quelques jours à Cherbourg, puis s'en retourna trouver le roi de France.

1366.
Antiquités
de
Cherbourg.

Trois ans après, c'est-à-dire en 1366, le roi de Navarre vint à Cherbourg pour la seconde fois; il gratifia les bourgeois de cette ville du titre de barons, leur donna plusieurs beaux priviléges et les fit tous nobles; de là vint l'ancien mot de *pairs-à-barons* (1). Ce même roi accorda, en 1370, une chartre à l'abbaye de Cherbourg (qui était située dans la rue au Blé depuis le commencement du siècle, et appelée l'Abbaye de Sartrine), pour la dédommager des pertes qu'elle avait souffertes lors des fortifications dont on a parlé, lui permettant d'acquérir jusqu'à 40 livres de revenu

---

(1) *Pares baronibus*, c'est-à-dire égaux aux nobles et aux barons. Aussi les anciens bourgeois de Cherbourg portaient l'épée, et étaient exempts de l'impôt, connu sous la dénomination de *taille*, dans douze paroisses voisines, et des autres redevances auxquelles les roturiers étaient sujets.

(*N. des Edit.*)

venu annuel, sans payer droit d'amortisse-
ment; « en considération, dit cette chartre, de
» ce que plusieurs de leurs maisons ont été
» abattues et détruites, aucunes parce qu'elles
» étoient près des fossés de notre chastel, au-
» tres pour la closture des murs et fossés nou-
» vellement faits autour de ladite ville, et les
» héritages pris et occupés auxdits murs et fos-
» sés, en ce que ledit montier (1) a été et est
» abattu pour doute que les ennemis du royau-
» me y fissent forteresse. »

Le roi de Navarre s'étant révolté contre le roi
de France, Charles V, et ayant pris les intérêts du roi d'Angleterre, perdit, par cette action, le respect qu'il devait à la couronne de
France; étant un de ses vassaux. Le connétable
Duguesclin eut ordre de marcher contre lui : il
s'empara de toutes les villes qui lui appartenaient
en notre province, et mit le siége devant Cherbourg en 1378. Le roi de Navarre, qui était
alors dans son royaume, en ayant eu connaissance, demanda du secours aux Anglais, qui lui
en accordèrent sur les promesses, qu'il fit en
bonnes formes, de demeurer à toujours bon et

Histoires de France, de Norm.

1378.

Histoire de Norm.

Histoire d'Anglet., par Duchesne.

Chroniq. de Norm.

---

(1) L'église de l'abbaye.

5

fidèle anglais, et de leur remettre Cherbourg
entre les mains, à condition néanmoins que la
propriété et la seigneurie lui en demeureraient.
Et de son côté, le roi d'Angleterre s'obligeait
de garder et de défendre cette place, à ses propres frais, durant trois ans.

Chroniq. de
Norm.

Froissart,
Masseville.

1378.

Duchesne.

Les Anglais, qui brûlaient d'envie de se voir
maîtres de Cherbourg, parce qu'il avait un des
plus forts châteaux du monde, et que c'était
une belle entrée en Normandie, y envoyèrent
un secours de deux cents hommes d'armes et
quatre cents archers, sous la conduite de Robert-
le-Roux, de Jean Harleston, de Philippe Pigourde, de Jean d'Arondel, de Jean Brioll, de
Jean Capeltand et d'Othon de Granson. Les
Navarrois leur cédèrent le château, et se retirèrent dans la ville. Les uns et les autres étaient
des soldats aguerris, et en assez grand nombre
pour résister à quelque armée que ce pût être.

Histoire
de Norm.,
Masseville

1378.

Cherbourg était dans cette situation, lorsque
le connétable entreprit de l'assiéger. Il avait une
armée nombreuse, et pour ses principaux officiers, le sire de la Rivière, les comtes de St-
Paul et de Dunois et Olivier Duguesclin, son
frère. Il l'attaqua avec beaucoup de vigueur et
de courage; mais la garnison n'en fit pas moins

voir à se bien défendre pendant plus de six mois ; et Olivier Duguesclin fut pris dans une des sorties qui furent faites. Quand le connétable se vit enfin dans la rigueur de l'hiver, et que d'ailleurs il reconnut qu'il lui faudrait une flotte pour aider à réduire cette place, il prit le parti de lever le siége, après avoir avoué qu'il perdait son temps et que Cherbourg était imprenable.

1378.

On voit encore aujourd'hui dans une pièce de terre au-dessous de la chapelle de Sainte-Honorine ou de Saint-Sauveur, aux environs de la ville de Cherbourg, deux croix de pierre que la tradition nous apprend être placées sur les sépultures des comtes de Dunois et de St.-Paul, qui furent tués à ce siége.

La tradition nous enseigne aussi qu'on se servait pour attaquer la ville de grosses boules de pierre, qui se lançaient contre les murs, avec des béliers, du haut de la montagne du Roule. On en voit encore quantité dans nos rues, et même on en trouva plusieurs tours remplies lors de la démolition du château, ce qui prouve évidemment qu'on s'en servait pour se défendre dans la ville.

Comme ce siége a été le plus long et un des

plus fameux que Cherbourg ait soutenus, nous allons en donner la description qu'en fait le célèbre Froissard, qui vivait dans ce temps-là.

Histoire de
France,
Froissart,
ch. 329.

« Quand le Connétable et le syre de la Rivière
» eurent tout cherché à tout leur route parmi
» la comté d'Evreux, et qu'il n'y eut rien de-
» mouré que tout ne fut déclos et en l'obéis-
» sance du roy de France, ils vindrent devant
» Chierebourg, fort et noble lieu, et lequel
» fonda premièrement Julius-César, quand
» conquist Angleterre, et est un port de mer.

» Les François l'assiégèrent de tous côtés fors
» par la mer, et s'amenagîrent et pourvurent
» pour y demourer sans en partir devant qu'ils
» l'eussent prins.

» Messire Robert Leroux (qui commandoit
» dans la place) et sa route faisoient maintes
» saillies de jour et de nuit : et n'y requièrent
» oncques les François à faire faicts d'armes,
» qu'ils ne trouvast bien à qui l'y eut moult
» combattu et jouxté par fer de lances et de
» glaives, et plusieurs prins et morts tant d'un
» côté que d'autre, le siége pendant, qui dura
» tout le demourant de l'esté.

» A grands milles demourèrent les François

» devant Chierebourg usques bien avant dans
» l'hiver à petit de conquest. Si avisèrent qu'ils
» gâtoient le temps, et que Chierebourg étoit
» imprenable, si se retrahit chacun en son lieu,
» et ce fut l'an **1378.** »

1378.

Histoire
de Norm.,
Masseville.

Après ce siége, le roi de Navarre, ayant égard
à sa promesse et à la bonne défense des Anglais, leur livra Cherbourg.

Le connétable, après avoir levé le siége de
Cherbourg, mit des troupes à Valognes, à Montebourg, à Saint-Sauveur-le-Vicomte, au fort des
Ponts-Douves, à Carentan et à Saint-Lo, afin
de garantir le pays des courses de la garnison
de Cherbourg. Il se faisait en ce temps-là de
fréquentes escarmouches entre les Anglais de
la garnison de cette ville, et les Français des
garnisons de Valognes et des places voisines.
Les succès en étaient différents : les uns et les
autres y éprouvèrent tour à tour la mauvaise
fortune.

Il s'en fit une le mardi 4 juillet **1379,** où se trouvèrent les principaux officiers des deux partis.
Guillaume des Bordes, gouverneur du Cotentin, ayant pris avec lui le sénéchal d'Eu, Per-
ceval d'Enneval, Lancelot de Lorris, Guillaume

Histoire
de Norm.,
Froissard,
Duchesne.

Martel, les sires de Torcy, d'Yvry et de Bracquemont, et les Génois de la garnison de Montebourg, s'en alla chercher les Anglais, qu'il rencontra dans la forêt de Valognes, en un lieu nommé le Pastoy-des-Bois. Ils étaient commandés par Jean de Harleston, gouverneur de Cherbourg, qui était accompagné de Jean Copeltand, de Philippe Pigourde, de Jean Burle, d'Othon de Granson, de Jean Oursel, de Jean Aubourg et de ses meilleures troupes : ils mirent aussitôt pied à terre de part et d'autre, et se battirent à coups de haches d'armes et d'épées avec la dernière fureur. Les deux commandants y firent des exploits merveilleux, et à leur imitation, tout le monde y fit les derniers efforts. « La bataille, dit Froissard, dura longuement, « et moult fort fut combattue et bien continuée, » tant d'un côté comme d'autre. » Mais à la fin, les Anglais eurent l'avantage, et des Bordes et Guillaume de Beaulieu furent faits prisonniers et menés à Cherbourg.

1379.
Hist. de
Normand.,
Froissard,
Duchesne.

1380.
Histoire de
Norm,
Juvenal
des Ursins.

La guerre dura encore quelque temps, et en 1380, on fit une trêve avec les Anglais; mais elle fut mal gardée de leur part : leurs vaisseaux ne pouvaient s'empêcher de pirater sur les côtes de Normandie, et la garnison de Cherbourg faisait des courses à peu près comme pendant la guerre. Les Anglais équipèrent ensuite une flotte, et après avoir croisé quelques mois dans le golfe de Gascogne, ils se rabattirent tout d'un coup sur notre province.

Après la mort de Charles-le-Mauvais, roi de Navarre, arrivée le premier janvier 1387, il s'éleva des divisions qui donnèrent lieu aux garnisons de Cherbourg et de Brest de redoubler leurs courses; mais elles n'y trouvèrent pas toujours leur compte, « et bien souvent elles étoient » chaudement et âprement reboutées jusques » dans leurs places à leur grande confusion. »

1387,
Histoire de Norm.
Juvenal des Ursins

L'année suivante, la flotte dont on vient de parler descendit à Cherbourg, où il y avait une forte garnison. Les Anglais eurent d'abord en vue d'assiéger Carentan; mais apprenant que le sire de Hambie était gouverneur de cette place, et qu'elle avait une bonne garnison, ils se contentèrent de ravager le plat-pays, puis revinrent à Cherbourg, d'où la flotte repassa en Angleterre.

1388.
Histoire de Norm.,
Froissard.

Le roi de France, Charles VI, ayant tombé tout d'un coup dans une frénésie et une entière aliénation d'esprit, on trouva dans cette conjoncture moyen de faire la paix avec l'Angleterre.

Histoire de Norm.

Par ce traité, le roi Richard II épousa Elisabeth de France, fille du roi, et rendit Cherbourg l'an **1395**. Les Anglais furent fort irrités de ce que leur roi avait rendu cette place ; et comme ils étaient déjà chagrins des grandes impositions dont ils se trouvaient chargés, ceci leur donna une nouvelle occasion de se révolter ; et après avoir détrôné Richard, ils proclamèrent pour son successeur le duc de Lancastre, qui régna sous le nom de Henri IV. Richard fut ensuite enfermé dans la tour de Londres, où on le fit mourir quelque temps après. Le parricide que les Anglais commirent sur la personne de ce roi, est un mémorable témoignage du désir qu'ils ont toujours eu de se voir maîtres de Cherbourg (1).

A Quelques années de là, le jeune roi de Navarre fit prier et pria lui-même le roi Charles de le remettre en possession des villes et seigneuries que son père possédait en Normandie,

---

(1) Voisin-la-Hougue tire là une conséquence forcée de cette restitution de Cherbourg ; ce ne fut même pas la cause déterminante de la déposition de Richard II. Ce roitelet ne gouvernait que par ses favoris, et ce furent eux et le despotisme qui creusèrent l'abîme dans lequel un peuple indigné le précipita.

(*N. des Edit.*)

remontrant qu'il en était l'héritier légitime, et
que si son père les avait perdues par ses révoltes,
il condamnait sa méchante conduite, et ne man-
querait jamais aux devoirs d'un fidèle vassal de
la couronne de France. Le roi ayant fait voir
à son conseil les prétentions de ce jeune prince,
on demeura d'accord qu'il pouvait demander du
moins quelque dédommagement ; mais on ^{Monstrelet}
considéra que les places de Normandie étaient
trop propres à former des liaisons avec les
Anglais dans les temps de troubles, comme l'on
en avait d'assez fâcheuses expériences ; de sorte
qu'on lui offrit d'autres seigneuries qu'il accepta. On lui bailla le duché de Némours et
quelques autres terres avec une somme de deux
cent mille écus d'or, moyennant quoi il re-   1404,
nonça à toutes les prétentions qu'il pouvait   Masseville,
avoir sur les places de Normandie, ainsi que   Histoire
sur les comtés de Champagne et de Brie. Mais   de Norm.
comme par le traité, le Navarrois se réservait Monstrelet.
Cherbourg, que les Anglais venaient de remettre
entre les mains du roi de France, le roi lui
offrit une bonne somme d'argent pour cette
place : il accepta l'offre ; et de peur qu'il ne
vint à se repentir du marché, le roi y dépêcha
sur-le-champ le comte de Tancarville pour
en prendre possession, ce qui arriva en **1404**.

La maladie du roi Charles l'ayant rendu incapable de gouverner, cela donna occasion à une fâcheuse querelle entre les princes du sang au sujet du gouvernement : ce n'était dans tout le royaume que séditions et agitations. Il s'en éleva une fort dangereuse à Paris, en 1413 ; elle était appuyée par le duc de Bourgogne. Pierre des Essarts, prévôt de Paris et gouverneur de Cherbourg, y fut arrêté avec plusieurs autres par les factieux.

Hist. de France, hist. de Normand. Le roi étant averti que le duc de Bourgogne avait reçu dans son pays les chefs des factieux de Paris, et qu'il mettait des troupes sur pied, envoya l'évêque d'Evreux et l'amiral d'Ampierre lui demander les châteaux de Cherbourg et de Caen, dont il s'était rendu maître dans le temps qu'il avait le gouvernement de l'état. Le duc, sans faire aucune réponse à ces ambassadeurs, les quitta brusquement. Le roi, piqué d'un tel procédé, déclara ce duc ennemi de l'état, et marcha contre lui avec une armée.

Histoire d'Anglet.; Mezeray, Histoire de France; histoire de Normand. Henri V, roi d'Angleterre, voyant que la maladie du roi continuait, et que l'animosité des princes du sang de France n'était pas éteinte, crut qu'il n'y aurait jamais de temps plus favorable à faire valoir ses prétentions sur nos provinces ; de sorte qu'il fit tous ses efforts pour mettre une puissante armée sur pied, avec laquelle il descendit en Normandie, l'an **1415**, ayant les ducs de Clarence et de Glocestre, ses frères, et plus de cinquante mille hommes. Il s'empara d'abord de Barfleur, et ensuite de la plupart des villes de cette province, presque sans aucune résistance. Ainsi l'on vit tout d'un coup Rouen, Caen, Lisieux, Falaise, Vire, Argentan, Evreux, Séez, Avranches, Bayeux, Coutances, Saint-Lo, Valognes et les autres places, passer sous la puissance des Anglais.

Cherbourg néanmoins, gardé par ses seuls habitants, résista vigoureusement à toutes les forces de cette nation, commandées par le duc de Glocestre, qui avait sous lui les plus braves capitaines d'Angleterre, le sire de Gray, les comtes de Kent, de Windsor, de Suffolk, de Strafford, de la Marche, et quantité d'autres grands guerriers ; il résista, dis-je, pendant trois mois entiers, et l'ennemi, qui avait perdu inutilement le tiers de son armée au siége de cette ville, aurait été forcé de le lever, si le traître Jean d'Angennes, qui en était gouverneur, ne lui eût vendu la place pour une somme d'argent, le lundi **28** novembre **1418** ; de sorte que, pour

Marginalia: 1415.

1418.

Histoire de Normand., Chroniq. de Normand., Nagerel.

le dire en passant , M. Rouaut s'est lourdement trompé, lorsqu'il a dit (dans sa Vie des Evêques de Coutances , imprimée en **1742**) , « que le » roi Henri , croyant Cherbourg plus difficile à » prendre que les autres places, le réserva à » la fin, pour ne pas s'arrêter dans ses conquêtes ; » mais qu'il fut agréablement trompé, en ap- » prenant , aussitôt qu'il se fut présenté devant » la place , que le gouverneur était prêt de la » livrer moyennant une certaine somme d'argent » qui lui fut accordée et comptée, et la ville » livrée. » Et cependant les auteurs qu'il cite pour ses garants , disent expressément que cette ville résista vigoureusement durant trois mois. Polidor , Masseville, Verg , Juvenal des Ursins , Dupleix , ne disent pas non plus que le roi Henri y soit venu en personne; mais bien qu'il y envoya le duc de Glocestre pour en faire le siége.

Il y avait long-temps que les habitants de Cherbourg avaient formé le dessein de réédifier le bâtiment de leur église qui subsiste aujour-d'hui, parce que l'ancienne , qui était à la même place , tombait en ruines. Pour cet effet , on avait amassé de l'argent de tous côtés, et chacun des habitants y avait contribué de son mieux.

1418.

Histoire de Normand.

Chroniq de Normand.

Page 274.

Les fondements en avaient été jetés quelque temps avant le siége que nous venons de rapporter ; mais l'extrême disette dans laquelle ce long siége les réduisit , les empêcha de continuer cet ouvrage. On recommença cependant à y travailler vers l'an **1423** , et on fit le chœur , les chapelles d'alentour et le clocher.

1423.

La nef et les deux ailes ont été bâties depuis, comme on le verra dans la suite. Il ne reste cependant aucun manuscrit aux archives de cette église qui fasse mention du temps où elle a été bâtie ; on trouve seulement qu'on payait cent sous pour le fret d'un navire (qu'on appelait navée dans ce temps-là) qui apportait le carreau de Caen, et qu'un tonneau de ce carreau coûtait dix-huit sous. Nous le devons donc prouver par plusieurs monuments parlants, qui se rencontrent en différents endroits de son architecture ; je veux dire par l'écusson du roi Charles VII, qui se voit à la principale clef de la voûte du chœur et dans plusieurs chapelles (1).

---

(1) Le vandalisme de 1793 a détruit ces écussons, ainsi qu'une superbe danse macabre , en bas-relief, qui se trouvait au haut de la grand'nef.

(*N. des Edit.*)

Histoire de
France,
Verdier;
Jean
Chartier;
Masseville.

Ce roi commença à régner en **1422**. Avant son règne, l'écusson de France était rempli de fleurs-de-lis sans nombre : ce fut lui qui les réduisit à trois, comme nous les voyons aujourd'hui.

Ces écussons sont des témoins irrécusables, qui prouvent très bien que cette église a été bâtie pendant le règne de ce roi, lorsque nous étions sous la puissance des Anglais : la tradition nous l'apprend, et c'est le sentiment de tous les bourgeois de Cherbourg.

Histoire de
Normand.

1435.

Histoire de
Charles VII
par
J. Chartier.

Le désordre ayant continué dans le royaume après la mort de Charles VI, on se faisait la guerre presque dans toutes les provinces avec différents succès, mais très faiblement; en sorte qu'elle languit sept ou huit ans, à cause de l'impuissance des deux partis, qui, manquant d'argent, ne pouvaient mettre de grandes armées sur pied. Enfin on proposa la paix, et l'on tint pour cet effet une assemblée dans laquelle il fut arrêté que les Anglais auraient la Normandie et la Guienne, à charge d'en faire hommage à la France.

Cette paix étant rendue publique, causa beaucoup de joie dans le royaume; mais les Anglais n'en furent point contents, parce que

depuis ce traité leur crédit diminuait beaucoup ;
ils continuèrent les hostilités comme pendant
la guerre. Cependant plusieurs villes du royaume
qui étaient sous leur obéissance, secouèrent le
joug et se rendirent tout d'un coup au roi
Charles VII.

Enfin après une longue guerre, on fit
une trêve qui devait durer jusqu'au mois de
juin 1449 ; mais ils la rompirent deux mois
avant le terme, ce qui obligea le roi de France
à reprendre les armes. S'autorisant du prétexte
qu'ils avaient rompu la trêve, Charles les
attaqua vigoureusement, et se rendit maître en
peu de temps de plusieurs villes et châteaux–
forts de Normandie.

L'année suivante on recommença la guerre
contre les Anglais : la première expédition leur
fut favorable; ils se rendirent maîtres de quelques villes. Thomas Kiriel étant descendu à
Cherbourg, au mois de mars, avec trois mille
hommes, vint mettre le siége devant Valognes,
qui se défendit d'abord avec vigueur. Mais Abel
Rouaut, gentilhomme poitevin, qui en était
gouverneur, fut obligé de capituler après trois
semaines de blocus. Les Anglais vinrent ensuite

Histoire de
France, de
Normand.;
Chroniq. de
Nagerel ;
Histoire de
CharlesVII,
de Chartier.

1450.

1450.   camper au village de Formigny, entre Carentan
et Bayeux, où ils furent entièrement défaits
par notre armée (1).

Après cette victoire, Charles VII, étant en
Basse-Normandie, n'eut pas de peine à prendre
les villes que les Anglais y tenaient encore, et à
les en chasser entièrement. Le connétable alla
faire le siége de Vire, et prit cette ville; Bayeux se
rendit au comte de Clermont; Avranches fut
soumis par le duc de Bretagne: Valognes,
Bricquebec, le château de Tombelaine, Saint-
Sauveur-le-Vicomte et toutes les autres places
des environs subirent la loi du vainqueur.

Il ne restait plus que Cherbourg, alors l'une
des plus fortes places de l'Europe. Cette ville
fut la clôture et le couronnement des heureux
succès des armes de notre roi. Il y avait dedans
deux mille aventuriers désespérés, qui, outrément
indignés de tant de malheurs, voulaient se
faire enterrer sous les ruines de leur dernière
perte.

---

(1) L'affaire décisive de Formigny eut lieu le 15 avril
1450, entre moins de quatre mille Français et six à sept
mille Anglais: près des deux tiers de ceux-ci restèrent
sur le champ de bataille.

                                        (*N. des Edit.*)

L'armée victorieuse de Charles VII arriva devant cette ville au mois de juillet ; elle l'investit de toutes parts. Comme c'était la dernière place qui restait aux ennemis dans cette province, tous les seigneurs de France voulurent se trouver au siége, pour avoir l'honneur de contribuer à sa prise. On comptait parmi les officiers de l'armée le connétable de Richemont, commandant, l'amiral de Rays, le maréchal de Lohéac, le comte de Clermont, le bailli de Troye, le comte de Laval, et plusieurs autres fameux guerriers. Chacun d'eux, animé par la gloire d'avoir terrassé les ennemis en tant d'occasions, en poussa le siége avec vigueur, et les attaqua dans les formes. « Et se gouvernèrent hautement et ho- » norablement les François qui devant étoient, » lesquels y firent grands approches et grands » faits d'armes. » La garnison se défendit assez bien pendant quelques semaines, et les assiégeants se servirent de grosses bombardes (1) de

1450.
Histoire de
France.

---

(1) Pièces d'artillerie dont on se servait autrefois, qui étaient grosses et courtes avec une ouverture fort large. Il y a eu des bombardes qui ont porté jusqu'à 300 livres de balle. Froissard fait mention d'une de ces pièces qui avait 50 pieds de long. On a fait usage de ce moyen de destruction avant l'invention du canon.

(N. des Edit.) 6

nouvelle invention , « dont les Ánglois furent
» moult ébahis ; car oncques n'avaient eu con-
» noissance de tel mystère. » L'artillerie n'y
fut pas épargnée de part ni d'autre, et l'on y
fit jouer plusieurs mines. Pregent de Coytivy ,
seigneur de Rays(1), amiral de France, y fut tué
d'un coup de canon , et Tudval , bailli de
Troye , d'un coup de couleuvrine. Ces deux
excellents officiers furent fort regrettés , « et
» ce fut grand dommage , car ils étoient moult
» vaillants et grands hommes au fait des armes. »

1450.

On avait dressé toutes les batteries en face
du château , sur la grève , où est à présent le
pont , en un lieu que la marée ne pouvait en-
dommager . On fit une longue digue pour battre
de plus près le château , dès qu'on y eut assis
les instruments du siége : car comme alors la
mer montait bien loin dans les dunes, on perdait
beaucoup de temps à rapprocher ou à reculer
l'artillerie , à mesure que la marée venait ou
baissait, ce qui retardait extrêmement les travaux,
et donnait loisir aux Anglais de réparer leurs
dommages et de reprendre haleine. Pour construire ces batteries , on fit chasser quantité de

(1) Ou Reiz.   (*N. des Edit.*)

pieux de bois dans le sable , et l'on bâtit des murailles à l'entour pour les soutenir. Les Anglais ne croyaient pas qu'on pût jamais attaquer la ville de ce côté-là, et ils en furent tellement surpris , qu'ils entrèrent en composition.

Lorsqu'on fit les fondements du nouveau pont, en 1739, on trouva encore toutes ces batteries avec des murailles fort bien faites, et des pièces de bois considérables , dont quelques-unes avaient plus de 40 pieds de longueur.

Outre cela , on trouva moyen d'effrayer Thomas Gouel (1) , qui en était gouverneur. Son fils était un des otages qu'on avait mis entre les mains du roi, à la réduction de Rouen : on lui fit accroire que s'il résistait davantage , on allait faire mourir ce fils; de sorte qu'une crainte paternelle , jointe à la vigueur des attaques , l'emporta sur l'opiniâtreté de ses soldats, auxquels il remontra que c'était assez avoir rendu service à la patrie que d'avoir été les derniers au combat : enfin il rendit la ville et le château de Cherbourg le mercredi douzième jour d'août 1450. Ainsi cette ville rentra sous l'obéissance de son légitime souverain , après avoir été 31 ans , 9 mois et 14 jours sous celle des Anglais.

(1) Goëvel, ou Gonnel. *(N. des Edit.)*

Pendant qu'on dressait les clauses de la capitulation, on donna en otage le général Talbot et trois des principaux officiers de la garnison. Par les articles de cette convention, il fut réglé que « les Anglois s'embarqueroient le vendredi » 14 août et sortiroient la ville ; que le fils du » gouverneur lui seroit rendu ; qu'ils n'enleve- » roient aucune arme de dedans la ville ; qu'ils » s'en iroient vies et bagues sauves, chacun » un bâton blanc à la main, etc. », ce qui fut exécuté.

1450.

Ainsi l'armée triomphante de Charles VII eut la gloire de chasser les Anglais de Cherbourg et de toute la Normandie, et d'entrer dans cette ville, où ils furent reçus à bras ouverts par les habitants, qui, depuis tant d'années, gémissaient sous la tyrannie des Anglais. Un *Te Deum* fut solennellement chanté dans l'église de Cherbourg, le 14 août, dès que les ennemis eurent évacué la place. Le connétable de Richemont assista à cette cérémonie avec les principaux officiers de l'armée.

Le gouvernement de la ville fut donné à Jean III, seigneur du Bueil, comte de Sancerre, que le roi éleva en même temps à la charge d'amiral de France, vacante par la mort du seigneur de

Rays. Il contribua beaucoup à chasser les ennemis de la province , ce qui le fit appeler dans
le pays le *Fléau des Anglais*. Il fut dans la
suite honoré du bâton de maréchal de France ,
du collier de l'ordre du roi , etc.

On mit en garnison à Cherbourg quatre-vingts
lances et des archers. Par la prise de cette ville,
le roi acheva la conquête de toute la Normandie,
qu'il soumit dans l'espace d'un an et quelques
mois ; et ce prince , pour en conserver la
mémoire , ordonna qu'on ferait des processions
générales dans le mois de septembre suivant ,
et dans la suite à pareil jour que Cherbourg
se rendit. Cette procession ne se fait en cette
ville (1) que le 14 août , quoique les ennemis
eussent capitulé le 12, parce qu'ils n'évacuèrent
la place que le 14.

1450.

*Histoire
ecclésiast. ;
Histoire de
Charles VII*

Après le siége de Cherbourg , le seigneur du
Bueil , gouverneur de la place , en fit réparer
toutes les fortifications qui avaient été endommagées, et de peur que dans la suite les ennemis
venant faire le siége de cette ville, ne réta-
blissent des batteries sur la grève du port,

____

(2) Cette cérémonie commémorative n'a plus lieu depuis
bien des années.

(*N. des Edit.*)

comme les Français venaient de le faire, il fit construire de ce côté-là une tour à trois batteries, nommée la *Tour des Sarrasins*, garnie de 17 pièces de canon. L'écusson de Charles VII se trouve à la clef de la voûte de cette tour, qui subsiste encore aujourd'hui (1), et sert de magasin à poudre.

Les habitants de Cherbourg qui, pendant le temps qu'ils furent sous la domination étrangère, avaient conservé leur affection pour leur légitime souverain, refusèrent tout secours aux Anglais pendant le siége, et même s'étant assemblés dans leur église, ils y firent tous d'une voix unanime le vœu solennel d'y élever (s'ils étaient délivrés de leur joug tyrannique) un monument de piété en l'honneur de la Sainte-Vierge ; ce qu'ils exécutèrent incontinent après la sortie des ennemis.

Il y avait alors à Cherbourg un riche bourgeois, mécanicien très ingénieux, nommé Jean Aubert, qui en entreprit la construction. Après un travail infini de corps et d'esprit, la machine

Archives de la confrérie de N.-Dame, fondée à Cherbourg.

1450.

(1) La Tour des Sarrasins, dont on ne voit plus aucune trace, était située sur le quai-ouest de l'avant-bassin du Port de commerce, à l'endroit aujourd'hui nommé *Place-des-Sarrasins* : elle fut rasée vers l'an 1778.

(*N. des Édit.*)

étant achevée, on la plaça, l'an 1466, dans l'église au haut de la voûte de la nef, devant la croisée, où l'on avait pratiqué une place exprès pour cela en construisant le reste de cet édifice. Cette machine fut mise, par délibération, sous la surveillance immédiate de douze notables bourgeois, ce qui fut l'origine de la confrérie de *Notre-Dame-Montée*, encore subsistante (1) : elle représente en personnages mus par ressorts, l Assomption et le couronnement de la Sainte-Vierge dans le ciel. Le jeu des ressorts de cette machine si *célèbre* depuis près de trois siècles, se donnait chaque année au public le jour de l'Assomption avec beaucoup de solennité, en mémoire de la sortie des Anglais ; mais cela fut aboli pour des raisons que nous dirons dans la suite. Ce spectacle attirait beaucoup de monde à Cherbourg, même des pays étrangers, ce qui fit que la confrérie devint si *fameuse*, qu'il s'y enrôla plus de douze cents personnes de tout âge, de tout sexe et de toutes conditions, parmi lesquelles on distingue très-haut et éminentissime prince Georges d'Autriche, de la

---

(1) Cette confrérie, ainsi que toutes les corporations religieuses de ce genre, ne survécut pas aux orages de la révolution française.

(*N. des Edit.*)

maison impériale , cardinal et archevêque de Valence , en Espagne , et monseigneur Pierre Turpin , évêque d'Evreux ; *haute* et *puissante* (1) dame Jacqueline de la Trimouille, princesse de Talmont ; révérends pères Thomas Lionard , Jacques Marette , Jean Hubert , Jean Noël et Léobin Le Fillastre, tous les cinq abbés réguliers de l'abbaye de Cherbourg ; plusieurs gouverneurs de cette ville ; toute la noblesse du pays ; quantité d'anglais , de hollandais , de liégeois , de flamands et autres étrangers. Il s'y en trouvait aussi de toutes les provinces de France , de Bretagne, Picardie, Gascogne, Roussillon, etc. Tous ces peuples étant attirés en cette ville pour admirer cet édifice singulier , se faisaient enrôler dans cette confrérie ; et comme elle a eu autrefois beaucoup de renom , je pense qu'on ne sera pas fâché de voir ici les noms de tous les fondateurs dénommés dans le contrat de fondation :

Très haut et très puissant seigneur ! Expression féodale qui n'est plus dans nos mœurs.

(*N. des Ed.*)

LISTE

DES FONDATEURS DE LA CONFRÉRIE

de Notre-Dame-Montée , fondée à Cherbourg, en 1466.

Jean Aubert, facteur de cette machine , premier échevin de la confrérie.

Henri du Marest.
Guillaume Simon.
Jean Rault.
Jean Grossin.
Guillaume Avoine.
Michel Fontaine.
Cardin Simon.
Jean Thibert.
Etienne Saint-Martin.
Richard Lebourgeois.
Jean Guillemin.
Nicolas Chilard.
Jean Simon.
Jacques Lainey.
Thomas Dufresne.
Jean Leliepvre.
Geoffroy Groult.

Jean Guiffard.
Robert Pallefroy.
Nicolas Simon
Jean Gireult.
Samson Legoubey.
Etienne Rault.
Jean Bedel.

1464.

L'église de l'abbaye de Cherbourg, qui avait été démolie en 1359, par Charles-le-Mauvais, roi de Navarre, comme nous l'avons dit ci-devant, fut rebâtie en 1464, et la dédicace en fut faite le jour Saint-Michel de la même année, par Jean, évêque *in partibus* de Justinopolis.

La même année, le roi Louis XI octroya aux bourgeois de Cherbourg l'amodiation ou l'abonnement, qui les affranchit de toutes tailles, aides, quatrièmes, impositions et autres charges quelconques, et ce, eu égard à leur fidélité et grande loyauté, comme le dit sa chartre du 6 février; privilége qui était alors bien rare, puisque Caen ne le reçut que vingt ans après. Les successeurs de Louis XI les ont toujours confirmés de règne en règne jusqu'à présent, comme on le verra dans les articles des priviléges qui se trouveront à la suite de cette histoire.

L'église de Cherbourg, qui avait été commencée et qu'on avait bâtie jusqu'au clocher pendant que les Anglais possédaient cette ville, fut achevée dans l'intervalle de **1450** à **1466**, et dédiée à la S.té-Trinité le vingt-quatrième jour de mai de cette dernière année, par maître Jean Tustot, curé de Cherbourg et official de Valognes. Messire Pierre Turpin, évêque d'Evreux, étant venu à Cherbourg l'an **1473**, pour voir le monument de l'Assomption, dont on a parlé, et se faire enrôler dans la confrérie de *Notre-Dame-Montée*, tomba malade dans cette ville, et y mourut le **22** juillet de la même année. Il fut honorablement inhumé dans le chœur de l'Eglise, où on lui dressa une épitaphe qui exista plus de deux siècles.

1466.

1473.

Archives de la conf. de la Vierge, fondée à Cherbourg.

Chron. de Normand.

Le roi François Ier vint à Cherbourg avec son fils le dauphin, qui a régné dans la suite sous le nom de Henri II. Il fit son entrée publique dans la ville le mercredi **28** avril **1532**, et fut reçu avec toute la pompe qu'on put déployer en cette circonstance.

1532.

Léobin Le Fillastre, abbé de Cherbourg, tous les religieux de l'abbaye, et le clergé de la ville allèrent en procession au-devant du roi jusqu'au pont des faubourgs.

L'artillerie était hors des remparts, et la bourgeoisie en bon ordre sous les armes. Aussitôt qu'on aperçut le roi, son arrivée fut annoncée au peuple par une triple décharge de l'artillerie, qui était placée sur le pont, à laquelle répondit celle du donjon et de la tour des Sarrasins, ainsi que la mousqueterie des bourgeois et des archers de la garnison du château, qui avaient à leur tête Jean de Fontaines, écuyer, seigneur de la Fage, lieutenant de la forteresse; après quoi la marche commença en cet ordre :

Premièrement, allait une compagnie de cent hommes à cheval, vêtus des livrées du roi; le clergé de la ville et les chanoines de l'abbaye, tous en chappe, les suivaient; la bourgeoisie marchait en haie de chaque côté des rues, et la marche était terminée par les quatre-vingts lances de la garnison du château : les uns et les autres avaient leurs drapeaux semés des armes du roi, avec cette devise : *Regi Augusto et quieti urbis*;

Allaient ensuite le vicomte de Cherbourg, les juges de l'amirauté, des traites foraines, de police, et du baillage abbatial, avec les procureurs du roi, avocats, officiers, greffiers et huissiers desdits siéges.

Puis venaient deux cents archers de la garde du roi et les cent gentilshommes et officiers de sa maison.

Après eux le roi parut vêtu somptueusement et royalement ; il était monté sur un cheval turc tout enharnaché de velours bleu semé de fleurs de lis d'or. Il avait autour de sa personne quatre nobles écuyers : Monsieur Louis d'Orléans, duc de Longueville, marchait à sa droite, en qualité de grand chambellan ; le duc de Vendôme, à sa gauche, comme premier gentilhomme de la chambre ; le duc de Lorraine, faisant l'office de capitaine des gardes, et le duc de Némours, celui de premier écuyer de la petite écurie ; le tout environné de plusieurs gardes-du-corps, avec leurs hoquetons battus d'or et d'argent.

Suivait le dauphin, accompagné du cardinal Charles de Lorraine, archevêque de Rheims, des évêques de Bayonne et d'Albanie, du nonce du pape, du marquis de Saluces, de l'amiral Chabot, des comtes de Saint-Paul, de Brienne et de Saint-Pierre. Cette marche était fermée par plus de douze cents chevaux.

Les clefs de la ville furent présentées au roi dans un plat d'argent, par Jean de l'Ane, gouverneur de la place, accompagné de douze des plus notables bourgeois. Il fit au roi le discours suivant, à la porte de Notre-Dame :

« Syre, les subites nouvelles de vostre très joyeux
» advènement en nostre ville de Cherbourg,
» ont tellement recréé et resjoui les cœurs de
» ses habitants, vos très affectionnés et fidèles
» vassaux et subjets, que la mémoire de leur
» très grande misère étant du tout assopie (encore
» que les pitueuses ruines causées par les guerres
» passées restent encore devant vos yeux), et
» l'oubliance du passé par vous commandée et
» ratifiée entr'eux, ils s'efforcent et emploient
» à vous témoigner le très humble, très loyal
» et très affectionné debvoir, loyauté, dévotion
» et service qu'ils vous portent et doivent,
» pourquoi ils ont la gloire de mériter de
» vous et de vos prédécesseurs le nom et titre
» de très fidèles, loyaux et debvoués subjets,
» dans les chartres que vous et eux leur avez
» accordées, ayant très grand'peine qu'ils n'ont
» eu pouvoir de plus évidemment vous le faire
» connoistre par appareil plus digne de Vostre
» Majesté ; mais ils se consolent en ce que la
» magnificence d'un roy tel que vous, Syre,
» aura plutost égard à la bonne voulenté qu'à
» l'effet, non correspondant à vostre grandeur,
» mais tel que la publique calamité et leur par-
» ticulière impuissance l'ont peu permettre,
» vous très humblement supplient, Syre, re-

» cepvoir ce qui naturellement vous appartient,
» leurs personnes, leurs biens, et leurs biens
» avec perpétuelle fidélité et obédience, espé-
» rant, Syre, que vous les défendrez de toute
» injure et de tout outrage, et que vous les
» traitrez comme vos très loyaux serviteurs.
» Ce faisant, non seulement sous vostre reigne
» et gouvernement ils seront en repos, mais
» aussi le dieu des armées qui a élevé Vostre
» Majesté sur le trône royal, continuera l'heureuse
» félicité dont il a toujours couronné vos actions,
» conseils et entreprises. »

Après cette harangue, le roi trouva entre les
deux portes quatre des principaux bourgeois,
vêtus de longues robes de damas noir parmen-
tées de velours rouge, portant un dais ou
poêle de satin violet brodé d'or, et semé des
armes du roi, du dauphin, de la ville et de
la province, sous lequel était à cheval le fils de
monsieur Pothon, qui, en qualité de grand écuyer,
portait en écharpe l'épée royale dans un fourreau
bleu tout brillant de fleurs de lis d'or

Le roi se plaça sous le dais, et fit son entrée
dans la ville au bruit de l'artillerie et au milieu
des acclamations du peuple. Les rues par où
il passa étaient toutes tapissées, ornées de

tableaux, d'arcs-de-triomphe et jonchées de fleurs. Le roi fut de cette manière conduit à l'église, où il fut reçu et complimenté par Messire Robert Le Serreur, curé de Cherbourg et official de Valognes, revêtu d'une chape de drap d'or, qui subsiste encore aujourd'hui (1).

Au milieu de la nef, on avait élevé un grand théâtre où il y avait un trône sur lequel se mit le roi ; le dauphin avait séance sur le théâtre, et tous les principaux officiers de la couronne, chacun selon son rang et sa qualité.

Le *Te Deum* fut entonné par le cardinal de Lorraine et solennellement chanté. L'on fit jouer les ressorts du *monument de l'Assomption*, dont on a parlé ci-devant, et le roi en parut fort satisfait : aussi était-ce un chef-d'œuvre de ce temps-là.

Après le *Te Deum*, le roi fut se loger au château, où il coucha. Il s'en retourna le lende-

_____

(1) L'église de Cherbourg ayant été dévastée pendant les fureurs révolutionnaires de 1793, tous ses ornements sacerdotaux furent perdus pour elle dans le pillage qu'en fit une bande de forcenés.

(*N. des Edit*).

main (1), au bruit d'une triple décharge de toute l'artillerie des remparts. Ce prince accorda de belles franchises à la ville, et fit élargir cinq criminels qui étaient détenus dans la prison.

En l'année 1562, le roi Charles IX divisa la bourgeoisie de Cherbourg en quatre compagnies, et donna à chacune un commandant nommé capitaine de quartier. Avant cette organisation, elle était sous les ordres d'un seul chef.

1562.

La même année, les Protestants de Basse-Normandie, soutenus de monde et d'argent par Elisabeth, reine d'Angleterre, se rendirent maîtres de la plupart des villes du pays, et les pillèrent. Leur dessein fut aussi de prendre Cherbourg, dont ils connaissaient l'importance, tant pour tenir en bride le Cotentin, que pour y recevoir les secours des autres provinces et des pays étrangers, ou pour s'y embarquer eux-mêmes en cas de revers. C'est dans ces

---

(1) Il paraît constant, d'après Voisin-la-Hougue, que François Ier ne séjourna qu'environ 24 heures à Cherbourg; mais Madame Retau-Dufresne (*Hist. de Cherbourg*, p. 93) dit positivement qu'il y resta trois jours, et que de là il partit pour la Bretagne. (*N. des Ed.*)

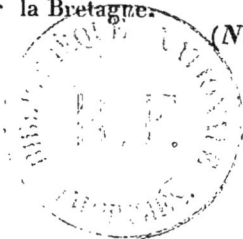

Histoire de Normand.; Histoire du maréchal de Matignon, par Caillières.

1563.

vues que Montgommery, un de leurs chefs, se chargea de l'assiéger. Le seigneur de Matignon mit des troupes dans Pontorson, dans le Mont-Saint-Michel, et se jeta lui-même dans Cherbourg, comme la plus importante des places qu'il avait conservées au roi. Montgommery faisait tous les préparatifs pour en faire le siége, pendant que Matignon, de son côté, se préparait à le bien recevoir; mais toutes leurs mesures furent rompues par le traité de paix du 19 mars 1565 (1).

Les Protestants du royaume se soulevèrent de nouveau en 1574. Ceux de Normandie s'emparèrent de Falaise, d'Argentan et de Vire. Le comte de Montgommery, qui était allé en Angleterre, descendit à la Hougue au commencement de mars avec cinq à six mille hommes. Quand il les eut réunis aux Protestants du pays, il se trouva à la tête d'une armée assez forte pour ravager la Basse-Normandie et il s'empara de Valognes, de Carentan, de Saint-Lo et de Domfront.

Jacques de Matignon, à qui le roi n'avait pas

---

(1) C'était l'édit d'Amboise, conclu peu de temps après l'assassinat du duc de Guise.

(*N. des Edit.*)

laissé de troupes, se trouva hors d'état de s'opposer à ces rebelles ; aussi se borna-t-il à s'assurer de Cherbourg , considérant que ce port pouvait être d'une grande importance aux Protestants , dans un temps où ils avaient une étroite alliance avec les Anglais.

Montgommery s'approcha de cette ville à dessein d'en faire le siége : mais il la trouva si bien gardée par ses habitants , qu'il n'osa l'attaquer. Il se contenta de piller l'abbaye , et de mettre le feu aux stalles du célébrant ; puis s'en retourna continuant ses ravages.

1574.

Archives de l'abbaye de Cherbourg.

Il est constant , et les historiens de Normandie rendent cette justice au seigneur de Matignon , que c'est à sa vigilance qu'on doit attribuer la conservation de Cherbourg durant cette guerre-là. Mais ces mêmes historiens conviennent que la fidélité de ses habitants y contribua beaucoup aussi , et que si quelques-unes des autres villes de la province avaient eu autant de zèle pour la foi et pour le roi que celle-ci, elles n'auraient pas été si aisément surprises par les Protestants: aussi Cherbourg fut la seule ville du pays où les Huguenots n'eurent point de prêche public , et où l'hérésie n'infecta aucune famille.

Histoire de Normand.; Popeline.

Dict. géog.
et Hist. de
Moréri.
Quant à Jacques de Matignon, ce fut un homme courageux, intrépide, et le plus grand héros de son siècle (1). Son histoire a été écrite par M. de Caillières, de Cherbourg. Il était prince de Mortagne, comte de Thorigny et de Gacé, marquis de Lonrey, baron de la Marque, de Saint-Lo, etc.

Histoire du
maréchal de
Matignon;
Moréri.
1578.
Le roi Henri III voulant le récompenser des grands services qu'il lui avait rendus en s'opposant aux rebelles de Normandie, lui donna la charge de lieutenant-général de cette province, et le fit gouverneur de Cherbourg en 1578. L'année suivante, il l'honora du bâton de maréchal.

Antiquit. de
Cherbourg.
Pendant son gouvernement, il fit faire à Cherbourg de nouvelles fortifications du côté des faubourgs près de la porte Notre-Dame. On les nomma le Boulevard, ou le Bastion S.t-François.

---

(1) C'est juger trop favorablement de Jacques de Matignon. Sans chercher à le mettre en parallèle avec des princes tels que Henri IV et Gustave Wasa il est certain qu'il ne donna pas plus de preuves d'héroïsme que les Coligny, les Guise, les Alexandre Farnèse, les André Doria, les Bayard, et autres grands hommes de guerre qui vivaient dans ce siècle.   (*N. des Edit.*)

Ce grand homme mourut en son château de l'Espare le 17 juillet 1597, âgé de 72 ans. C'est le premier de l'illustre famille de Matignon qui ait été gouverneur de Cherbourg; et depuis lui, ses descendants ont toujours eu cette charge jusqu'à présent (1), comme on le peut voir dans la table chronologique des gouverneurs de cette ville, que nous donnerons à la suite de cette histoire (2).

Histoire du mar. de Matignon.

Dictionn. géograph. de Moréri.

Du temps de la ligue, qui se forma en 1588 sur la fin du règne de Henri III, les habitants de Cherbourg donnèrent de nouvelles preuves de leur fidélité : car toutes les villes de Normandie y entrèrent en foule, et particulièrement Rouen, le Havre-de-Grâce, Lisieux, Evreux, Louviers, Vernon, Andelys, Bayeux, Argentan, Falaise, Vire, Avranches et Valognes : il n'y eut que Cherbourg, Caen et Dieppe qui restèrent fidèles à leur roi, et qui ne suivirent point le torrent.

De même, lorsque Henri IV parvint à la

---

(1) Vers le milieu du dernier siècle.   (*N. des Edit.*)

(2) Voisin-la-Hougue n'ayant point terminé son histoire, n'a point donné cette table chronologique des gouverneurs de Cherbourg.   (*N. des Edit.*)

couronne, il y eut quantité de villes qui ne voulurent point le reconnaître : Cherbourg néanmoins ne balança pas à le faire, et les bourgeois se maintinrent toujours en son obéissance avec un grand zèle. Cependant les rebelles de Normandie firent une nouvelle tentative pour surprendre cette ville, le dimanche des Rameaux, 4 avril **1591**, pendant la procession. Les habitants en furent informés dès le samedi par une vieille femme, qui leur rapporta, « qu'étant
» dans la forêt de Saumarest, à Tourla-
» ville, où elle faisait un fagot, elle avait en-
» tendu deux soldats qui, se reposant, disaient
» que le lendemain, à l'heure de la procession,
» l'armée qui était sous le commandement de
» Du Tourp irait surprendre Cherbourg, et
» que les habitants, ne s'attendant à rien moins
» qu'à cela, ne seraient pas en état de lui ré-
» sister. »

Sur cet avis, M. de la Chaux-Montreuil, bailli du Cotentin, qui commandait à Cherbourg, envoya des espions à la découverte : ils rapportèrent qu'ils avaient vu quantité de gens armés qui venaient à petit pas, mais qu'ils en ignoraient le nombre. M. de la Chaux, profitant de cet avis, fit assembler dès la pointe du

jour tous les bourgeois dans la place du château, sans battre la générale, de peur de donner l'éveil aux ennemis; et aussitôt que les
rebelles s'approchèrent des portes de la ville,
les habitants firent une sortie, et les taillèrent
en pièces. Du Tourp, leur chef, y fut tué;
on plaça sa tête au bout d'une pique sur la porte
de la ville. La tranquillité publique fut aussitôt
rétablie. C'est pour rendre grâce à Dieu de
cette victoire qu'on fait tous les ans à Cherbourg,
la veille des Rameaux, une procession autour
de la ville (1).

Henri IV sut bien récompenser les bourgeois   1594.
de Cherbourg de leur grande fidélité et de l'attachement inviolable qu'ils avaient pour sa personne; car il leur accorda, en 1594, de beaux
priviléges, et fit mention dans sa chartre de
leur grande loyauté et fidélité à son égard;
« qu'ils étoient dans un bon et entier devoir,
» se tenant toujours bien armés, équipés et
» munis de bonnes munitions de guerre, pour
» eux conserver ladite ville en son obéissance,
» comme ils ont fait, et continuent durant les
» guerres et les troubles, ayant pourvu à toutes

(1) Depuis long-temps cette cérémonie n'a plus lieu.
(*N. des Édit.*)

» les entreprises de nos ennemis et rebelles, ce
» qui a non seulement servi pour icelle ville,
» mais encore pour la seureté, tuition et manu-
» tention de notre pays et royaume , etc. »

La peste désola la Normandie en **1621** et les
années suivantes. Elle était à Rouen en **1622**.
Cette même année mourut saintement le frère
Claude , capucin de Cherbourg, qui assistait les
pestiférés. Il était animé d'un zèle semblable à
celui des apôtres , sacrifiant sa vie pour le salut
des fidèles.

1623.

Histoire de
Normand.

En **1623** , le seigneur de Tourlaville fonda un
monastère de religieuses bénédictines à Cherbourg, dans la rue du Fourdrey (1) ; mais la contagion, qui s'y manifesta, les en fit sortir trois ans
après : elles se retirèrent à Valognes , où elles
s'établirent définitivement.

1626.

Cette même année **1626** fut très funeste pour
Cherbourg ; car la peste y fit un ravage affreux
pendant cinq à six mois qu'elle y dura : elle
y avait été apportée par un navire chargé de

---

(1) On voit encore aujourd'hui l'entrée principale de
cet ancien couvent, fondé par Jean de Tourlaville.
Charlotte de La Vigne , belle-sœur du fondateur , en
fut la première abbesse.

(N. des Édit.)

balles de coton , revenant de la Rochelle , et commandé par le capitaine d'Aubières.

L'hôtel-dieu ou hôpital de Cherbourg fut totalement réduit en cendres , ainsi que la chapelle Saint-Louis , le feu y ayant pris par accident lorsque les purgeurs de la peste parfumaient cette maison.

Archives de l'hôtel-dieu de Cherbourg.

Les bourgeois de Cherbourg ne furent pas de sitôt en état de rebâtir l'hôpital, à cause de l'impuissance dans laquelle la contagion les avait réduits : on n'y travailla qu'en **1639**. Messire Michel Groult , curé de cette ville , ayant été élu par les habitants prieur de l'hôtel-dieu , le trois mai de la même année , avança tout l'argent dont on avait besoin pour le rebâtir , et fit réédifier la chapelle S.t-Louis en **1644** , comme il paraît par l'inscription qu'on y voit sur le marbre contre la muraille.

1644.

Pendant la minorité de Louis XIV , la France fut affligée d'une guerre civile qui dura six ans.

Histoire de France.

Les rebelles de Normandie tenaient en **1649** le château de Valognes pour les princes séditieux. Le comte de Matignon , gouverneur de Cherbourg , eut ordre d'en faire le siége. Son

1649.
Histoire de Normand., par Masseville, tom. IV.

armée, forte de six à huit mille hommes, arriva devant Valognes le **20** mars. Il y avait dans la place environ deux cents soldats , et la milice bourgeoise de la ville, qui étaient sous le commandement du marquis de Belfond, leur gouverneur. Il fut sommé de rendre le château , et sur son refus , le comte de Matignon donna ordre à M. de Caillières , lieutenant de roi à Cherbourg , de lui envoyer de l'artillerie et des canonniers pour aider à le réduire : ce qui fut exécuté. M. de Caillières alla à Valognes à la tête de la milice bourgeoise de Cherbourg ; il y arriva le **23** mars , et l'artillerie le **24**. En quelques jours les batteries furent achevées , et nos canonniers commencèrent l'attaque : le gouverneur fut obligé , après une faible résistance , de rendre le château de Valognes le **5** avril suivant.

Les habitants de la ville de Cherbourg eurent beaucoup de part à cette expédition , et les noms des principaux qui y furent employés ont été conservés avec soin. Le public ne sera pas fâché de les trouver mentionnés ici , et principalement leurs descendants. En voici la liste.

CATALOGUE

Des principaux bourgeois de la ville de Cher-
bourg, qui accompagnèrent M. de Caillières
au siége du château de Valognes, en l'année
1649.

M. de Caillières, lieutenant de roi de la ville
et du château de Cherbourg.

Philippe Lohier, sieur de Noiremare, premier capitaine de quartier de la milice bourgeoise de Cherbourg.

Nicolas Le Fourdray, sieur du Pont, capitaine de quartier.

Jacques Cauvin, sieur des Fosses, capitaine
de quartier.

Nicolas Girard, sieur de la Madelène, lieutenant de quartier.

François Avoine, sieur de Chantereyne, lieutenant de quartier.

Richard Scelles, sieur de la Chesnée, lieutenant de quartier.

Pierre de Rocquereuil, sieur de l'Epine.

Pierre Robin, sieur des Fontaines.

Thomas David, sieur de la Croix.

François Tanqueray, sieur de la Communière.

Guillaume Groult, sieur des Croix.

Thomas de Saint-Germain.

Yves Bazan, sieur du Parc.

Nicolas Tostain, sieur de Rizebec.

Jacques Le Scellierre.

Guillaume Cauvin , sieur des Noyers.

1649. Nicolas David, sieur du Manoir.

Pierre de la Fontaine.

Thomas Le Guay.

Pierre de la Nouë.

Jean Nouainville.

Jean Dorange.

Jean Simon , sieur de Saint-Jean.

Guillaume Cossin.

Pierre Robin.

Pierre Langevin.

Jean Samson.

Jean Hervieu.

Thomas Deleuze.

Pierre Robin.

Etienne Féronnet.

Richard Thierry.

Jacques Bénoît.

Jacques Samson.

Jean Maze.

Louis Le Duc.

M. de Caillières était natif de Cherbourg. Il
Histoire de se distingua tant dans l'art militaire que dans
Normand. les sciences. Il a donné au public l'Histoire du
maréchal de Matignon, celle du duc de Joyeuse,
et la Fortune des Gens de Qualité

Il laissa deux fils d'un rare mérite, dont l'un fut secrétaire du cabinet du roi, et l'autre, gouverneur général de la Nouvelle-France, comme on le verra ci-après.

La manufacture royale des glaces de Cherbourg, située dans la forêt de Tourlaville, fut établie en **1666**, par le moyen de plusieurs jeunes gens d'esprit qu'on avait envoyés à Venise, où était la seule manufacture de l'Europe, sous prétexte d'y travailler : mais sitôt qu'ils en eurent appris le secret, ils revinrent à Tourlaville, et ils réussirent très bien. Depuis, le secret divulgué passa dans la plupart des royaumes de l'Europe. Il n'y a en France que deux manufactures de glaces, savoir, celle dont on vient de parler (1), et celle de Saint-Gobin, en Picardie.

1666.

---

(1) La manufacture des glaces de Tourlaville, long-temps florissante, a été enfin abandonnée, puis remise en activité : et dans ces derniers temps on n'y fondait plus les glaces ; on ne faisait qu'y polir celles qu'on apportait brutes de Saint-Gobin. Depuis 10 ou 15 ans on n'y travaillait plus, lorsqu'au printemps de cette année (1834) on a vendu à divers particuliers tout le matériel de cette manufacture, qui est ainsi totalement détruite.

(N. des Edit.)

Le sieur des Roches-Oranges, natif de Cherbourg, maréchal-des-logis de cavalerie, fut Histoire du Canada, par le père Charlevoix. fait gouverneur de la ville de Fougères en 1681. M. le chevalier de Caillières, aussi de Cherbourg, ancien capitaine au régiment de Navarre, fut nommé, en 1684, gouverneur de Montréal, au Canada. Il s'était distingué en plusieurs occasions contre les Iroquois et les Anglais.

Dans ce siècle parut à Cherbourg un personnage d'un mérite et d'une vertu recommandable : Histoire de Norm. ; Vie du B. Barthélemy c'était Mre Barthélemy Picqueray, prêtre d'une si grande piété, que les habitants de cette ville et des pays circonvoisins lui donnèrent unanimement le surnom de *Bienheureux* dès qu'il fut mort, à cause du grand nombre de miracles opérés en son tombeau (1). Il naquit à Cherbourg le dix octobre 1609. Son père s'appelait Thomas Picqueray, et sa mère, Perette Le Pesqueur, originaires de cette ville. A l'âge d'environ 50 ans, il se retira à la chapelle Sainte-Honorine, à peu de distance de Cherbourg. Elle était presque ruinée ; il la fit réparer et

---

(1) La superstition publique a peut-être eu plus de part à ces *miracles* que l'influence du Bienheureux, si l'on suppose les Cherbourgeois d'alors plus crédules encore que l'auteur de cette histoire.   (*N. des Edit.*)

décorer, et fit venir de Caen de belles statues de carreau ; entr'autres une image du Sauveur, qui a fait donner à cette chapelle le nom de Saint-Sauveur. Il bâtit près de cette chapelle une petite maison pour lui servir de demeure.

Dans cette tranquille solitude, il redoubla ses austérités, ses ferveurs et ses travaux. Sa nourriture ordinaire était du pain et de l'eau ; il portait un rude cilice, se disciplinait très souvent, et passait une partie des nuits en oraison dans sa chapelle.

Après avoir ainsi vécu, il mourut le deuxième jour de septembre 1685, âgé d'environ 76 ans, et fut inhumé à la porte de sa chapelle, comme il l'avait désiré.

Vie du B. Barthélemy
1685.

Dès le même jour il s'opéra deux miracles à son tombeau ; et depuis ce temps-là, le registre qu'on tient dans les archives de cette chapelle fait mention de plus de trente guérisons miraculeuses, qui sont arrivées par son intercession (1).

Le tombeau du Bienheureux Barthélemy se trouve aujourd'hui au milieu de la nef, la

---

(1) Voyez sur ces miracles la note précédente.
(N. des Edit.)

chapelle ayant été depuis allongée par les soins de ses parents, et par la dévotion des peuples qui y contribuèrent. Sa vie a été imprimée à Coutances, en 1747, avec celle de M. Paté.

1687.
Diction. de
Moréri,
édition de
1725.

En 1687 mourut le célèbre Jean Hamon, médecin de la faculté de Paris. Il était né à Cherbourg en 1618. Il devint précepteur d'Achille de Harlay, qui fut depuis premier président au parlement de Paris. Ayant reçu le bonnet de docteur, il exerça la médecine pendant quelques années, et s'attira l'estime de tout Paris. (Il est auteur de plusieurs ouvrages solides, qui lui ont valu la réputation la mieux méritée). Ensuite il vendit tous ses biens, et même sa bibliothèque, en donna l'argent aux pauvres, puis se retira dans un monastère (1), dont il fut le médecin, et où il pratiqua pendant 38 ans tous les exercices de la plus austère pénitence. Il jeûnait tous les jours jusqu'au soir : les seize dernières années de sa vie, il ne mangeait que du pain qu'on donnait aux

---

(1) A Port-Royal, où il se lia avec les célèbres solitaires de cette maison, et surtout avec le Maître de Sacy. Il donna des leçons au grand Racine, qui l'appelait son maître.

(*N. des Edit.*)

chiens ; ce qu'on n'a su qu'après sa mort. Il
prenait tous ses repas debout, se levait avant
deux heures du matin et couchait sur un ais.
Il visitait et médicamentait les pauvres de la
campagne. On lui doit aussi plusieurs beaux
traités de piété, imprimés après sa mort. Voici
les vers qu'on a mis au bas de son portrait :

« Tout brillant de savoir, d'esprit et d'éloquence,
» Il courut au désert chercher l'obscurité :
» Aux pauvres consacra son bien et sa science.
» En trente ans dans le jeûne et dans l'austérité,
    » Fit son unique volupté
    » Des travaux de la pénitence (1). »

Le roi Louis XIV entreprit, en 1687, de
faire construire à Cherbourg un port considérable, qui pût contenir un grand nombre de
vaisseaux, et d'ajouter de nouvelles fortifications aux anciennes, suivant le projet qui lui
en fut donné par le savant maréchal de Vauban,
qui pour cet effet s'était transporté à Cherbourg.

1687.

---

(1) Bacot fit sur Jean Hamon ce distique, qui est une
épigramme contre les médecins :

« Pauperibus gratis medicinam exercuit, unus
» Inter tot medicos, res nova, sanctus obit. »

(*N. des Ed.*)

8

On y jeta , en **1688** , les fondements d'une
nouvelle enceinte avec des fortifications à la moderne ; cette ville neuve devait contenir seize
rues tirées au cordeau , une place royale au
milieu , des casernes , un hôpital , cinq bastions et trois portes.

1688.

*Histoire de
France ;
Histoire
d'Anglct. ;
Histoire de
Normand.,
etc.*

*Histoire de
Louis-le-
Grand , par
M. Legen-
dre.*

La même année , il s'éleva en Angleterre une
sédition contre le roi Jacques II, qui faisait
profession ouverte de la religion catholique.
Ce prince avançant beaucoup dans les charges
ceux de sa religion , les factieux répandirent
dans tout le pays le bruit que le dessein du
prince était de renverser les lois ; ce qui alarma
tellement les peuples , qu'il se fit un parti dans
lequel les chefs des communes et presque tous
les grands entrèrent si secrètement , qu'ils
demandèrent du secours aux Hollandais , et
que ceux-ci leur en envoyèrent sans qu'on n'en
eût rien découvert que peu de temps avant la
descente du prince d'Orange en Angleterre.

D'abord on ne savait pour quel endroit le
puissant armement qui se faisait faire en Hollande était destiné. On crut que c'était pour
faire quelque tentative sur les côtes de Normandie , et même pour assiéger Cherbourg :
ce qui engagea les ingénieurs qui conduisaient

les travaux à raser l'église Saint-Bénoît du château pour en faire une place d'armes, afin d'être plus en état de résister aux ennemis en cas d'attaque.

L'agitation des esprits était si grande en Angleterre, que quand le prince d'Orange y arriva avec vingt à vingt-cinq mille hommes, la noblesse du pays et les peuples allèrent au-devant de lui, les villes lui ouvrirent leurs portes, les armées de terre et de mer se déclarèrent en sa faveur et abandonnèrent leur roi, qui, pour sauver sa vie et sa liberté, fut contraint de prendre la fuite. Histoire de Louis-le-Grand.

Il passa en France, et fit son débarquement à Cherbourg, où il fut reçu et complimenté par M. Antoine Pâté, curé de cette ville, à la tête de son clergé, et de là s'en alla à Paris demander du secours au roi. 1688.
Vie de M.
Pâté.

On continua de travailler aux ouvrages de Cherbourg jusqu'au mois d'octobre ; mais sur d'assez mauvais avis (dit un historien de Normandie), peut-être par un effet de la jalousie qui régnait alors entre les ministres de la guerre et de la marine, peut-être aussi par la circonstance où se trouva le roi, qui eut la guerre à soutenir contre toutes les puissances Masseville.

de l'Europe , les travaux furent discontinués, et même on démolit, en **1689** , le château, les anciennes fortifications (excepté deux tours (**1**) qui subsistent encore) et tout ce qu'on avait ajouté de nouveau.

En cette même année , M. des Roches—Oranges , de Cherbourg , fut fait brigadier de la cavalerie. Il devint dans la suite gouverneur de l'Hôtel royal des Invalides , et est mort lieutenant-général des armées du roi. Il poussa la bravoure si loin , que de simple soldat il parvint aux plus hautes dignités militaires. Il se distingua en plusieurs rencontres, dans la Hongrie et la Bohême , contre les Turcs; son courage parut dans les batailles de Senef , de Palerme , de Cassel , Saint-Denis , Fleurus , Staffarde , Steinkerque , Nerwinde , etc. Un de ses fils fut tué à ses côtés à la bataille de Malplaquet. Il a eu un frère prêtre , abbé commandataire de Saint-Sauveur-le-Vicomte , et une fille abbesse de l'abbaye de Fervaques.

(**1**) Ces deux tours étaient celle dite des Sarrasins et celle derrière l'église : celle-ci est encore debout ; l'autre, comme nous l'avons dit , est rasée depuis plus d'un demi-siècle.

(*N. des Edit*).

En 1690, les Anglais résolurent d'aller prendre Québec. M. le chevalier de Caillières, de Cherbourg, qui, comme on l'a déjà dit, était gouverneur de Montréal, en ayant eu connaissance, mena heureusement six mille hommes au secours de cette place : par ce renfort et sa bonne contenance, le chevalier de Caillières obligea les ennemis de lever le siége.

1690.

Histoire de Normand., Histoire de la Nouvelle France.

Les Anglais firent de grands préparatifs l'année suivante, pour prendre revanche de l'affront qu'ils avaient reçu devant Québec, et s'approchèrent de Montréal. Le chevalier de Caillières, gouverneur de la place, ne fut pas plutôt averti de l'approche des ennemis, qu'il assembla sept à huit cents hommes et les fit camper : avec cette poignée de monde, ce brave chevalier défit entièrement les ennemis, qui étaient fort supérieurs en nombre.

1691.

Le roi Jacques II rappelé dans son royaume par une nouvelle faction de ses *sujets*, demanda au roi de France, en 1692, une flotte pour se mettre en mer, et des troupes pour le soutenir dans le débarquement. Il se rendit à la Hougue avec seize mille hommes que le roi lui accorda, afin de repasser en Angleterre sur la flotte du comte de Tourville, vice-amiral de France , qui était forte de quarante-quatre vaisseaux de guerre.

Histoire de
Normand. ;
Histoire de
Louis-le-
Grand.
Comme l'amiral venait à la Hougue pour y embarquer cette armée , il fit rencontre des flottes anglaise et hollandaise entre Barfleur et l'île de Wigth ; elles étaient composées de quatre-vingt-quatre vaisseaux du premier rang et de quantité de brûlots.

1692.
Quoiqu'elles fussent doublement supérieures à la sienne , il les attaqua suivant l'ordre qu'il en avait de la cour. Les ennemis, bien loin de se déclarer pour le roi Jacques comme on l'avait fait espérer , le reçurent à coups de canon. Le combat commença vers les dix heures du matin , le jeudi vingt-neuvième jour de mai. Tourville les fit plier pendant trois heures , fracassa tous les mâts des plus grands vaisseaux , en coula un à fond , et la plupart de leurs brûlots , sans perdre ni vaisseaux ni mâts dans un combat si inégal. Un brouillard épais qui survint fit cesser le feu jusqu'à cinq heures ; puis il recommença , et dura jusqu'à la nuit. L'obscurité sépara les flottes , de façon que dix de nos vaisseaux se trouvèrent écartés. Le jour ayant fait remarquer cette diminution, on ne se vit plus en état de joindre les ennemis ; il fallut céder au nombre et se retirer.

Notre flotte, poursuivie par l'ennemi jusque dans la baie de Cherbourg, n'aurait eu aucun autre dommage, si le projet proposé cinq ans auparavant eût été exécuté, et qu'elle y eût trouvé un port pour se refugier; mais faute d'abri, nos vaisseaux tentèrent de gagner Brest ou Saint-Malo.

Vingt-neuf y arrivèrent heureusement, après avoir bravé mille dangers en doublant le cap de la Hague; mais quinze autres, plus maltraités dans le combat, ne purent résister à l'impétuosité des marées, et furent obligés de revenir du côté de Cherbourg.

Le *Soleil-Royal*, vaisseau de cent vingt pièces de canon, qui avait été au plus fort de la mêlée, était percé en tant d'endroits, que le comte de Tourville, qui le montait, fut obligé de l'abandonner et de se jeter dans un autre. Mais comme nos ennemis se fussent fait un sujet de triomphe s'ils avaient pu s'emparer de ce vaisseau amiral de notre flotte, un officier eut ordre de le conduire en quelqu'endroit où ils ne pussent l'enlever : cet officier l'amena à Cherbourg, où deux autres, qui ne le cédaient guère au premier, se jetèrent pareillement. C'étaient l'*Admirable* et le *Triomphant*, commandés par les sieurs de Baujeu et Le Marchand. Les ennemis, qui étaient à leur poursuite, les voyant hors de prise, envoyèrent des brûlots pour les détruire : c'était le 31 mai. Les vaisseaux les repoussèrent et s'en défendirent pendant toute cette journée, aidés par le canon et la mousqueterie de la milice bourgeoise de Cherbourg.

Le lendemain dimanche premier juin, fête de la Sainte-Trinité, les attaques recommencèrent ; et enfin, sur les onze heures du matin, le feu prit aux munitions du *Soleil-Royal* et le fit sauter avec son équipage. L'*Admirable* et le *Triomphant* furent brûlés de la même manière : ce qui ruina les projets du roi Jacques, qui pour lors était à Cherbourg, et lui ôta l'espérance de jamais remonter sur le trône. Les douze autres vaisseaux restants eurent la même destinée le lendemain à la Hougue (1).

---

(1) La basse mer du 7 mars 1833 découvrit la carcasse d'un de ces vaisseaux près du fort de la Hougue. On en retira quantité de boulets, et deux pièces de canon en fer tellement endommagées par l'action des principes corrosifs de la mer, que l'ame ou vide intérieur était bouché par la rouille : les tourillons étaient à moitié rongés ; les moulures n'existaient plus.   (*N. des Édit.*)

Cela fait voir de quelle importance il serait pour le royaume qu'il y eût un bon port à Cherbourg. Si les travaux tracés par le maréchal de Vauban n'eussent point été discontinués en 1688, notre port se fût trouvé en état de sauver ces quinze vaisseaux du roi.

Les habitants de Cherbourg donnèrent en cette occasion de nouvelles preuves de leur zèle; ils se portèrent dans le fort du Galley (qu'ils avaient construit deux ans auparavant, à leurs propres frais), où ils défendirent les vaisseaux par leur canon et leur mousqueterie; et lorsqu'ils les virent embrâsés, ils se jetèrent dans des barques ou chaloupes, pour en sauver les équipages, malgré le feu de trente bâtiments ennemis qui tiraient sur eux à demi-portée de canon. Le *Soleil-Royal* fut brûlé à la pointe du Hommet, le *Triomphant*, à l'entrée du port, et l'*Admirable*, sur Tourlaville. On tient que de tout l'équipage du *Soleil-Royal*, il n'y eut qu'un seul homme de sauvé; quant aux deux autres, la plus grande partie de leur monde réussit à se débarquer.

En 1694, à l'entrée du mois d'août, la flotte anglaise, qui venait de bombarder Dieppe et le Havre-de-Grâce, parut devant Cherbourg :

1694.

elle se borna à faire plusieurs signaux et manœuvres comme pour commencer un bombardement, puis elle prit le large et disparut.

1695.   L'année suivante, la même flotte, plus
nombreuse que jamais, reparut devant Cherbourg, à portée de canon. Elle venait de
bombarder Granville et Saint-Malo (1); on
s'attendait à une semblable destinée. Mais les
Anglais ayant fait venir leurs pilotes pour
approcher le plus près possible et commencer
le bombardement ; ces pilotes, qui étaient des

---

(1) Ce fut pendant ce bombardement, dans la nuit du
30 novembre, que les Anglais tentèrent de détruire cette
ville au moyen d'une machine infernale : c'était un énorme
brûlot, maçonné au-dedans, chargé de cent barils de
poudre enduits de poix et de soufre, sur lesquels étaient
des caisses remplies de boulets, d'obus, de chaînes, de
grenades, etc. La machine s'approchait à pleines voiles ;
elle n'était plus qu'à cinquante pas du lieu où elle devait
éclater, quand un coup de vent vint l'en détourner et
la jeter sur un rocher, où elle s'entr'ouvrit. Quoique
hors de portée, le conducteur y mit le feu ; mais la
mer ayant gagné l'artifice, l'explosion ne fut que partielle,
et n'endommagea que les fenêtres et le faîte des maisons
de la ville. Sans l'heureuse bourasque qui repoussa cette
machine, c'en était fait de Saint-Malo.

(*N. des Edit.*)

îles d'Aurigny et de Jersey, les en détour-
nèrent, en les instruisant de l'état de cette
ville, et en leur faisant sentir que, par les
précautions que ses habitants avaient prises pour
empêcher le bombardement ou le rendre inu-
tile, il y avait plus de mal à attendre pour
leurs vaisseaux qu'ils n'en pourraient faire à
la ville : après quoi ils levèrent l'ancre et
abandonnèrent encore une fois leur entreprise.

En **1697**, François de Caillières, seigneur
de Rochechelay, secrétaire du cabinet du roi,   1697.
fut un des trois plénipotentiaires envoyés par
la France pour le traité de paix de Ryswich, qui
fut signé entre cette puissance, l'Espagne, l'Angleterre et la Hollande, le **20** septembre, et avec
l'Allemagne environ six semaines après. C'était
un homme de confiance, disent les historiens,
qui sut si bien dans cette occasion gagner l'esprit
de tous les ministres, que c'est à lui seul qu'on
doit le grand ouvrage de cette paix (1). Il était
natif de Cherbourg. Il a composé les ouvrages

---

(1) La lassitude générale dans laquelle étaient les puissances de l'Europe provoqua le congrès de Ryswich, et
la prise de Barcelone par le duc de Vendôme fit plus que
la logique persuasive de Caillières pour presser la con-
clusion de cette paix.

(N. des Edit.)

intitulés *La Science du Monde et Les Droits des Ambassadeurs*.

Le chevalier de Caillières , aussi de Cherbourg , et frère du précédent , dont on a déjà parlé plus d'une fois , fut, en **1699** , nommé par le roi gouverneur général et vice-roi de la Nouvelle-France , de l'Acadie , de l'île de Terre-Neuve , et généralement de tous les pays que l'on connaît sous la dénomination de Canada. Il s'était signalé en plusieurs rencontres contre les Anglais , les Iroquois , les Hurons, et les autres peuplades sauvages du Canada , qu'il avait su ranger à leur devoir : c'est pourquoi tous les ordres de la Colonie en témoignèrent beaucoup de joie, ce qui ne le flatta pas moins que le choix de son souverain. C'était un homme qui avait des vues droites et désintéressées. On admirait également sa conduite et son intrépidité ; il était sans préjugé , sans passion ; il avait beaucoup de probité et de valeur , un grand sens et une fermeté toujours d'accord avec la raison. Enfin il avait toutes les bonnes qualités requises dans un homme qui occupe une place telle qu'était la sienne. Il mourut à Québec le **26** mai **1703** , autant regretté que méritait de l'être le général le plus accompli qu'ait eu cette colonie : c'était dans le temps où il y était le plus nécessaire , la guerre ayant été déclarée aux Anglais en **1701**. Il était de l'Académie française. On lui doit le *Traité des Mots à la Mode* , celui du *Bon et du Mauvais Usage dans la manière de s'exprimer* , et quelques pièces de poésie.

La guerre continuait avec vigueur , et les Anglais faisaient souvent des courses sur les côtes de la Normandie. Ils se présentèrent devant Cherbourg en différents jours des mois d'août et de septembre de l'année **1708** avec soixante-seize vaisseaux chargés de troupes de débarquement , et firent sonder avec des chaloupes jusque près du rivage. En cette circonstance, les habitants, par une suite de leur zèle ordinaire, se portèrent, à la vue de cette flotte, dans les endroits les plus périlleux pour s'opposer à la descente , et leur intrépidité , leur bonne contenance ne contribua pas peu à rassurer quelques nouveaux régiments qui arrivèrent dans la suite, et formèrent une armée derrière eux.

L'année suivante, une flotte de plus de cent cinquante vaisseaux chargés de blé pour la subsistance de l'armée du roi en Flandre, fut poursuivie

Histoire de Normand.

1708.

1709.

par une grosse escadre anglaise jusque dans la rade de Cherbourg : elle y fut défendue par les bourgeois avec tout le courage et la fermeté qu'on pouvait attendre de gens accoutumés plus que qui que ce soit à ces sortes de combats , et elle entra dans le port , d'où elle ne put sortir que le 10 juillet **1710** , les ennemis ayant croisé pendant un an entier à la hauteur de ce port.

En **1728**, le dimanche des Rameaux, vingt et unième jour de mars, mourut messire Antoine Pâté , prêtre , bachelier en théologie , curé de Cherbourg et doyen de la Hague, homme d'une piété, d'une vertu et d'une humilité exemplaire. Il était fils unique de Léonard Pâté et de Rauline Menard , de la paroisse du Mesnil-Vilman près Villedieu. Après avoir gouverné son troupeau plus de **40** ans , il décéda en odeur de sainteté , étant âgé de **72** ans et **5** mois. Il fut universellement regretté de toute la ville ; car on admirait en lui un zèle ardent pour le salut des ames , une douceur naturelle , une charité incomparable pour les pauvres et les orphelins, une patience héroïque contre la calomnie et les persécutions , une foi vive , une présence de Dieu continuelle , une vertu incomparable, et une conduite admirable dans la direction des ames. Il était généralement honoré et estimé de tout le monde, à cause de son zèle pour l'instruction de la jeunesse, de la vie régulière et pénitente qu'il menait, jointe à la pauvreté, à de grandes austérités, des jeûnes et des veilles longues et pénibles. Il s'est fait à son tombeau plusieurs guérisons miraculeuses, rapportées dans sa *Vie*, imprimée à Coutances en 1747 (1).

TABLEAU

Chronologique des curés de l'Eglise de la Sainte - Trinité de Cherbourg, depuis 1466 jusqu'à 1729.

Jean Tustot, bachelier en théologie, curé de Cherbourg et official de Valognes, en 1466.

Guillaume Bacheler, bachelier en théologie, curé de Cherbourg et official de Valognes, en 1496.

Robert Le Serreur, bachelier en théologie, curé de Cherbourg et official de Valognes, en 1517.

---

(1) Cette Vie du curé Pâté, écrite par Trigan, curé de Digôville, est un ouvrage diffus (626 pages in-12), d'un style lâche et incorrect, et d'une crédulité qu'on dirait affectée. On ne reconnaît pas là l'auteur de l'Histoire ecclésiastique de Normandie.   *(N. des Edit.)*

Yves Le Bailly, bachelier en théologie, curé de Cherbourg et official de Valognes, en 1541.

Guillaume Jouan, écuyer, docteur en théologie, curé de Cherbourg, en 1569.

Guillaume Nicole, bachelier en théologie, curé de Cherbourg, en 1582.

Gracien Boullon, bachelier en théologie, curé de Cherbourg, en 1606.

Il mourt de la peste le 15 août 1626.

Raoul Grisel, bachelier en théologie, curé de Cherbourg, en 1627.

Michel Groult, bachelier en théologie, curé de Cherbourg, en 1639.

Jacques Gaudebout, bachelier en théologie, curé de Cherbourg, en 1678, et doyen des Îles. Il mourut le 4 octobre 1687.

Antoine Pâté, bachelier en théologie, curé de Cherbourg et doyen de la Hague, en 1688. Décédé en odeur de sainteté le 21 mars 1728.

Michel Le Héricey, bachelier, licencié en droit civil et canon, curé de Cherbourg, en 1729.

FIN DE L'HISTOIRE DE CHERBOURG DE VOISIN-LA-HOUGUE.

CONTINUATION

de l'*Histoire* de la ville de *Cherbourg*.

———◆———

Jusqu'ici nous avons vu Cherbourg avec un port qu'il devait à la nature : il était informe et vaseux , sans quais ni écluse ; et la haute mer ne rencontrant nul obstacle , s'étendait au loin et formait comme un lac. A l'exception d'une simple jetée en pierres perdues , qui longeait son chenal à l'est pour le garantir des sables de la grève de Tourlaville (1), l'art n'avait rien fait pour l'améliorer et le rendre plus commode. Mais enfin il fut arrêté , sur les vives instances de l'ingénieur en chef de Caux , que la partie maritime du projet de Vauban de 1687 recevrait un commencement d'exécution. L'adjudication de ces travaux , qui consistaient en une écluse , des jetées , des quais , etc., fut portée par le génie à cinq cent soixante mille livres. On se mit à l'ouvrage dans le courant de l'année 1739. Deux jetées s'élevèrent à

———

(1) *Détails historiques sur l'ancien port de Cherbourg,* par M. Aug. Asselin, page 15.   9

droite et à gauche du chenal, afin d'empêcher les alluvions de le remplir, et pour rendre son accès plus facile aux navires. Le port fut creusé, curé, entouré de murs de quai. Mais ce qui présenta le plus d'obstacles fut la construction de l'écluse, chaussée longue de cent soixante-deux pieds et large d'environ quarante (1). Il fallut un batardeau de cinq pieds d'épaisseur pour se garantir de la mer. Douze moulins à chapelet suffisaient à peine pour épuiser le volume d'eau qu'une multitude de sources versaient sans cesse dans le bassin; et il fallait leur adjoindre cinq autres pompes pendant le fort du flux. Enfin les fondements de cette écluse, qui, par la difficulté même, nécessitaient un travail actif, furent creusés dans l'espace de six mois : mais il fallut plusieurs années pour l'achèvement de la maçonnerie, qui fut faite en pierres de taille de trois pieds à trois pieds et demi cubes, assujetties ensemble au moyen de crampons de fer et de plomb fondu (2).

---

(1) *Gentleman's Magasine* des mois d'août et de septembre 1758.

(2) *Lieu cité*, mois de septembre 1758.

Tous ces travaux et un pont-tournant étaient
terminés en **1742**.

On plaça à l'entrée du bassin (1) deux inscriptions latines , écrites en lettres dorées sur
un marbre noir.

Du côté de l'ouest était celle-ci :

> Ludovici XV jussu ,
> Florœi consilis ,
> Asfeldi ductu ,
> In œvum stat hœc moles.
> Ars naturœ victrix aquarum
> Impetum refrœnat , facilem navibus
> Tempestate actis aditum dat , tutelam asseri
> Copiam invehit , gloriam perpetuam simul
> Que principem , sapientem heroa posteritati
> Commendat.

Du côté de l'est on lisait :

> Hanc jussit Ludovix suasit Florœus , et undis
> Curavit mediis Asfeldus surgere molem ;
> Non aliis votis almæ presentior urbis
> Ars frœnavit aquas fluctus domuit que minaces :
> Hinc tutela viget , stat copia , gloria crescit ,
> HincRex , hinc sapieus , heros que
> Manebit in œvum.

(1) Madame Retau-Dufresne (*Histoire de Cherbourg* ,
page 134) dit que ces inscriptions étaient placées des
deux côtés du pont.

En voici l'imitation par le poète Dallet (1),
originaire de Cherbourg :

Les ordres de Louis, les conseils de Fleury (2),
　　Les soins d'Asfeld (3) ont formé cet ouvrage
Pour seconder les vœux de ce peuple chéri,
　　Qu'il met à l'abri de l'outrage.
　　Ici l'art enchaînant les flots,
Apporte la santé, l'abondance et la gloire,
　　Consacre à jamais la mémoire
Du souverain, du sage et du héros.

Cherbourg , avec un port commode et sûr ,

---

(1) Noel Dallet, membre de plusieurs académies,
auteur de diverses pièces de poésies, entr'autres d'un
poème sur la *Prise de Cherbourg par les Anglais en* 1758,
mourut à Valognes, maître d'un pensionnat.

(2) Le cardinal de Fleury, premier ministre sous
Louis XV, homme conciliant et prudent, mais à vues
écourtées, finit ses jours au village d'Issy le 29 janvier
1743, âgé de près de 90 ans. Il laissa en mourant l'administration de la guerre, la marine, qu'il négligea
toujours, les finances et les relations extérieures dans le
plus misérable état : c'était durant la guerre de la
succession de l'Empire.

(3) Asfeld (Claude-François Bidald'), général sous Louis
XIV. C'est le même qui se couvrit de gloire à la bataille
d'Almanza, gagnée par le duc de Berwick sur les Anglo-
Portugais, le 25 avril 1707. Il fut nommé maréchal de
France en 1734, et mourut en 1743.

allait voir son commerce s'augmenter, et
devenir sinon florissant comme dans une grande
cité, au moins actif et prospère ; mais le cabinet
de Versailles ayant déclaré la guerre aux
Anglais en 1744, ceux-ci entretinrent des
croisières permanentes, qui firent éprouver de
grandes pertes au négoce maritime. Ils effec-
tuèrent plus d'un débarquement sur nos côtes,
firent une tentative infructueuse contre Lorient,
dépôt des marchandises de la compagnie des
Indes, et vinrent plusieurs fois se présenter
devant Cherbourg. Les navires de commerce
n'osaient plus sortir des ports : car l'état d'abandon dans lequel le ministre Fleury avait laissé
la marine, crainte de déplaire à l'Angleterre,
était tel, qu'en 1747 la France ne possédait
plus qu'un seul vaisseau de ligne (1). La paix
d'Aix-la-Chapelle ne vint que trop tard mettre
fin à cette guerre malheureuse.

---

(1) Voltaire, *Siècle de Louis XV*, chapitre XXVIII.
—*Voyez* aussi les Histoires de France, l'*Histoire de
Louis XV*, et les Mémoires sur le règne de ce prince.
Toutes ces autorités s'accordent à dire qu'après le combat
que l'amiral de l'Estanduère perdit contre l'amiral anglais
Hawke, la France se trouva réduite à un seul vaisseau de
guerre.

La manie des réunions savantes s'étant emparée de l'esprit public, chaque ville voulut avoir sa corporation d'*Immortels*. Dans le courant de l'année **1755**, une de ces sociétés académiques se forma à Cherbourg. Ses fondateurs, au nombre de six, furent,

> L'abbé Anquetil, prêtre ;
> Delaville, médecin ;
> Groult, procureur de l'amirauté ;
> Avoine-Chantereyne, receveur de l'amiral ;
> Voisin-la-Hougue, professeur d'hydrographie, et
> Pierre Fréret, artiste.

L'abbé Anquetil en fut le premier directeur, et Voisin-la-Hougue, le premier secrétaire (1). La disette d'hommes distingués, dignes du titre d'académicien ou quelque chose d'approchant, fit que le nombre de ses membres ne s'éleva d'abord qu'à neuf. Le gouvernement ne reconnut cette société qu'en **1775**.

Pendant cette même année les Anglais ayant pris, sans déclaration de guerre, trois cents

---

(1) *Rapport fait à la Société académique de Cherbourg*, par M. Noël-Agnès, dans les *Mémoires* de cette société, 1833, page 239.

navires marchands français, les hostilités recommencèrent entre ces deux puissances en
1756. On établit plusieurs camps sur les côtes
de Normandie pour les protéger en cas de
débarquement. Celui de Cherbourg fut placé
dans la Mielle, à un quart de lieue de la ville,
et transféré l'année suivante au Mont-Epinguet,
sur la gauche de la route de Cherbourg à
Valognes. Il était composé de quelques mille
hommes sous les ordres du maréchal-de-camp
comte de Rémond, commandant en Basse-
Normandie, qui vint à cet effet résider à
Cherbourg.

1757.

Depuis quelque temps on savait en France que
l'Angleterre faisait de grands armements dans ses
ports, à Portsmouth surtout, et l'on craignait
quelques tentatives contre nos villes du littoral
de la Manche. Cette appréhension n'était que
trop fondée. Le 2 juin 1758, une flotte anglaise de cent vingt voiles (1) parut dans la
baie de Cherbourg. Elle était encore à cinq ou
six lieues au large lorsque, dans l'après-midi,
on la signala du haut de la montagne du Roule
en arborant un pavillon rouge surmonté d'une

1758 ,
2 Juin.

---

(1) *Journal mss.* de Voisin-la-Hougue.

flamme blanche. Bientôt on la vit plus distincte-
ment s'approchant à pleines voiles. La petite
redoute du sommet du Roule , établie depuis
peu ; tira le canon d'alarme : tout fut en mouvement dans la ville : tandis qu'on se préparait
à repousser une descente , qui paraissait certaine , on songeait à paralyser autant que
possible les funestes effets d'un bombardement ,
en plaçant des barriques pleines d'eau devant
les maisons , et en rassemblant les outils nécessaires pour au besoin dépaver les rues (1).

Ces dispositions de défense étaient sages et
prudentes , mais elles furent inutiles : car cette
flotte , qui avait à son bord douze à quinze
mille hommes de débarquement (2) , se contenta de se montrer à la pointe de Querqueville , comme pour effrayer ces rivages ; puis ,
suivant la direction de la côte , elle passa le
raz Blanchard (3), doubla le cap de la Hague ,

---

(1) *Journal manuscrit* d'un habitant de Cherbourg.

(2) *Gentleman's Magasine* des mois de juin et de
juillet 1758.

(3) Ce dangereux passage est situé à la pointe
d'Auderville ou promontoire de la Hague.

et fut mouiller pendant un jour dans l'anse de Vauville (1), afin de donner le temps de se rallier à ceux de ses navires qu'un léger coup de vent avait dispersés la veille.

Le 4 au matin, les Anglais avaient levé l'ancre et cinglaient vers Saint-Malo. Le 5 au soir, ils débarquent au nombre de quinze mille à la pointe de Paramé, et vont camper à Cancale, milord Malborough à leur tête. Ils entrent dans S.t-Servan, brûlent quatre-vingt-cinq navires, deux corderies et les bois de construction de la marine (2). Ils somment vainement les autorités de Saint-Malo de leur livrer cette ville, font une irruption jusqu'à Dol, et rentrent dans leurs vaisseaux les 11 et 12 du même mois (3), sans qu'il fût possible aux Bretons de les en empêcher.

Dès qu'on eut connaissance du débarquement de cette armée anglaise sur les côtes de Bretagne, la moitié du camp du Mont-Epinguet fut levée, et partit en toute hâte pour porter

---

(1) *Journal mss.* d'un habitant de Cherbourg.

(2) *Journal manuscrit* de Voisin-la-Hougue.

(3) De la Porte, *Recherches sur la Bretagne*, tome 1er, page 433.

secours à Saint-Malo ; un bataillon de troupes
réglées, qui était à Valognes, partit également (1).
Après quelques jours de marche, ces troupes
reçurent contre-ordre et revinrent dans leurs
stations respectives.

Le danger n'était plus en présence, mais
Cherbourg se tenait toujours sur ses gardes.
Enfin les alarmes revinrent.

La même flotte anglaise reparut le **24** juin
à la pointe de la Hague (2).

Le lendemain elle était par le travers de
Cherbourg, à cinq ou six lieues au large ;
une brume épaisse empêcha de l'apercevoir (3).

Le **26**, on la vit de Barfleur prenant le
large en cinglant vers le nord-est (4).

Deux jours après, cette même flotte, composée d'environ cent voiles, était devant la
pointe de Fermanville (5). Alors on ne douta
plus, la voyant s'approcher de Cherbourg après
avoir rôdé quelque temps dans les mêmes parages, que sa destination ne fût contre cette
ville, dont le port inquiétait déjà l'Angleterre.

---

(1) *Journal mss.* de Voisin-la-Hougue.

(2) *Lieu cit.* (3) *Idem.* (4) *Idem.* (5) *Idem.*

En effet, le lendemain **29** à six heures du matin, elle était à la pointe de l'île Pelée (1). A dix heures, une de ses frégates vint jeter l'ancre à la grand'rade, à la distance d'une lieue du rivage. Le fort du *Gallet* tira sur elle sans pouvoir l'atteindre (2).

Un calme plat retenant la flotte dans la baie, ce ne fut qu'à midi que cette nombreuse division rejoignit la frégate, et mouilla sur la rade (3), où les derniers vaisseaux n'arrivèrent qu'à la chute du jour.

Vers les cinq heures du soir, quelques corvettes et goelettes s'approchèrent de terre pour sonder la petite rade (4). Elles étaient à portée de l'artillerie des forts, et on leur tira vingt-cinq à trente coups de canon. La mission de ces bâtiments n'étant pas de se battre, ils ne ripostèrent point au feu des batteries de la côte, continuèrent leurs sondes, rejoignirent la flotte et rentrèrent au mouillage.

La milice bourgeoise et le régiment de *Clare*,

---

(1) *Journal mss.* de Voisin-la-Hougue.

(2) *Lieu cité.* (3) *Idem.*

(4) *Journal mss.* d'un habitant de Cherbourg.

qui était en garnison à Cherbourg, furent, comme on peut le croire, toute la journée sous les armes, disposés sur le port et le long du rivage (1). La nuit arriva sans qu'il se fit aucun mouvement de la part de l'ennemi : on jugea qu'il ne débarquerait pas pendant les ténèbres ; et la milice bourgeoise fut congédiée jusqu'à nouvel ordre (2). La soirée fut silencieuse ; mais c'était le repos de l'anxiété.

Le duc d'Harcourt, lieutenant-général des armées du roi, arriva pendant la nuit (3) avec trois mille huit cents garde-côtes, reste du camp du Mont-Epinguet, le régiment d'*Horion-Liégeois* et un escadron de cavalerie du régiment de *Languedoc*. Ces forces, réunies au régiment de *Clare* et à la milice bourgeoise, formaient un effectif d'environ sept mille hommes (4). Elles campèrent dans la Mielle, près de l'emplacement qu'occupe aujourd'hui la redoute de Tourlaville.

Le lendemain dès trois heures du matin, une fusée partit du vaisseau amiral de la flotte :

---

(1) *Journal mss.* d'un habitant de Cherbourg.

(2) *Lieu cité*. (3) *Idem*.

(4) *Journal mss.* de Voisin-la-Hougue.

c'était le signal du débarquement. Aussitôt on met à la mer un grand nombre de bateaux plats, sur lesquels vont se placer les troupes (1), pendant que des galiottes à bombes et quelques gros vaisseaux s'avancent pour tirer sur les forts, et faciliter la descente, qui doit s'opérer simultanément sur trois points, savoir, dans le port, dans l'anse de Sainte-Anne et sur la grève de Tourlaville (2), en face du camp. « Mais, » dit un témoin oculaire, le vent s'étant tout » d'un coup tourné vers le nord, l'amiral fit » assembler un conseil de guerre : on y résolut » que, le temps n'étant pas favorable à la des- » cente, il était à propos de lever l'ancre et » de regagner l'Angleterre, n'ayant d'ailleurs » à bord des vaisseaux que pour trois ou » quatre jours de vivres. Toute la flotte resta » cependant mouillée jusqu'à dix heures qu'elle » appareilla, sans avoir tiré un seul coup de » canon, et n'ayant perdu que deux hommes » tués par l'artillerie de nos forts un moment » avant son départ. Les Anglais eurent à peine » gagné le large, que le vent, devenu plus » doux, se tourna à l'ouest. On tint un nou-

1758, 30 juin.

---

(1) *Journal mss.* d'un habitant de Cherbourg.

(2) *Lieu cité.*

» veau conseil : et le manque de vivres fut le
» seul obstacle à ce que tous ces vaisseaux ne
» revinssent sur leurs *pas*. Nous les perdîmes
» de vue vers les quatre heures de l'après-midi,
» le 50 juin (1). »

L'amiral de cette flotte était le célèbre cir-
cumnavigateur Georges Anson; et le duc de Malborough avait le commandement des troupes (2).

Deux jours après le départ de l'ennemi, le
duc d'Harcourt renvoya dans leurs garnisons
respectives les forces militaires qu'il avait ame-
nées à Cherbourg; les garde-côtes retournèrent
au Mont-Epinguet.

Cependant Cherbourg venait de courir trop de
dangers pour ne pas songer à le fortifier, au moins
contre une première attaque. Des redoutes, des
retranchements furent tracés à la hâte ; et la
bourgeoisie fut employée par corvées à les exécuter (3). Les avenues furent coupées par des
fossés, défendues par des parapets (4). Les habitants des campagnes voisines vinrent, d'après

(1) *Journal mss.* d'un habitant de Cherbourg.
(2) *Hist. d'Angleterre*, règne de Georges II.— *Hist. du
duc de Malborough.*
(3) *Journal mss.* d'un habitant de Cherbourg.
(4) *Lieu cité.*

ordre , travailler au retranchement qui allait de la ville au Pont–Marest dans la Mielle , et à celui qui s'étendait vers l'ouest le long de la petite anse de Sainte–Anne (1).

Ces ouvrages défensifs , faibles sans doute , mais qui néanmoins permettaient , en cas de débarquement , de disputer pied à pied le ter–rain à l'ennemi , furent promptement terminés ; et dès le mois de juillet de la même année , la ville de Cherbourg était en état de résister à un coup de main. Elle était défendue, à l'est, par la redoute carrée de *Tourlaville*, et un retranchement garni d'artillerie , très avanta–geusement placé en front du camp (2) ; à l'ouest, par la batterie du *Calvaire*, le fort de *Longlet* , le fort du *Gallet* , qui avait deux faces vers la mer , et un ouvrage à cornes du côté de terre (3) ; le fort du *Hommet* , celui d'*Equeurdreville* , avec une batterie à barbette, les forts de *Choiseul* , des *Autels* , de *Sainte–Anne*, et une ligne de retranchements ; enfin le grand et le petit fort de *Querqueville*, et une

(1) *Journal mss.* d'un habitant de Cherbourg.

(2) *Journal anonyme* d'un officier anglais , page 5.

(3) *Lieu cité.*

redoute à la pointe de Nacqueville. Quatre-vingts pièces de canon de gros calibre et cinq mortiers répartis dans ces fortifications servaient à leur défense (1). Quant aux munitions, il y avait une infinité de projectiles dans les forts, et plus de cent cinquante milliers de poudre dans les magasins de la place (2).

Tel était l'état de défense de Cherbourg à la fin de juillet 1758, dans le moment même où une nouvelle escadre anglaise partait de la rade de Spithead dans le dessein de venir s'en emparer. Cette armée navale, commandée par le commodore Howe, avait à son bord le jeune prince Edouard, frère puîné du prince de Galles, qui a régné sous le nom de Georges III, et sept à huit mille hommes de troupes de débarquement, aux ordres du lieutenant-général Th. Blygh (3).

Bientôt on l'aperçut des falaises de Jobourg ; mais du calme et des vents contraires la retinrent les 3, 4 et 5 août dans les parages de

---

(1) *Journal mss.* d'un habitant de Cherbourg.— *Journal mss.* de Voisin-la-Hougue.

(2) *Journal mss.* d'un habitant de Cherbourg.

(5) *Mémoires sur le règne de Georges II.*— *Plutarque anglais,* articles *Howe* et *Blygh.*

l'île d'Aurigny , entre les hautes terres de Saint-
Alban et du cap de la Hague (1) ; de sorte que
ce ne fut que le 6 au matin qu'elle put s'approcher de la côte , gouvernant tantôt au large
et tantôt vers la terre (2). Le même jour au
soleil couchant, toute cette flotte, forte de plus
de quatre-vingts voiles, mouilla à la grand'rade,
où les batteries du rivage, trop éloignées d'elle ,
la reçurent vainement à coups de canon.

1758,
6 août.

Le **7** à deux heures du matin, on fit partir
un pot à feu , et à ce signal, deux galiottes,
qui s'étaient avancées , commencèrent sur-le-
champ à lancer des bombes vers la ville ; quelques-unes eurent assez de portée pour atteindre
la grève : elles jetèrent la consternation parmi les
habitants, qui auraient transporté leurs meubles
à la campagne, si l'on n'eût établi des gardes
pour les en empêcher (3).

7 août.

Dans cette périlleuse conjoncture , on dépava
les rues voisines de la mer , et l'on allait aussi
dépaver les autres , si le bombardement n'eût
cessé vers les huit heures du matin (4).

---

(1) *Journal anonyme* d'un officier anglais faisant partie
de l'expédition ; page 2.

(2) *Lieu cité.*

(3) *Journal mss.* d'un habitant de Cherbourg.

(4) *Lieu cité.*   10

Cependant on s'attendait d'un moment à l'autre à voir débarquer l'ennemi : et pour lui fermer l'entrée du port, on coula entre les jetées un navire chargé de pierres (1).

Sur les onze heures du matin, les galiottes se replièrent sur la flotte, mouillée par le travers de l'anse de S.te-Anne. C'était là qu'on croyait qu'allait s'effectuer le débarquement (2). Mais le général anglais, instruit de l'état de défense de cette plage par des transfuges du régiment irlandais de Clare, ou peut-être par une autre voie, n'avait garde de vouloir tenter là la fortune. Pourtant, dit Voisin-la-Hougue, il n'avait rien à redouter ; car le comte de Rémond, commandant la place, avait défendu de faire feu. Qui le croirait ! il avait déjà fait enclouer une partie des canons ; et si l'on tirait, c'était contre son ordre (3). La tradition dit même qu'il fit mettre en prison un canonnier qui avait eu l'adresse de briser d'un coup de boulet le gouvernail d'une frégate anglaise. Ainsi ce qui méritait une récompense et des éloges, valait de sa part un châtiment et la réprimande.

---

(1) *Journal mss.* d'un habitant de Cherbourg.
(2) *Lieu cité.*
(3) *Journal mss.* de Voisin-la-Hougue.

« On ne comprenait rien, dit encore le té-
» moin que nous venons de citer, aux dispo-
» sitions de ce général; il fallait absolument
» qu'il eût quelque ordre secret d'abandonner
» Cherbourg à l'ennemi, ou qu'il eût perdu la
» tête : il avait fait démolir, dès le samedi 5, les
» fours où l'on cuisait le pain des troupes,
» précisément dans le temps où l'on en avait le
» plus besoin (1). »

A midi, la flotte exécuta divers mouvements
depuis Equeurdreville jusqu'à Urville, simulant
des préparatifs de descente, afin de harasser
les troupes échelonnées sur la côte (2). Enfin ses
évolutions et ses feintes cessèrent, et elle s'arrêta dans une petite anse nommée *Landmer*,
entre la pointe de Nacqueville et les rochers de
*Razebanne*s (3), à trois lieues ouest de Cherbourg,
au même endroit où les Anglais avaient déjà, dit-
on, débarqué au XVIe siècle, sous le règne de
François Ier (4).

A deux heures de l'après-midi, le débarque-

---

(1) *Extrait du Journal de Voisin-la-Hougue*, inséré
dans l'*Annuaire du département de la Manche*, 2° et 3°
année, 1830 et 1831, page 205.

(2) *Journal mss.* d'un habitant de Cherbourg.'

(3) *Lieu cité.* (4) *Idem.*

ment commença, protégé par la nombreuse artillerie des vaisseaux, qui tiraient par volée de minute en minute. La brigade des gardes et les grenadiers descendirent les premiers sous le commandement du major-général, et se rangèrent en bataille sur la côte (1).

En même temps le comte de Rémond arrivait pour s'opposer à ce débarquement, avec un escadron de dragons du régiment de *Langue-doc*, deux bataillons du régiment d'*Horion*, un bataillon du régiment de *Clare*, un du régiment de *Lorraine*, et trois mille huit cents garde-côtes ; ceux des habitants des paroisses voisines que le patriotisme avait fait prendre les armes marchaient à la suite (2). On commença sur les Anglais un feu traînant, et ils ripostèrent de même. Mais pendant ce temps, trente-quatre bateaux plats chargés de troupes s'avançaient vers la plage, et l'armée ennemie se formait près du moulin de *Landmer*, toujours protégée par la vive canonnade de l'escadre.

Il paraît qu'il n'était guère possible de s'opposer

---

(1) *Journal anonyme* d'un officier anglais faisant partie de l'expédition, pages 2 et 3.

(1) *Journal manuscrit* de Voisin-la-Hougue.

à leur descente ménagée par les quatre cents
pièces de canon de leurs vaisseaux ; mais on
pouvait , par un coup d'audace , les culbuter
sur le rivage après s'être emparé des hauteurs.
Ce fut le projet du lieutenant-colonel de Grante ,
du régiment de *Clare* , qui voulait fondre sur
eux à la baïonnette ; et c'était en effet ce qu'il
y avait à faire : mais le comte de Rémond, qui
semblait n'être là, comme un génie malfaisant,
que pour paralyser tout moyen de salut, empêcha ce brave officier d'attaquer les débarqués,
et probablement de sauver Cherbourg.

Rémond , au lieu de faire avancer toutes ses
troupes, fit ranger six bataillons de gardes-côtes
sur deux lignes entre la chapelle *Saint-Clair* et
la mer (1), où ils étaient inutiles. Il négligea
d'occuper les hauteurs qui couronnent Landmer :
l'ennemi s'en saisit , et couvrit ainsi son débarquement (2). Enfin ce funeste général, après
avoir perdu cinq hommes, dont le capitaine
Macarty (*), du régiment de *Clare*, s'éloigne

---

(1) *Journal mss. et anonyme* d'un habitant de Cherbourg
contemporain de cette événement.

(2) *Journal* d'un officier anglais, p. 3.

(*) Il fut tué d'un éclat de bombe, et inhumé au cimetière d'Urville , où sa famille fit placer un marbre tumulaire.

du feu avec ses troupes , qui étaient indignées de sa conduite , et se reploie sur Sainte-Anne , où se trouvaient les milices et le régiment de *Lorraine*. Il ne laisse que quelques pelotons pour garder les retranchements qui bordaient cette anse , et rentre en ville avec son armée vers six heures du soir (1), laissant en paix les Anglais à Landmer.

Ceux-ci achèvent leur débarquement , et campent à Urville , près du lieu de leur descente, au nombre de sept mille hommes et six cents chevaux (2). Ils passèrent la nuit dans une position si défavorable , resserrée entre des montagnes et la mer, que , ne pouvant faute d'espace déployer le front de leur ligne , ils étaient perdus si Rémond fût tombé sur eux à l'improviste avec ses troupes (3); mais ce traître ou lâche , comme on voudra l'appeler , n'avait garde de le faire. Il se reposait sur l'édredon de ses fautes de la journée , se disposait à en faire

---

(1) *Journal mss.* d'un habitant de Cherbourg.

(2) *Journal* de Voisin-la-Hougue , dans l'*Annuaire de la Manche* , 2.° et 3.° *année* , p. 206.

(3) *Journal* d'un officier anglais faisant partie de l'expédition , p. 3.

de nouvelles, et, loin de vouloir attaquer, ne songeait qu'à se sauver et pas même à se défendre.

Le lendemain 8 août, le maréchal-de-camp Rémond, loin de réparer sa conduite de la veille, de faire occuper les hauteurs et les points culminants les plus importants, enfin d'attaquer l'ennemi, débuta par envoyer un détachement de six cents hommes à Martinvast, afin de couper le pont sur la petite rivière *Divette* (1); comme si les Anglais qui étaient à Urville eussent dû passer là pour venir à Cherbourg, et comme si un pont rompu sur un ruisseau presqu'à sec devait arrêter la marche d'une armée. D'autres détachements furent dirigés sur Octeville et dans les environs. Après s'être ainsi affaibli en divisant ses forces, il envoya ordre, à huit heures du matin, aux canonniers du fort de Querqueville et aux piquets qui avaient passé la nuit dans les redoutes de Sainte-Anne, de rentrer à Cherbourg, après avoir encloué leurs canons (2).

Cependant il fit placer en embuscade quelques pièces de campagne dans les chemins qui mènent

---

(1) *Journal* de Voisin-la-Hougue.
(2) *Journal* d'un habitant de Cherbourg.

à la *Bucaille* et à l'*Abbaye* , où les troupes furent disposées (1). Mais au moment où l'on s'attendait à la résistance , Rémond fit enclouer les canons de la place avec des clous qu'il avait fait faire au bourg de Bricquebec plus d'un mois auparavant (2); il fit jeter à la mer les projectiles, les gargousses et les poudres (3). Ayant ainsi détruit tous les moyens de défense, il abandonna furtivement la ville vers deux heures de l'après-midi, sans avoir tenu de conseil de guerre , sans donner d'ordre à la troupe , sans chercher à sauver un important matériel d'artillerie , quoiqu'il eût des moyens de transport plus que suffisants pour le faire (4). Il se sauva lâchement à Valognes , accompagné du baron de Copleix , commandant particulier de Cherbourg , de l'ingénieur en chef Franquet de Chaville , et de plusieurs autres officiers , pensant à eux en emportant leurs effets (5).

C'était là livrer la place , on ne peut en disconvenir : car l'on ne saurait supposer autant de

---

(1) *Journal* d'un habitant de Cherbourg.

(2) *Lieu cité.* (3) *Idem.*

(4) *Journal* de Voisin-la-Hougue.

(5) *Journal* d'un habitant de Cherbourg.

sottise et de lâcheté dans un officier général. Et pourtant il n'y eut aucune enquête faite à cet égard ; et l'indigne Rémond fut maintenu avec *honneur* sur les cadres de l'armée ! Mais il n'est que trop certain que s'il eût eu autant de pré- voyance pour se défendre que pour se sauver, les Anglais n'eussent point mis les pieds dans Cherbourg.

Le récit de ce que venait de faire ce général et la nouvelle de sa fuite démoralisèrent les trou- pes. Les commandants des corps se voyant sans chef et trahis, décidèrent de se retirer au Mont- Epinguet. La retraite se fit avec toute la confu- sion d'une déroute. Le seul régiment de *Clare*, qui formait l'arrière-garde, se retira en bon ordre.

Cependant le clergé et les magistrats, croyant que l'ennemi entrait en ville et qu'il chassait nos troupes devant lui, étaient en cérémonie sur la place d'Armes pour faire leur soumission au vainqueur et implorer sa clémence. Après une heure d'attente, ils furent fort surpris d'ap- prendre que l'avant-garde n'était encore qu'à Sainte-Anne (1).

_____

(1) *Journal* d'un habitant de Cherbourg.

L'armée anglaise s'avançait par le village de Querqueville; une colonne de cavalerie suivait les hauteurs par Hainneville; et l'avant-garde, forte d'une compagnie de dragons, de trois cents hommes du régiment des gardes et de deux pièces d'artillerie, marchait le long de la côte. Elle trouva les batteries approvisionnées, les canons encloués, les redoutes abandonnées; et, sans rencontrer nul obstacle, nulle résistance, elle entra dans Cherbourg le même jour à cinq heures et demie du soir (1). Les autorités et les principaux bourgeois étaient allés avec un drapeau blanc la recevoir à Chantereyne (2).

1758, 8 août.

Un officier d'ordonnance fut aussitôt expédié au général Blygh par le commandant de l'avant-garde, pour lui rendre compte de son entrée dans la ville, de la soumission des autorités et la retraite des troupes françaises sur la route de Valognes. Ce général arriva à neuf heures (3), avec une partie de son armée, qui passa la nuit au bivouac sur la place d'Armes, et cela avec tant de sécurité qu'on ne mit pas même un poste sur la route du Roule.

---

(1) *Journal* d'un habitant de Cherbourg.
(2) *Journal* de Voisin-la-Hougue.
(3) *Journal* d'un habitant de Cherbourg.

Dès l'entrée de l'avant-garde dans la place, l'ennemi avait fait afficher et distribuer la proclamation suivante (1) :

« Nous lieutenant-général Blygh, colonel de
» cavalerie, commandant en chef les armées de
» Sa Majesté Britannique, faisons savoir à tous
» les habitants que la descente que nous avons
» faite sur cette côte, avec la puissante armée
» sous nos ordres, soutenue par le formidable
» armement que nous avons sur mer, n'est point
» avec intention de faire la guerre aux habitants
» du pays, sinon à ceux que nous trouverons
» armés, ou autrement en opposition à la juste
» guerre que nous faisons à Sa Majesté Très-
» Chrétienne. Qu'il soit donc connu à tous ceux
» qui veulent rester en paisible possession de
» leurs biens et habitations, qu'ils peuvent de-
» meurer tranquillement dans leurs domiciles,
» et vaquer à leurs professions et métiers ordi-
» naires, et que, hormis les droits et taxes cou-
» tumières et les contributions ordinaires qu'ils
» paient à leur Roi, on n'exigera rien d'eux,
» soit en argent, soit en marchandises, que ce

_____

(1) *Journal* d'un officier anglais faisant partie de l'expédition, p. 4. — *Journal* d'un habitant de Cherbourg.

» qui sera absolument nécessaire pour la subsis-
» tance de l'armée, et qu'on paiera argent
» comptant toutes les provisions qu'on apportera.
» Au contraire, si malgré cette déclaration que
» nous avons bien voulu donner, les habitants
» des villes ou villages emportent leurs meubles,
» effets ou provisions, et abandonnent leurs
» maisons ou domiciles, nous traiterons de tels
» délinquants comme ennemis déclarés, et dé-
» truirons par feux et flammes, ou tout autre-
» ment que sera en notre pouvoir, leurs villes,
» villages, domiciles ou maisons.
    » Donné au quartier du Roi, ce 8 (*) août 1758.
                  » Th. BLYGH.
         » Par ordre de Son Excellence,
             » Ph. FRANCIS ».

(*) Le *Journal* d'un habitant de Cherbourg, relatif à la prise de cette ville, donne à cette proclamation la date du 3 août, et *l'Extrait du Journal de Voisin-la-Hougue*, inséré dans *l'Annuaire du département de la Manche*, 2.ᵉ et 3.ᵉ *année*, donne, page 209, celle du 13 : une de ces dates est évidemment fausse, ou plutôt elles le sont toutes les deux. Si l'on admet la première, on trouve que le 3 août les Anglais étaient en mer, et qu'ils ne pouvaient avoir la certitude de débarquer à Cherbourg ; si l'on adopte la seconde, elle paraît encore moins raisonnable, car ce n'est pas a-près cinq jours d'occupation qu'on publie un manifeste. Ajou-

Malgré ces promesses d'ordre et de paix, les Anglais, dès la première nuit, se livrèrent à toutes sortes d'excès (1); rien ne leur parut sacré. Comme il n'y avait point de garde de police dans la ville, leur licence fut sans frein, leur brutalité, sans mesure. Quelques maisons furent pillées; les gens de la campagne surtout eurent beaucoup à souffrir. Plusieurs maraudeurs perdirent la vie dans leurs courses nocturnes: c'était la loi du plus fort.

Dans la matinée du lendemain, les notabilités de la ville furent en corps rendre visite au général; Blygh les reçut avec hauteur: on aurait dit d'un conquérant irrité par la résistance; et pourtant il aurait vaincu sans coup férir. On

---

tera-t-on à ce 3 la différence de 11 jours en moins qui existait à cette époque dans le comput des anglais par rapport au nôtre? mais alors on aura la date du 14, c'est-à-dire l'avant-veille de leur départ. Tout porte à croire que cette proclamation fut rédigée aussitôt après le débarquement; les termes mêmes dans lesquels elle est conçue le donnent d'ailleurs assez à entendre: c'est pourquoi nous lui donnons la date du 8 août.

(1) *Journal* anonyme d'un officier anglais faisant partie de l'expédition contre Cherbourg, p. 4 et 5.

jugea dès-lors que son manifeste de la veille n'était qu'un leurre. Chacun s'en retourna la tristesse dans l'ame, et avec la prévision des malheurs qui accablèrent bientôt la ville (1).

En même temps les Anglais prenaient possession de tous les forts; ils faisaient occuper le sommet du Roule par un bataillon, et un autre détachement d'observation allait s'établir sur la lande d'Octeville. Sept à huit cents hommes furent logés dans les casernes pour faire le service de la place. Le reste de l'armée campa sur deux lignes depuis les hauteurs des Fourches patibulaires jusqu'à l'Abbaye (2). La flotte vint mouiller à la grand'rade.

La désolation était partout. Les soldats, maraudant dans les environs, amenaient les bestiaux, buvaient le cidre des paysans, les battaient, violaient leurs femmes et leurs filles (3), pillaient leurs maisons, enlevaient les poutres, les planchers, les portes, qui leur servaient à se faire des barraques : et par cette infâme conduite, qui est celle des troupes en guerre,

(1) *Journal* d'un habitant de Cherbourg.

(2) *Lieu cité.* — *Journal* de Voisin-la-Hougue.

(3) Tawge, *Hist. d'Angleterre,* tom. 3, p. 41 et suivantes.

ils détrompaient cruellement les bourgeois qui étaient allés se loger à la campagne, ou y avaient fait transporter leurs effets les plus précieux, croyant qu'ils y seraient plus en sûreté qu'à la ville.

Si les officiers-généraux étaient moins dépravés que leurs soldats, ils n'étaient guère moins exigeants. La ville entretenait leur table, et sans cesse il leur fallait des vins fins, des liqueurs, du sucre, des volailles, et autres choses difficiles à trouver (1). Ils demandaient pour la troupe du blé, des bœufs, des moutons : les paysans en fournissaient peu, et la colère de Blygh retombait sur les autorités de Cherbourg, qui invitaient vainement les gens de la campagne à approvisionner l'armée. Les maires-échevins, Postel, Duval, Frigoult et de Launay, étaient continuellement assemblés à l'hôtel-de-ville, avec les principaux bourgeois, pour répondre à des ordres dont l'inexécution emportait toujours la menace de mettre le feu à la ville (2), et de traiter le pays militairement, c'est-à-dire comme le faisait Attila.

---

(1) *Journal* de Voisin-la-Hougue.

(2) *Journal* d'un habitant de Cherbourg.

Le jeune prince Édouard étant descendu à terre, les membres du corps municipal s'assemblèrent pour lui présenter leurs hommages ; mais il refusa de les recevoir, sous prétexte qu'il n'avait aucun commandement. Néanmoins il recommanda aux généraux d'user de modération envers le peuple, et donna cent guinées pour être distribuées aux pauvres. Il vint ensuite tous les jours se promener en ville ; il s'en retournait le soir coucher à bord de la flotte.

Dès ce même jour l'ennemi commença de travailler à détruire les fortifications de la côte et les ouvrages du port. Ceux-ci furent minés avec grand'peine et successivement anéantis. Avant de mettre le feu à ces mines, on faisait un roulement de tambours pour que les habitants eussent à rentrer chez eux, car l'explosion lançait des éclats de pierres par toute la ville (1). Bientôt il n'exista plus ni jetées, ni quais, ni écluse : ce qui avait coûté des sommes immenses et vingt ans de travaux ne fut plus qu'un amas de décombres.

Pendant que les ingénieurs anglais dirigeaient la destruction du port, leur général d'artillerie,

---

(1) *Journal* d'un habitant de Cherbourg.

Desaguillers, faisait enlever les cinq cloches de l'Abbaye, malgré les supplications du prieur Cantel. Il voulait en faire autant de celles de l'église de Cherbourg ; et ce ne fut qu'aux prières et aux démarches du curé Pâris qu'on dut qu'il n'en emportât qu'une. A l'égard de l'artillerie de la place , les pièces en fer furent mutilées et mises hors de service ; celles en fonte furent enlevées : on en transporta vingt et une et deux mortiers sur un navire marchand danois , nommé le *Prospert* , qui se trouvait dans le port. Les armes et les drapeaux de la milice bourgeoise furent aussi embarqués, ainsi que quantité d'effets appartenant à l'état.

Les Anglais, qui désiraient avoir les plans exacts de Cherbourg , de la côte et de la rade , firent une perquisition chez l'ingénieur en chef Franquet de Chaville , qui, comme on l'a vu , était parti avec Rémond. Après de vaines recherches, ils menacèrent du fouet et de la corde son dessinateur, nommé Deschamps , s'il ne les leur montrait. Cet homme estimable les avait cachés dans une cave ; mais il ne l'avoua point , et ils furent sauvés. Un heureux hasard lui permit de s'échapper de leurs mains : il se travestit

11

en femme, et se refugia dans la maison d'un ami (1). Sa généreuse conduite lui valut une gratification de six cents livres de la part du ministère.

Cependant le camp français du Mont-Epinguet se grossissait tous les jours : le maréchal duc de Luxemberg, gouverneur de Normandie, s'y était rendu avec le duc d'Harcourt et plusieurs autres officiers-généraux. Le comte de Coetlogon les y avait précédés. Celui-ci surtout arriva fort à propos ; car, sans lui, Rémond, qui ne se croyait pas sans doute en sûreté, allait se retirer avec ses troupes sous les murs de Carentan. Mais malgré ces augmentations de force, on commit la faute de ne point attaquer l'ennemi, et de le laisser achever la destruction des établissements de Cherbourg. On se contenta de quelques escarmouches, dans l'une desquelles le capitaine anglais Lindsey fut mortellement blessé (2).

Le général Blygh s'était fait donner l'état des droits que le gouvernement percevait annuellement dans les bureaux de ses fermes à Cher-

---

(1) *Journal* d'un habitant de Cherbourg.
(2) *Journal* d'un officier anglais, page 7.

bourg, afin d'en exiger pareille somme : il porta
à quarante-quatre mille livres la contribution de
guerre dont il chargea la ville. Mais comme il ne
fut pas possible de lui payer sur-le-champ cette
rançon, on convint de lui donner vingt-deux
milles livres ; et à l'égard de la moitié restante,
il reçut deux otages pour caution, les nommés
Postel et Gauvain, officiers de la milice bourgeoise, lesquels furent embarqués sur la frégate
anglaise le *Succès*. La manufacture des glaces fut
imposée à quinze mille livres, et la verrerie,
à trois mille (1).

Le 14, l'amiral Howe fit mettre le feu à tous les
navires français qui étaient dans le port : trente-
quatre furent détruits, et la perte en fut esti-
mée à deux cent soixante-deux mille sept cents
livres. On ne fit grâce ni aux bateaux pêcheurs,
ni aux chaloupes ; la plus mince embarcation
devint la proie des flammes. En même temps
on faisait une perquisition chez les armateurs,
les constructeurs, les voiliers, les marins, pour
y prendre ce qui avait rapport à la navigation :
enfin tous les objets de gréement furent transportés sur le quai, et brûlés avec les bois de
construction, le pont-tournant et les portes

1758,
14 août.

----

(1) *Journal* d'un habitant de Cherbourg.

du bassin (1). L'embrasement dura deux jours entiers, sans qu'il fût permis de sauver la moindre chose. Il n'y eut qu'un bâtiment de cent vingt tonneaux et deux petits sloops d'épargnés, parce que, étant échoués au coin du bassin près de la ville, on craignit qu'ils ne missent le feu aux maisons voisines (2). Les Anglais avaient préalablement amené le corsaire le *Tartare*, de vingt-six canons, pris sur eux l'année précédente, et le *Prospert*, de trois cents tonneaux, sur lequel ils avaient embarqué l'artillerie de Cherbourg.

Les dernières mines du port sautèrent dans la journée du 15, et l'ennemi se disposa à partir. Il avait eu soin de protéger son rembarquement, en cas d'attaque, par un retranchement garni de canons, qui s'étendait entre le Hommet et le hameau de Belle-Croix, et était flanqué à droite par la redoute d'Equeurdreville, et à gauche par le fort du Galet (3). On embarqua, le même jour, les chevaux du train, les outils des mineurs, des équipages, des tentes, quelques cents hommes et la grosse artillerie. Le camp-

---

(1) *Journal* d'un habitant de Cherbourg.

(2) *Lieu cité.*

(3) *Journal* d'un officier anglais, p. 7.

volant de la montagne du Roule fut levé ; toute
la troupe se concentra vers l'Abbaye, à l'exception de la garnison de la place et des avant-postes.

Pendant la soirée, on fit courir le bruit chez
un sieur de Lorimier, où logeait le général
anglais, que la maison du roi venait d'arriver à
Valognes (1). Cette nouvelle, qu'on ne pouvait
pour le moment vérifier, fit précipiter le départ
de l'ennemi, qui avait peut-être déjà reçu de la
cour de Londres l'ordre d'abandonner Cherbourg
pour aller ailleurs tenter une descente. Le 16
août, à trois heures du matin, le camp était levé, 1758,
16 août.
et le gros de l'armée s'embarquait sur des ba-
teaux plats à la fosse du Galet, à l'endroit
même où est aujourd'hui la passe de l'Avant-Port
Militaire. A cinq heures, la garnison évacuait
la place ; et à neuf, l'arrière-garde quittait les
rochers du Hommet (2). Toute l'armée était à
bord avant midi.

Ce rembarquement se fit avec ordre et célérité.
Mais si le maréchal de Luxembourg, qui ne pouvait ignorer ce qui se passait à Cherbourg, fût
arrivé en ce moment avec ses seize mille hom-

(1) *Journal* de Voisin-la-Hougue.
(2) *Journal mss.* d'un habitant de Cherbourg.

mes et eût tombé sur l'ennemi, il est plus que probable que les deux tiers des Anglais restaient en son pouvoir : car le retranchement qu'ils avaient élevé était trop faible pour garantir les embarcadères ; leur flotte était trop éloignée pour les protéger ; et la plus grande partie de leurs canons étaient embarqués dès la veille : d'ailleurs les forces du camp du Mont-Epinguet étaient doubles de celles du général Blygh, et l'avantage des lieux était en faveur des Français. En supposant qu'il n'y avait ni collusion, ni peur, ni ménagement de commande, il est aussi difficile de s'expliquer la conduite du duc de Luxembourg en cette circonstance, que celle qu'avait tenue le maréchal-de-camp Rémond huit jours auparavant.

Quoi qu'il en fût, l'ennemi s'embarqua paisiblement, après avoir bouleversé le port et pressuré la ville. Il laissa à terre quantité de viande salée et de biscuit, et donna quatre mille deux cents livres pour les familles pauvres. La prise de Cherbourg et cette occupation de huit jours causèrent à l'état une perte de deux millions et demi, et aux bourgeois, des réquisitions et des dommages qu'on estima s'élever à plus de sept çent mille livres (1). Beaucoup d'habitants des paroisses voisines furent ruinés par le pillage; et quantité de familles eurent à souffrir d'une affreuse disette, la soldatesque ayant détruit leurs récoltes, mangé leurs bestiaux et volé leurs provisions.

On ne s'attendait à rien moins qu'à ce départ des Anglais, et chaque habitant à son reveil fut agréablement surpris de voir ces hôtes incommodes s'embarquer. Des bourgeois qui n'étaient pas sortis depuis huit jours, crainte d'être dépouillés dans les rues, purent respirer le grand air; d'autres qui s'étaient barricadés dans leurs logis pour les préserver du pillage (2), et que la peur retenait dans leurs caves, revirent enfin le soleil. Chacun sortit; on se fit part de ses aventures, on se conta ses pertes. Les uns visitaient leurs maisons endommagées par l'effet des pierres que les mines avaient lancées de toutes parts, et dont la terre était couverte; les autres contemplaient avec tristesse les débris du port entassés sur les carcasses des navires incendiés qui fumaient encore. Près d'un tiers des habitants

(1) *Journal* de Voisin-la-Hougue.
(2) *Journal* d'un habitant de Cherbourg.

de Cherbourg, qui erraient dans les campagnes revinrent à la ville. Les paysans, de leur côté, accoururent en foule au camp pour tâcher de reconnaître dans les objets laissés quelques-uns des effets que les maraudeurs leur avaient pris. On visita tout, et l'on se convainquit que le rembarquement de l'ennemi était dû à l'épouvante, et qu'il s'était fait avec bien de la précipitation, puisqu'on n'avait pas eu le temps de miner entièrement le fort du Galet, ni même de détruire celui de Longlet, dans lequel pourtant deux mines étaient pratiquées (1), et où l'on trouva les barriques de poudre nécessaires pour le faire sauter.

Cette expédition contre Cherbourg ne coûta aux Anglais que sept cent douze hommes (2), tant prisonniers de guerre, que déserteurs et tués. La plupart de ceux-ci furent des maraudeurs exterminés dans la campagne par les habitants, qui étaient bien obligés de défendre eux-mêmes leurs propriétés, puisqu'aucune troupe ne venait à leur secours.

Vers le soir du même jour, le maréchal de

---

(1) *Journal* de Voisin-la-Hougue.
(2) *Lieu cité.*

Luxembourg, accompagné du comte de Rémond et de douze autres généraux, vint avec quelques pelotons d'infanterie et de cavalerie reprendre Cherbourg (1), qu'il savait bien que personne ne lui disputerait. Le corps municipal lui présenta ses hommages, et lui dépeignit la situation de ses concitoyens, en le suppliant de faire au roi le tableau de leurs malheurs. Le maréchal le reçut avec bonté, et, comme tous les grands et la tourbe des cours, promit plus qu'il ne tint : peut-être cela ne dépendit pas de lui.

Comme les Anglais étaient encore en rade et qu'ils pouvaient redescendre à terre, Luxembourg et ses généraux retournèrent au camp à l'approche de la nuit, emmenant avec eux Hervé Le Sauvage, ancien capitaine d'infanterie, major de la place de Cherbourg, auquel on imputait en crime de n'avoir point abandonné la ville pendant le séjour des ennemis (2). Il fut quelque temps detenu comme traître à son pays, tandis que Rémond jouissait comme des honneurs du triomphe ; mais enfin sa conduite fut jugée irréprochable, et on le rendit au service de la patrie.

---

(1) *Journal* d'un habitant de Cherbourg.

(2) *Lieu cité.*

Le lendemain 17 août, le camp du Mont-
Epinguet, alors fort de seize mille cinq cent
trente hommes, descendit en partie à Cherbourg
avec le maréchal. Mais comme il était impossible
que les Anglais n'aperçussent pas de leurs vaisseaux
l'arrivée de ces troupes, cela donna de vives
alarmes aux bourgeois, parce que l'ennemi, en
partant, avait menacé de bombarder la ville, si
les Français venaient en grand nombre en prendre possession tant que la flotte resterait sur la
rade (1). Cette menace n'eut point d'effet, et
les Anglais partirent.

1758,
18 août.

Le 18 au matin, l'escadre appareilla par
un bon vent de sud-ouest qui l'éloigna bientôt de Cherbourg. Dans l'après-midi, lorsqu'on
l'avait déjà perdu de vue, le canon se fit entendre dans la direction du cap de la Hague :
c'était la frégate française la *Guirlande*, forte
de vingt bouches à feu, et commandée par le
capitaine de Probriant, qui était engagée avec
l'arrière-garde de la flotte anglaise. Cette frégate, envoyée de Brest à la découverte, se
trouvait près de l'anse de Vauville ; elle avait
déjà expédié son canot à terre avec un officier,

---

(1) *Journal* d'un habitant de Cherbourg.

pour s'informer de la position et de la force des ennemis (1), lorsque trois vaisseaux anglais lui donnèrent la chasse. Une frégate de 44 l'atteignit, et lui livra combat. Bientôt son hunier de misaine tomba sur le pont; ses principales manœuvres furent coupées, sa voilure, déchirée; et pourtant elle gagnait le large et allait s'échapper, quand survint le vaisseau le *Rochester*, qui lui fit amener son pavillon (2).

Le 19, la flotte entra au mouillage dans la rade de Weymouth, sous les hauteurs de Portland, et l'on débarqua avec cérémonie les dépouilles de Cherbourg. Le lendemain elle mit à la voile, preuve qu'elle ne quittait un point de la France que pour se porter sur un autre; mais les vents contraires la forcèrent de rentrer. Le 21, elle fit la même tentative, qui eut le même résultat. Enfin, après quelques jours de repos dus au mauvais temps, elle reprit la mer, parut sur les côtes de Bretagne, et débarqua huit mille hommes à Saint-Briac le 4 septembre (3).

---

(1) *Journal* d'un habitant de Cherbourg.

(2) *Journal* d'un officier anglais faisant partie de l'expédition contre Cherbourg, p. 9.

(3) De la Porte, *Recherches sur la Bretagne*, tom. 1er, pag. 433.

Cette petite armée marcha sur Saint-Malo, et entra le **11** au village de Saint-Cast, où la flotte avait rendez-vous (1). Le rembarquement commençait lorsque le duc d'Aiguillon, gouverneur de la province, vint fondre sur l'arrière-garde : de trois mille Anglais qui étaient encore à terre, un tiers fut tué, huit cents se noyèrent, et le reste fut pris (2). Les états de Bretagne firent frapper une médaille pour perpétuer le souvenir de la victoire de Saint-Cast.

Ce sanglant échec produisit une fâcheuse impression sur l'esprit du peuple anglais. Ses journaux, qui avaient prodigué tant d'éloges au ministère à propos de l'expédition de Cherbourg, crièrent cette fois contre ces dispendieuses entreprises, qui n'aboutissaient, disaient-ils, qu'à casser les vitres des Français avec les guinées d'Angleterre. C'était en effet sacrifier beaucoup de monde et d'argent pour ne rien conquérir : car ces descentes qu'ils hasardaient sur nos côtes n'avaient pas pour but d'y fonder des établissements, mais de mettre le cabinet de Versailles dans la nécessité de les garnir de troupes, et

---

(1) Anquetil, *Histoire de France,* tom. 12, p. 335.
(2) De la Porte, *Recherches sur la Bretagne,* tom. 1er, pag. 434,

l'empêcher ainsi d'envoyer toutes ses forces à la guerre d'Allemagne dite de *sept ans*, que la la France, l'Autriche et la Russie faisaient au roi de Prusse Frédéric II, allié de l'Angleterre (1).

Il paraîtrait que ce fut en vue de calmer le ressentiment public qu'on fit conduire à Londres les pièces d'artillerie prises à Cherbourg. Cela fut l'occasion d'une cérémonie à laquelle on donna tout l'éclat possible, et qui offrit presque l'image en raccourci de l'entrée triomphale des généraux romains dans la reine des cités du monde. Pour mieux relever les prétendus avantages de la prise de Cherbourg, les canons et les mortiers qui en provenaient furent publiquement exposés dans Hyde-Park. Là, le **16** septembre, ils défilèrent avec solennité devant le roi, les ministres et la cour, et traversèrent Londres au son des fifres et au bruit des tambours (2). Vingt-trois chariots, portant chacun une de ces bouches à feu, étaient traînés par deux cent vingt-neuf chevaux et escortés par une compagnie d'artillerie. Chaque chariot avait

---

(1) Vérusmor, *Considérations politiques sur les Guerres de Louis XV* (mss.).

(2) *Gentleman's Magasine* du mois de septembre 1758, pag. 448 et suivantes.

un postillon et un cocher. Le premier était tiré par quinze chevaux gris, et portait les couleurs britanniques sur celles de France ; sept autres avaient chacun treize chevaux ; trois, chacun sept ; un, cinq ; et les deux derniers, qui portaient les mortiers, étaient traînés par neuf chevaux chacun (1). Le convoi triomphal arriva à la Tour à quatre heures de l'après-midi, et l'artillerie française fut déposée dans cet arsenal (*).

Nous ne pouvons voir dans cette cérémonie qu'une mascarade politique donnée par les grands pour l'amusement des petits. La prise de Cherbourg n'était point une victoire des Anglais, puisque cette ville leur avait été livrée,

---

(1) *Gentleman's Magasine* du mois de septembre 1758, pag. 448 et suivantes.

(*) La *Tour* de Londres est une antique forteresse dont la fondation remonte au-delà du règne de Guillaume-le-Conquérant, qui y ajouta les bâtiments connus aujourd'hui sous le nom de la *Tour-Blanche*. Elle contient douze ares de superficie, et renferme d'immenses salles d'armes, les prisons d'état, la monnaie, les joyaux de la couronne et une ménagerie de bêtes féroces. Cette réunion d'objets disparates n'est pas la seule bizarrerie de ce genre qui soit en Angleterre.

et que , comme le dit le roi du théâtre ,

« ... Vaincre sans péril , c'est triompher sans gloire. »

On étalait les fruits de cette expédition , on s'efforçait de démontrer les avantages pécuniaires qui en étaient résultés pour l'Angleterre ; tandis qu'elle lui avait coûté plus de guinées qu'elle ne rapportait de schellings. Ainsi les gouvernements savent tromper les peuples avec de brillantes momeries et de pompeux joujous.

Cependant ces canons , ornés des armes de France, de trophées et d'emblêmes, et travaillés de main de maître , firent l'admiration des badauds de Londres et des connaisseurs anglais : ils avaient été fondus à Paris en **1750** (1). On les regarda comme des chefs-d'œuvre de l'art ; et les dessins qu'on en fit graver figurèrent dans plusieurs recueils périodiques de ce temps.

Revenons à Cherbourg. Cette ville, depuis ses malheurs, était tombée dans l'accablement. Son commerce avait été détruit par l'embrasement de ses navires ; l'anéantissement de son port avait brisé ses relations maritimes. Tout y était triste et en décadence. La milice bourgeoise ne

_____

(1) *Journal anonyme et manuscrit* d'un habitant de Cherbourg.

concourait plus avec la garnison pour le service
de la place ; car les Anglais avaient emporté ses
armes , et l'on était alors trop pauvre pour les
remplacer. Quelques jours avaient suffi pour
ruiner l'industrie d'un siècle et bouleverser les
fortunes de toute une cité.

La guerre maritime continuait avec vigueur ,
mais de la part des ennemis. Dieppe et le Havre
avaient subi le bombardement. L'amiral de
La Clue , après avoir été bloqué dans Toulon
par l'amiral anglais Boscawen, s'était fait battre
par celui-ci entre Lagos et le cap Saint-Vincent
sur la côte du Portugal. Le maréchal de Con-
flans avait perdu par sa faute , près de Belle-
Isle , six vaisseaux contre l'amiral Hawke. La
Martinique , la Guadeloupe , Pondichéry , et
presque toutes nos colonies étaient tombées
au pouvoir des Anglais. La position de la cour
de Versailles était difficile. On fit enfin la paix.
Et par l'avilissante convention de Paris du 10
février 1763 , le duc de Choiseul , premier
ministre, consentit à la démolition des remparts
de Dunkerque , sous la *présidence* d'un commissaire anglais. La France perdit ses meilleures colonies , entr'autres Terre-Neuve, l'Arcadie , le Canada et ses dépendances ; mais elle

mit fin par ce honteux traité à une guerre désastreuse pour elle.

Par suite de la cession de l'Acadie à l'Angleterre, un grand nombre de colons préférèrent
de venir en France, abandonnant leurs fortunes,
plutôt que de rester sujets de la Grande-Bretagne.
Et vers la fin de cette même année 1763, deux
navires chargés de ces infortunés abordèrent
à Cherbourg. La plupart des Acadiens moururent
du flux de sang dès qu'ils furent à terre. Ceux
que la contagion épargna s'établirent en ville ; et
encore de nos jours il y a parmi nous quelques
descendants de ces émigrés du Nouveau-Monde.

Cependant le port de Cherbourg continuait de
rester dans l'état de destruction. On avait déblayé
son entrée ; mais, du reste, il se retrouvait à peu
près comme avant les travaux de 1739. La haute
mer couvrait l'emplacement nommé aujourd'hui
place de la Divette, et s'étendait depuis les
Mielles jusqu'au bas du Cauchin. Pour en donner une idée plus saillante, il suffit de dire qu'en
1764 le navire le *Maréchal-de-Bellefond*, de
deux cent quarante tonneaux, fut construit près
des maisons de l'Ancien-Quai, au-delà de la

prison neuve (1), et qu'en **1766**, les navires le *Télémaque* et l'*Aimée-Olive* furent mis à l'eau vers le bas de la rue du *Château* (2). Alors on se rendait en canot de la ville au pied de la montagne du Roule. A mer basse, toute cette étendue n'était qu'une plaine de vase.

Ainsi Cherbourg végétait sur les ruines de la guerre. On sentait bien la nécessité de reconstruire ce port; mais les finances, à cette époque, n'étaient pas florissantes. Pourtant on commença d'y travailler en **1766**. Le déblayement 1766. s'acheva, quelques fondations furent entreprises: l'ouvrage avançait faiblement; que pouvait-on faire sans argent? Enfin, en **1769**, on reprit 1769. la même tâche qu'on avait commencée trente ans auparavant. Le ministère, qui avait à cœur de relever le commerce français, fournit des fonds pour les travaux de Cherbourg. On élargit les quais, on rétablit l'écluse (en **1774**), on fit creuser un nouveau bassin, et replacer un pont-tournant sur la passe qui lui sert de communication avec l'avant-port (3). Cette dernière opé-

---

(1) M. Aug. Asselin, *Détails historiques sur l'ancien port de Cherbourg*, pag. 16.

(2) *Lieu cité.*

(3) *Histoire Sommaire et Chronologique de la ville de Cherbourg* (anonyme), Paris, 1786.

ration, ainsi que le placement des portes-de-flot, eut lieu en **1775**, en présence du contrôleur d'état Trudaine, intendant des finances, chargé de la partie des ponts et chaussées (1).

1775.

L'abbaye de Cherbourg, en commande depuis la fin du XVIe siècle, avait été supprimée par arrêt du **12** octobre **1774**, après avoir eu trente-deux abbés réguliers, et onze abbés commadataires, dont le dernier fut Lattier de Bayane, mort cardinal et pair de France en **1820** (2). Elle fut évacuée en **1775**. Cette suppression monacale causa une grande joie, et fit beaucoup de bien au pays : car ces religieux, malgré leurs immenses revenus, pressuraient les habitants par la dîme à la onzième gerbe, et, par l'exercice de leurs *droits seigneuriaux*, tourmentaient le peuple compris dans leur juridiction.

Ce fut aussi dans le même temps qu'on construisit un canal de retenue pour recevoir les eaux de la petite rivière Divette, à laquelle on fit prendre un autre cours : car elle traversait

---

(1) *Histoire Sommaire et Chronologique de la ville de Cherbourg* (anonyme), Paris, 1786.

(2) M. de Berruyer, *Guide du Voyageur à Cherbourg*, pages 121 et 123.

alors le Cauchin , la place où est aujourd'hui la
prison , et se jetait dans le port à l'ouest. Mais
les murs de ce canal , tels qu'ils sont à présent,
ne furent élevés que long-temps après , parce que
les premiers, faits à la hâte, tombèrent bientôt en
ruine, et que d'ailleurs ils étaient en pierres brutes.

Jusqu'alors la route de Cherbourg à Valognes
avait passé par ce même chemin qu'on voit encore au pied de la Fauconnière , lequel passe la
Divette au pont du Roule et aboutit à l'entrée
de la rue des *Tanneries* : on donna à cette route
une autre direction ; elle passa à droite de la
rivière ; enfin, on la rendit ce qu'elle est aujour-
d'hui.

Cherbourg avait un port , mais c'était pour le
commerce ; il ne pouvait recevoir de grands
vaisseaux de guerre, et la France restait toujours
sans port militaire sur le détroit. Cependant le
souvenir du combat de la Hougue de 1692 s'offrait
sans cesse à l'esprit du gouvernement , et Louis
XVI voulait faire en sorte que pareil désastre
n'arrivât plus par suite des mêmes causes.

En 1776, l'idée du projet de Vauban de fonder
un grand établissement maritime sur la Manche
se réveilla plus fort que jamais, et il fut enfin

décidé, au conseil du roi, de l'exécuter. Mais
on était incertain sur l'emplacement qu'il fallait
adopter. Les uns présentaient Cherbourg, les
autres voulaient la Hougue (1) ; les opinions flottaient et se contredisaient : la première difficulté
que présenta cette grande entreprise fut donc de
choisir entre ces deux ports ; mais comme on
ne doit pas se décider au hasard sur des choses
de cette importance, il était indispensable de
posséder une connaissance parfaite des localités ;
il fallait des observations exactes faites sur les
lieux par des hommes compétents ; il fallait des
renseignements positifs pour baser son option.
A cet effet, le ministre de la marine Sartines y
envoya des commissaires en 1777. L'un d'eux,
M. de la Bretonnière, capitaine de vaisseau,   1777.
fit un rapport dans lequel il balança les avantages et les inconvénients des positions de
la Hougue et de Cherbourg, et fut tout en
faveur de celle-ci. Il démontra que la rade de
Cherbourg n'a pas de courants sensibles ; qu'elle
peut être fermée ; qu'une flotte entière peut y
mouiller et en sortir en même temps ; que les

---

(1) *Notions sur la Rade de Cherbourg, sur le Port Bonaparte et sur leurs Accessoires*, par un officier français (M. Savary, de Saint-Lo, capitaine commandant le fort du Hommet), page 28.

navires sont en pleine mer une fois hors de rade, et que leurs mouvements ne sont embarrassés par aucun écueil ou danger (1) : tandis que la rade de la Hougue est traversée par les Veys d'Isigny, courants violents qui forment le raz de Barfleur ; qu'elle restera toujours foraine, ayant une ouverture de trois lieues entre l'île Tatihou et les îles Saint-Marcouf ; que les vaisseaux ne pouvant y mouiller qu'à plus d'une lieue au large, le service d'une escadre y serait fort difficile ; que l'appareillage y est gêné ; qu'on ne peut en sortir aisément, et que ses abords sont remplis de courants et de rescifs dangereux (2).

Ce mémoire, fort bien fait et tracé par un homme habile, éclaira le gouvernement, mais ne le détermina pas immédiatement sur son choix. Peut-être fut-il combattu par des membres du cabinet : il y a apparence qu'on ne s'entendit pas, et que, comme dans tous les conseils, chacun crut avoir émis l'opinion la meilleure possible, et y tint par cette vanité qu'on appelle amour-propre.

Pendant cette incertitude, la France se lia

---

(1) *Mémoire* de M. de la Bretonnière, p. 23 à 31.

(2) *Lieu cité.*

avec les Etats-Unis d'Amérique , alors en lutte contre le joug de leur métropole, et la guerre maritime éclata avec l'Angleterre. On croyait que ce changement dans les relations politiques ferait abandonner le projet de fonder un port militaire sur la Manche; et ce nouvel état de choses fut précisément ce qui en démontra l'urgence.

Alors le commerce de Cherbourg s'était relevé et commençait à devenir florissant : vingt navires de long cours , appartenant à ce port , faisaient les voyages d'Amérique , et cinquante bâtiments de cabotage (1) entretenaient les relations avec le Havre , Dunkerque, les côtes de Bretagne, Bordeaux, Marseille et l'étranger. La guerre vint déranger cet état de choses et rompre le cours des affaires.

Dans le courant de cette même année **1778**, deux vaisseaux anglais se présentèrent en vue de Cherbourg, et vinrent jusque sur la rade insulter le pavillon français (2), en tirant sur les navires qui y étaient mouillés , et en leur donnant la chasse. Ces bâtiments, qui appartenaient

1778.

---

(1) Gabriel Noël , *Notice de la Marine, à Cherbourg , pour l'an 5 de la république française, pag.* 25.

(2) *Notes sur Cherbourg* (mss.), par M. J.-D***.

au commerce, n'évitèrent d'être pris qu'en coupant leurs cables.

Une telle témérité fit craindre que l'ennemi ne renouvelât 1758, en venant un seconde fois détruire le port de Cherbourg. Et avant même qu'il fût définitivement arrêté si l'on choisirait cette place de préférence à la Hougue pour l'établissement maritime qu'on avait en vue, un projet de défense de ce port fut rédigé, d'après les ordres du ministre de la guerre, par M. de Caux, directeur du génie. Il proposait de bâtir deux forts, l'un sur le Hommet, et l'autre sur l'île Pelée, et de fermer la rade entre ces deux points par une digue formée de caissons remplis de maçonnerie (1). Ce projet ne fut pas rejeté, mais il fut ajourné.

On voyait fréquemment des vaisseaux ennemis croiser devant Cherbourg; quelquefois ils entraient dans la baie. Les navires de commerce ne pouvaient guère sortir sans se faire capturer. Il n'y avait que les corsaires qui pussent tromper la vigilance des croisières. Cherbourg avait quelques-uns de ces écumeurs de mer, entr'autres

---

(1) *Mémoire sur la Digue de Cherbourg, comparée au Breakwater ou jetée de Plymouth*, par M. Cachin, p. 65.

le fameux *Makater* qui enlevait des bâtiments
au milieu des escardres et dans les ports d'Angleterre. Cet intrépide marin ne se rebutait jamais, ne redoutait aucun danger; ni les flots,
ni les Anglais ne l'empêchaient de battre la mer :
il bravait les uns, et, nouveau Jean-Bart, savait
vaincre les autres. Jamais il ne sortait sans revenir avec une prise ou chargé du butin du pillage. Aussi lui et les siens avaient des monceaux
d'or, qu'ils prodiguaient à pleines mains. Makater était la terreur du commerce anglais dans la
Manche.

En **1779**, par un beau jour d'été, une de ces
frégates anglaises qui se montraient sans cesse
dans la baie de Cherbourg comme pour la bloquer, entra dans la rade, et donna la chasse à
un cutter, nommé le *Tourlourou*, qui servait
de stationnaire; elle le poursuivit à coups de
canon jusqu'à la grand'balise, à peu de distance
du musoir de la jetée actuelle : plusieurs boulets
de la frégate anglaise furent se perdre au *Val*,
vers le haut de la rue des *Tanneries*; d'autres
atteignirent des maisons de la ville, et jetèrent
l'épouvante parmi les habitants (1). Ce fut là une

1779.

_____

(1) *Notes historiques sur Cherbourg* (mss.), par M. J.-D***

nouvelle leçon donnée au gouvernement sur la nécessité de couvrir cette place frontière en fortifiant la rade.

Alors le colonel Dumouriez (*), devenu depuis, si célèbre comme général en chef des armées de

---

(*) Dumouriez (Charles-François), né à Cambrai en 1739, fut élevé au collége de Louis-le-Grand, et fit d'excellentes études. En 1757, il alla servir sous le comte d'Estrées à la guerre d'Allemagne, et succéda à son père comme commissaire des guerres. Le maréchal d'Estrées fut remplacé par le duc de Richelieu, et Dumouriez, bientôt rebuté du détail administratif, quitta la comptabilité pour entrer simple cornette dans le régiment d'Escars cavalerie, où il se distingua dans plusieurs affaires, fut nommé capitaine en 1761, et peu après chevalier de S.t-Louis. A la paix de 1763, il quitta le service avec vingt-deux blessures. Mais l'inaction ne convenant point à l'ame ardente du jeune Dumouriez, il consacra les loisirs de la vie privée à parcourir en observateur l'Espagne, le Portugal et l'Italie. Il visita aussi la Corse, et écrivit sur cette île plusieurs mémoires qui fixèrent sur lui l'attention du gouvernement. Attaché à l'état-major de l'armée, il fit en Corse les campagnes de 1768 et 1769, et fut promu au grade de colonel. Le ministre Choiseul l'envoya, en 1771, au secours des confédérés de Pologne. L'année suivante, Louis XV lui donna personnellement une mission pour la cour de Stockholm ; mais cela n'étant point de l'aveu du duc d'Aiguillon, qui régentait Louis, le messager d'état fut arrêté

la République, était commandant de Cherbourg.
Il sollicita aussi en faveur de cette ville ; et ce
fut en partie sur ses représentations, dit-il dans
ses *Memoires* , et celles du duc d'Harcourt,
gouverneur de la province, que le gouvernement
ordonna enfin , le 3 juillet 1779 (1), la construction des forts de l'île Pelée et du Hommet,
et résolut de fermer la rade. C'était là adopter
Cherbourg pour l'établissement maritime projeté
sur la Manche, malgré l'autorité de Vauban , qui,
dans son travail sur les frontières du royaume ,
avait fixé plus particulièrement son attention
sur la Hougue , et malgré la commission de
1756 , qui s'était exclusivement occupée du
même point. Les ingénieurs , les officiers de marine, qui venaient d'être envoyés sur les lieux ,
avaient détruit cette vieille prévention , en dé-
montrant dans leurs rapports l'évidence incon-
testable des avantages que la position de Cherbourg a sur celle de la Hougue.

1779 ;
3 juillet.

à Hambourg et conduit à la Bastille, où, malgré ses amis et
le roi lui-même, il resta jusqu'à l'avènement de Louis XVI.
Le nouveau monarque réintégra Dumouriez dans son grade
de colonel, et le nomma commandant de la place de
Cherbourg en 1778.

(1) *Cherbourg , ou Détail impartial de ce qui s'y est passé
depuis 1778*, etc. par Gabriel Noël , maire de Cherbourg, page 22.

Mais l'opinion des gouvernants flottait encore à l'égard de la digue qui devait couvrir la rade. Devait-on la faire en pierres perdues, comme l'avait proposé M. de la Bretonnière en 1777 (1)? ou bien fallait-il la former par des caissons remplis de maçonnerie et superposés en retraite, suivant le projet rédigé par M. de Caux en 1778 ? On n'était pas mieux fixé sur l'emplacement à donner à ce grand ouvrage que sur la manière de le former. M. de la Bretonnière, très habile marin, pensait qu'on devait asseoir cette digue dans la direction de l'île Pelée à la pointe de Querqueville, afin de donner plus d'espace au mouillage des vaisseaux (2). M. de Caux était d'un avis tout contraire ; il voulait qu'on la plaçât dans la ligne du Hommet à l'île Pelée ; ce qui eût détruit la rade en la restreignant hors de toute proportion. Car, dit le baron Cachin, « ce » projet, considéré sous les rapports maritimes, » était d'autant moins convenable, qu'il laissait » à découvert et sans défense la partie la plus » essentielle de la baie, la seule qui fût propre » au mouillage des vaisseaux de ligne. La portion » très circonscrite de la rade que l'on proposai(

---

(1) *Mémoire* de M. de la Bretonnière, page 14.
(2) *Lieu cité*, pages 15 et 16.

» alors de protéger contre l'agitation des vagues
» et l'attaque de l'ennemi, n'eût été évidemment
» accessible qu'aux bâtiments du commerce,
» aux corsaires et autres bâtiments légers (1). »

La proposition de M. de Caux, toute dérai-
sonnable qu'elle était, fut renouvelée en 1780
par M. Lambert de Painpol, l'un des commissaires chargés de reconnaître le littoral de la
Manche. M. de la Bretonnière, qui s'était élevé
contre ce projet dès son apparition, le combattit
encore à sa reproduction, et cela en hydro-
graphe profondément pénétré de l'insuffisance et
des vices du plan qu'on proposait. Il développa
les inconvénients qui devaient en résulter, et fit
échouer un système qui avait été conçu sans s'assurer par des sondes de la profondeur de la rade,
et en jugeant de son étendue par sa superficie
apparente (2).

Le vieux prince de Condé et son fils (*) vinrent

_____

(1) *Mémoire sur la Digue de Cherbourg*, par M. Cachin,
page 3.

(2) *Lieu cité*.

(*) Louis-Henri-Joseph de Bourbon-Condé : c'est le
même qui a eu à Chantilly, il y a quatre ans, une fin si
tragique.

à Cherbourg en 1781 (1), ainsi que les ministres
de la marine et de la guerre, qui voulaient voir
eux-mêmes l'état des choses. Ils visitèrent la
rade, firent faire quelques sondes ; et leurs observations, d'accord avec celles de M. de la
Bretonnière, firent enfin cesser l'incertitude du
gouvernement, c'est-à-dire du roi. Il fut définitivement arrêté que la direction de la digue
serait de l'est à l'ouest, suivant la ligne de la
pointe de Querqueville à l'île Pelée, et qu'on
l'établirait dans l'espace compris entre ces deux
points.

Il restait encore à se déterminer sur le choix
des matériaux qu'on emploierait pour la former.
M. de Cessart, ingénieur en chef des ponts et
chaussées à la généralité de Rouen, proposa, le
11 novembre de la même année, le moyen des
caisses coniques de charpente, échouées en
pleine mer sur une ligne continue, et mises
en contact à leurs bases, de manière à former
comme une claire-voie qui, en divisant l'action
des vagues, amortirait les flots et donnerait du

_____

(1) *Histoire Sommaire et Chronologique de la ville de
Cherbourg* (anonyme), Paris, 1786.

calme à la rade intérieure (1). Cet ingénieux système sourit au général de Castries, ministre de la marine, et plut à Louis XVI, qui gratifia son auteur du cordon de Saint-Michel.

On adopta donc des cônes tronqués, ayant chacun cent quarante pieds de diamètre à la base inférieure et soixante pieds au sommet, sur soixante pieds de hauteur verticale, et composé de quatre-vingt-dix montants en bois de chêne, réunis et assemblés au moyen de quatre ceintures de moises (2). Quatre-vingt-dix cônes devaient fermer la rade, de façon que cette barrière laissât à l'est une passe de cinq cents toises d'ouverture, et à l'ouest, une de douze cents toises (3). M. de Cessart fut chargé de cette grande entreprise, et envoyé sur les lieux avec le titre de directeur et d'inspecteur général (4).

---

(1) *Mémoire sur la Digue de Cherbourg*, par M. Cachin, pages 4 et 65.—*Description des Travaux hydrauliques de L.-A. Cessart*, par M. Dubois, 2 volumes in-4°, article *Digue de Cherbourg*.

(2) *Ouvrages et Lieux cités.*

(3) *Mémoire sur la Digue de Cherbourg*, par M. Cachin, page 4.

(4) *Biographie des Contemporains*, tome 4, art. *Cessart.*

Alors tout était en mouvement à Cherbourg pour se préparer aux travaux de la digue. On y envoyait des ingénieurs, des conducteurs, des agents comptables : une administration particulière s'y organisait. Sept ou huit cents ouvriers charpentiers, enrôlés à Paris et ailleurs, y arrivaient pour travailler aux cônes, et formaient une corporation connue sous le nom de *Compagnons du devoir*. On engageait aussi pour ces travaux les artisans et les manœuvres de Cherbourg et des environs : de l'ouvrage se préparait pour tout le monde.

En même temps on poussait avec activité la construction des forts de l'île Pelée et du Hommet. Le travail avait été commencé par régie en **1779** (1); mais ce mode parut trop dispendieux, et l'on en prit un autre, celui de l'entreprise, qui réduisit la dépense au minimum possible. L'ouvrage fut passé en adjudication au mois d'août **1782**, et adjugé à la compagnie Boulabert (2).

Le premier essai de construction d'une de

(1) Gabriel Noël, *Cherbourg, ou Détail impartial de ce qui s'y est passé depuis* 1778, etc. page 22.
(2) *Lieu cité,* pages 23 et 24.

ces caisses coniques adoptées pour notre rade eut lieu au Havre ; la flottaison en réussit parfaitement. Ce cône fut démonté et transporté à Cherbourg, où on le reconstruisit l'année suivante, 1783. Et l'on était prêt à le livrer à la mer, lorsqu'en septembre une forte tempête d'équinoxe en détruisit les appareils et le gréement ; ce qui fit ajourner l'opération (1).

Ce premier cône fut mis à flot le 6 juin 1784, et coulé le même jour à la distance de six cents toises de l'île Pelée (2), au milieu d'une mer couverte d'embarcations pleines de curieux qui étaient venus de tous les points du royaume, et même de l'étranger, pour assister à la flottaison et à l'immersion de cette gigantesque cage.

1784, 6 juin.

Jamais on n'avait vu une affluence de monde aussi grande à Cherbourg. De mauvais galetas furent loués douze à quinze francs par nuit. On compta dans des auberges jusqu'à deux cents étrangers, couchant sur la paille dans les greniers, dans les corridors, et même dans les

---

(1) *Mémoire sur la Digue de Cherbourg,* par M. Cachin, page 5.

(2) *Lieu cité.*

13

écuries ; cependant quantité de personnes ne purent trouver à se loger, et passèrent la nuit dans les rues , sur les places et dans les champs voisins (1).

Un second cône fut échoué le **7** juillet suivant , et l'opération eut, comme au **6** juin , tout le succès qu'on s'en était promis. Mais, le **18** août , une violente tempête éclata avant qu'on eût rempli de pierres cette caisse , et la partie supérieure du cône fut rasée par les vagues jusqu'au niveau de la basse mer (2). Cet accident força de s'écarter du projet de couler les caisses base à base , et fit prendre un autre système. D'après ces nouvelles dispositions , on espaça les cages , et les intervalles furent remplis par des massifs en pierres perdues (5), qui devaient s'élever jusqu'au niveau des basses marées (4). C'était se rapprocher de la proposition du commandant la Bretonnière , dont les vues ont enfin prévalu.

---

(1) *Notes historiques sur Cherbourg* (mss.), par J.-D***.
(2) *Mémoire sur la Digue de Cherbourg*, par M. Cachin, page 5.
(3) Gabriel Noël , *Cherbourg, ou Détail de ce qui s'y est passé depuis* 1778 , etc. , pages 48 et 49.
(4) *Mémoire sur la Digue de Cherbourg* , par M. Cachin, page 5.

Pendant cette même année, on acheva le fort de l'île Pelée ou Fort-Royal, qui était en construction depuis six ans. Ce fut là le premier boulevart opposé à l'étranger pour protéger Cherbourg. Le Fort-Royal, situé à quinze cents toises de la côte de Tourlaville, défend la passe est de la rade ; il est à triple batterie, et peut armer quatre-vingt-quatre pièces de canon tirant à boulets rouges et quatorze mortiers. Cette forteresse est imprenable pour tout ennemi qui n'est point maître de Cherbourg. Une flotte ne pourrait la bloquer qu'à distance, crainte de se faire couler, et seulement du côté de la pleine mer ; car, vers la côte, la passe n'est pas assez profonde pour permettre aux vaisseaux de guerre d'y aller. Quant à l'escalade, les batteries de ce fort et sa position au milieu des flots ne permettent pas de la tenter.

En 1785, trois caisses coniques furent encore échouées de la même manière que les précédentes ; mais espacées entr'elles par un intervalle de trente toises, suivant le nouveau système.

C'était une opération digne d'exciter la curiosité publique, que la mise à flot, la remor-

1785.

que et l'immersion de ces colosses. On les construisait sur la plage, près du chantier Chantereyne; et par deux manœuvres aussi hardies qu'ingénieuses on les mettait à flot, en leur adaptant, au moment de la basse mer, deux ceintures de grandes tonnes vides, fixées à la partie inférieure de la caisse, l'une intérieurement, et l'autre extérieurement; de manière que ces alléges soulevées par la marée montante, faisaient surnager le cône et l'élevaient au-dessus de sa plate-forme (1). Alors des navires remorquaient la masse jusqu'au point déterminé pour son échouage, où on l'assujettissait par des ancres; puis, avec des tranchants à coulisses lâchés du sommet de la caisse, on coupait les cables qui fixaient les tonnes (2) : la pression d'un tel poids et la force de répulsion de l'eau faisaient souvent sauter ces barriques à plus de vingt pieds de hauteur. Aussitôt l'immersion de la pyramide, on en assurait la stabilité en la remplissant de pierres sèches jusqu'à quatre pieds au-dessous du sommet : il en fallait plus de deux mille

---

(1) Gabriel Noël, *Cherbourg, ou Détail impartial de ce qui s'y est passé depuis* 1778, etc., pages 30 et 31.

(2) *Lieu cité*, page 33.

cinq cents toises cubes (*). C'était le charge-
ment de trois à quatre cents petits navires
nommés *barques à cailloux*, et l'ouvrage de
quinze à vingt jours (1).

Le poids d'un cône vide s'élevait à plus de
deux millions de livres. Il fallait pour sa con-
fection et sa flottaison une immense quantité
de bois de chêne, des milliers de kilogrammes
de fer, l'emploi d'un grand nombre de navires, et les bras des ouvriers d'un peuple.
Chacune de ces caisses coûtait au-delà de quatre
cent mille francs (2). Si l'on y ajoute les dépenses qu'entraînaient la mise à flot, l'échouage
et le remplissage, on trouvera qu'un cône,
placé à la digue, revenait à près d'un million.

On venait de terminer la construction du fort

(*) Ce fut pour embarquer des pierres de remplissage
qu'on fit le port du Becquet en 1783.

(1) *Voyez* sur la digue la *Description des Travaux
hydrauliques de Cessart*, par M. Dubois; l'ouvrage de
Gabriel Noël, *Détail impartial de ce qui s'est passé à
Cherbourg depuis 1778 jusqu'à 1791*; le *Mémoire sur la
Digue*, par le baron Cachin, et l'*Encyclopédie Méthodique*,
article *Port*.

(2) *Voyez* les ouvrages cités ci-dessus.

du Hommet, bâti sur un modèle à peu près
semblable à celui du fort de l'île Pelée, quoiqu'avec moins de développement, et d'après le
même système de fortification, qui est le système
de Vauban; l'accès de Cherbourg devenait difficile à l'ennemi du côté de la mer : il ne fallait
plus que la digue pour le rendre impossible, et
les travaux de cet ouvrage étaient poussés avec
activité. Plusieurs cônes étaient en même temps
sur les chantiers; une foule de barques trans-
portaient des pierres et du Roule et des carrières
du Becquet.

Cherbourg inspirait déjà un intérêt général.
Louis XVI y envoya son frère le comte d'Artois,
aujourd'hui Charles X, pour en inspecter les
travaux (1), c'est-à-dire pour les voir. Ce prince
y arriva le **22** mai **1786**, et y séjourna trois jours.
Le septième cône fut mis à flot et immergé en sa
présence, le sixième ayant été coulé le **15** du
même mois (2). Il visita les fortifications, et ad-
mira les ouvrages de l'île Pelée et du Hommet.
Ce dernier fort fut débaptisé de son nom de
Hommet, et rebaptisé sous celui d'*Artois*, en

1786.

_____

(1) *Histoire Sommaire et Chronologique de la ville de
Cherbourg.*

(2) Gabriel Noël, *Notice de la Marine, à Cherbourg,
pour l'an 5 de la République,* page 13.

l'honneur du prince, par cet esprit de courtisannerie si naturel aux agents de l'autorité sous
tous les régimes, et qui fait que les monuments
publics changent d'appellation autant de fois
qu'on change de roi ou de dynastie.

Un mois après la visite du comte d'Artois,
Louis XVI, qui voulait voir aussi les cônes et
les travaux de la digue, arrivait à Cherbourg.
Il y fit son entrée le 22 juin 1786, vers onze
heures du soir (1). Le clergé, avec la bannière,
le dais et l'encensoir, le corps municipal, les
officiers de terre et de mer et les fonctionnaires
civils, tous en grand costume, le reçurent au-
delà du pont-tournant.

Il était accompagné du maréchal de Castries,
ministre de la marine; du prince de Poix, capitaine des gardes; du duc de Villequier, premier-
gentilhomme de la chambre; du duc de Coigny,
premier écuyer; du duc de Charost de Béthune (*) et de son fils; du comte de Guerchy;

1786,
22 juin.

---

(2) *Histoire de Louis XVI.—Mémoires sur le roi Louis
XVI*, première partie, pages 97 et 98.

(*) Ce Charost de Béthune, descendant de Sully, est
celui qui, pendant la guerre désastreuse de 1758, envoya son
argenterie à la monnaie, en disant : « *Je sacrifie ma vie*

de l'intendant de la généralité ; du duc de
Beuvron, lieutenant-général de la province , et
de plusieurs autres généraux, employés supérieurs et officiers du palais. Le maréchal de
Ségur, ministre de la guerre , était arrivé la
veille.

Le roi était en voiture. Toutes les cloches
sonnaient. Les rues par où passa le cortége
étaient tapissées de verdure, sablées et illuminées. Des inscriptions emblématiques décoraient
les maisons bourgeoises et les édifices publics :
ici on le comparait à Titus ; là, à Marc-Aurèle :
on en faisait un Henri IV ; c'était un Saint-Louis.
La porte de l'arsenal du port offrait les images
allégoriques de la Force et de l'Abondance (1).
La place du Calvaire, aujourd'hui la place d'Armes,
avait un magnifique arc-de-triomphe représentant la porte Saint-Bernard de Paris, sur le fron-
ton duquel on lisait :

Ludovico XVI Cæsaris burgum, ab ipso restauratum adeunti.

---

pour ma patrie ; je peux bien lui sacrifier aussi mes couverts. » Homme bienfaisant , citoyen vertueux, il fut le
Bedford de la France. Il ne faut pas le confondre avec un
membre de la même famille , Charost, duc de Béthune ,
ambitieux qui voulut se faire roi du Brabant , et périt sur
l'échafaud révolutionnaire le 28 avril 1794.

(1) *Histoire Sommaire et Chronologique de la ville de
Cherbourg.*

Le régiment de la *Reine* infanterie formait la haie jusqu'à l'Abbaye, résidence du duc d'Harcourt, gouverneur de Normandie, où le roi fut loger. Le duc et la duchesse d'Harcourt reçurent le monarque à la porte, et lui firent ce qu'on appelle les honneurs de la maison.

Le prince se mit bientôt à table. Il admit à son souper, qui était de trente couverts, les principaux officiers de sa suite, les ingénieurs qui dirigeaient les travaux de la digue, les chefs des diverses administrations de Cherbourg et plusieurs dames de haut parage.

Le lendemain il se leva à trois heures du matin, assista à la messe, célébrée dans la chapelle de l'Abbaye par le desservant, l'évêque de Coutances, Talaru (*), remplissant les fonctions de grand aumônier, et s'embarqua ensuite pour la digue avec ses ministres et plusieurs généraux. Le canot royal, très-riche et présentant par la tente magnifique qui l'ornait l'image d'un pavillon flottant, était conduit par vingt

23 juin.

(*) C'était un prélat de cour qu'on ne voyait presque jamais dans son diocèse, et quand par hasard il y apparaissait, son exemple était loin d'édifier les fidèles. Ses mœurs valaient celles de la régence, et sa conduite était en tout l'opposé de ce que prescrit l'Évangile.

rameurs vêtus en blanc et portant une écharpe rouge (1). Le capitaine de vaisseau la Bretonnière, commandant la marine à Cherbourg, était patron de ce canot.

Le duc d'Harcourt et ceux des hauts fonctionnaires qui n'étaient point dans le canot du roi, le suivaient dans une autre embarcation, aussi à tente, et dont les matelots étaient habillés en rouge.

Louis XVI traversa l'escadre mouillée sur la rade, et, au bruit du canon des vaisseaux et des forts, se rendit sur le huitième cône, échoué il y avait juste dix jours et qui était déjà rempli. Tout était disposé pour l'y recevoir. Sur cette plate-forme élevée au sein des eaux existait un superbe pavillon, d'où le roi fut témoin de l'immersion du neuvième cône, qui se fit sur la passe de l'est à l'extrémité de la digue.

Le monarque dîna sur le cône avec sa suite et le fils du gouverneur de l'île d'Aurigny, qui était venu à Cherbourg sur un yacht de plaisance qui fixa l'attention du prince. L'artillerie de la rade et de la côte tirait sans relâche ; les musiciens du régiment de la *Reine* exécutaient

---

(1) *Histoire Sommaire et Chronologique de la ville de Cherbourg* (anonyme), Paris, 1786.

des symphonies. La rade était couverte de bateaux chargés de curieux.

Ensuite le roi se rendit au fort de l'île Pelée.
Il lui donna le nom de *Fort-Royal*, qu'il a encore à présent, après avoir porté ceux de Fort-
National et de Fort-Impérial. Louis y tira lui-
même un coup de canon, ce qu'on regarda
presque comme un acte d'héroïsme. Il visita
en détail le rempart d'enveloppe, les murailles
de l'enceinte, les embrasures et les voûtes des
batteries cassematées, les plate-formes des
mortiers et celles des pièces de côte, le four à
boulets, la poudrière, la citerne, la boulan-
gerie, les logements des troupes, et fut fort satisfait de cette belle citadelle.

Ce fut là sa dernière visite pendant cette journée. Il se rembarqua sur les quatre heures du
soir, traversa la rade, dont les bâtiments étaient
pavoisés de mille couleurs, et rentra à l'Abbaye
à cinq heures, suivi d'une foule immense qui
l'attendait au rivage. Il était fatigué et dormit
jusqu'à sept heures (1). A neuf heures, il y eut
grand souper, comme la veille.

_____

(1) *Histoire Sommaire et Chronologique de la ville de
Cherbourg* (anonyme), Paris, 1786.

Le 24, Louis alla visiter la flotte, après avoir débuté par entendre la messe du desservant de l'Abbaye (1). Il monta, au bruit du canon et des fanfares, à bord du *Patriote*, vaisseau amiral d'une escadre de vingt-deux voiles qui était sur la rade, et que commandait le lieute-nant-général comte Albert de Rioms.

Après le dîner, qui eut lieu sur ce vaisseau, l'escadre appareilla, suivie d'une multitude de canots remplis de monde (2), et le *Patriote* promena le roi jusqu'à trois lieues au large, où on lui donna le spectacle d'un combat naval simulé, qui dura près de quatre heures. Le démâtement, l'abordage, la prise d'un vais-seau, etc., furent figurés devant lui (3). Ces évolutions ne cessèrent que par l'effet d'un calme qui paralysa tout d'un coup les ma-nœuvres.

Au retour, en passant devant Urville, on en-tretint le roi du débarquement des Anglais en 1758, et on lui expliqua les opérations de cette descente.

---

(1) *Histoire Sommaire et Chronologique de la ville de Cherbourg* (anonyme), Paris, 1786.

(2) *Lieu cité.* (3) *Idem.*

Ce ne fut qu'avec beaucoup de peine que l'escadre, immobilisée par le calme, put regagner la rade (1). Dès qu'elle fut mouillée, Louis fit tirer par le vaisseau le *Patriote* quatre coups de canon à boulet, afin d'en observer l'effet sur les flots.

Il débarqua ensuite près du fort d'Artois, sur la plate-forme de couronnement duquel on lui avait disposé un superbe pavillon, pour qu'il vît de là l'embrasement d'un navire à l'ancre que les boulets rouges du fort devaient incendier. Mais ce sacrifice préparé pour son amusement n'eut point lieu : car le roi, par un de ces mouvements qui peignaient à merveille la bonté de son cœur, ordonna que ce bâtiment fût vendu et le produit donné aux pauvres (2) !

Après le souper, qui fut public et nombreux comme les précédents, on tira un feu d'artifice en face des fenêtres de la salle du festin dans la cour de l'Abbaye.

Le 25, le roi assista à la messe célébrée par le   25 juin.

---

(1) *Histoire Sommaire et Chronologique de la ville de Cherbourg.*

(2) *Lieu cité.*—*Mémoires sur le roi Louis XVI,* 1re partie, page 102.

curé de Cherbourg ; puis, sur les sept heures du matin, il se rendit en voiture au fort d'Artois, où il entra à pied. Il examina cette seconde citadelle de la rade avec le même soin qu'il avait mis à visiter le Fort-Royal.

De là il s'embarqua dans son canot, par un vent frais de nord-est, et alla à Querqueville, non pour y voir des fortifications, car il n'y avait alors qu'une faible redoute, mais pour juger s'il devait y ordonner l'érection de quelqu'ouvrage. Les officiers de sa suite, Dumouriez surtout, lui représentèrent de quelle importance serait en temps de guerre un fort sur cette pointe qui forme presqu'île, pour couvrir cette partie de la côte, si voisine de Cherbourg, et défendre la rade contre toute tentative de la part de l'ennemi. Il sentit lui-même cette nécessité, et l'établissement d'une forteresse à Querqueville fut bientôt ordonné.

Le roi se rembarqua à l'anse de Sainte-Anne, au bruit du canon de l'escadre et des forts, qui ne cessait de retentir pendant toutes ces courses, et alla dîner avec son cortége à bord du vaisseau le *Patriote*, où l'attendait la musique du régiment de la *Reine*.

Ensuite il descendit à terre près des cales des cônes, les examina, ainsi que les appareils qu'on employait pour la flottaison des caisses, parcourut à pied le chantier Chantereyne, visita les forges, les différents ateliers, tous les établissements; puis il se fit conduire en canot au port, passa sous le pont-tournant, qui fut ouvert et fermé en sa présence, fit le tour du bassin et se rendit à l'arsenal. Il était ce jour-là, comme les précédents, vêtu d'un habit écarlate à broderie de lieutenant-général (1).

Le roi termina sa journée par le voyage du Becquet. Après avoir vu ce petit port, alors très animé, les carrières de pierres qu'on exploitait là pour la digue, et la caserne qu'y construisaient ses troupes, il remonta en voiture et revint le soir à l'Abbaye, où il y eut encore grand souper : la table était de trente-cinq couverts.

Le **26**, Louis XVI quitta Cherbourg à cinq heures du matin, au bruit d'une triple décharge de toute l'artillerie des vaisseaux et des forts. Les douze gardes du corps qui avaient fait le service auprès de sa personne pendant son

26 juin.

---

(1) *Notes historiques sur Cherbourg* (mss.), par J.-D***.

séjour escortaient sa voiture. Le régiment de la *Reine* formait la haie sur son passage, comme à son arrivée. Les officiers des différents corps civils et militaires le reconduisirent jusqu'aux limites de la ville. La population faisait retentir l'air des cris de vive le roi.

Il venait d'élever au grade de brigadier d'infanterie le vicomte de Tavanne, colonel du régiment de la *Reine*, et de créer commandeur de l'ordre royal et militaire de Saint-Louis le comte Albert de Rioms, commandant de l'escadre, et M. de Caux, directeur des fortifications et du génie. Plusieurs autres décorations devaient être également distribuées ; car alors, moins qu'aujourd'hui pourtant, les magasins de cordons étaient inépuisables.

Enfin le roi partait de Cherbourg après avoir donné deux mille quatre cents livres aux rameurs de son canot, dix mille livres à l'hôpital civil et deux mille pour les pauvres (1).

_____

(1) Tous ces détails sur le séjour de Louis XVI à Cherbourg sont tirés de l'*Histoire Sommaire et Chronologique* de cette ville, du *Voyage de Louis XVI dans sa province de Normandie*, de l'*Histoire* de ce prince, et des *Mémoires sur le roi Louis XVI*, 1re partie, pages 97 et suivantes, édition de Hambourg.

Malgré la prédilection de Louis XVI et de son conseil pour la rade de Cherbourg, ceux qui avaient présenté celle de la Hougue comme plus favorable et meilleure, cherchaient par tous les moyens possibles à inspirer de l'inquiétude au gouvernement sur le choix qu'il avait fait de celle-là. Tantôt ils donnaient la rade de Cherbourg comme peu profonde, et dangereuse pour les bâtiments de guerre par l'effet du tangage, quoique la partie affectée au mouillage des vaisseaux de ligne ait trente-deux à quarante-deux pieds de profondeur au moment des plus basses marées des vives eaux (1). Tantôt ils la disaient être d'un fond curé en divers endroits, et peu propre à l'ancrage, ce qui est précisément le contraire; enfin ils voulaient que le môle, tel qu'il était, ne fût pas un abri suffisant pour garantir les navires des tempêtes de l'hiver. Ces insinuations de la jalousie et de l'amour-propre blessé donnaient quelques doutes au ministre de la marine. Ce fut afin de s'assurer de l'état réel de cette rade et de l'effet de sa digue, que, le **10** septembre **1786**, on y mouilla le vaisseau le *Triton*, amené

----

(1) *Mémoire* de M. de la Bretonnière, page 42.

14

de Rochefort (1), et que le *Brillant*, autre vieux vaisseau de 64, y fut envoyé de Brest au printemps suivant.

L'expérience prouva que les détracteurs de la rade de Cherbourg avaient tort. Le *Triton* resta constamment à ce mouillage pendant cinq années, et le *Brillant* pendant dix, sans éprouver aucun accident, ni recevoir la moindre avarie (2). Cela répondit suffisamment aux objections des uns et dissipa les craintes des autres sur le peu de sûreté, le manque de profondeur et le mauvais ancrage prétendu de cet abri.

Alors les travaux de Cherbourg se continuaient avec vigueur. Les fondements d'un fort considérable sur la pointe de Querqueville furent jetés au commencement de 1787 ; et le nombre des ouvriers employés à ce nouvel ouvrage fut tel, qu'à la fin de l'année suivante la forteresse était presque terminée (3).

1787.

---

(1) Gabriel Noël, *Notice de la Marine, à Cherbourg*, *pour l'an 5 de la République*, page 14.

(2) *Notions sur la Rade de Cherbourg*, *sur le Port-Bonaparte*, etc., 1re partie, pages 23 et 24.—*Mémoire* de M. de la Bretonnière, page 59.

(3) *Notes historiques sur Cherbourg* (mss.) par J.-D***.

Cependant l'engouement qu'on avait eu pour les cônes commençait à se passer. La mer brisait ces colosses, et l'on trouvait toujours sur la plage après les tempêtes quelques débris des caisses. Ce dispendieux essai, qui avait coûté tant de millions, paraissait enfin insuffisant pour maîtriser les vagues. Le dernier cône fut immergé le 19 juin 1788 (1).

1788, 19 juin.

On avait commencé l'exécution du système de Cessart par couler les cônes base à base, comme nous l'avons dit; mais un accident força de s'écarter de ce principe et d'espacer les caisses; ce que le gouvernement admit d'autant plus volontiers qu'il sentait déjà que, d'après les dispositions primitives, il eût fallu vingt ans de travaux continuels et quatre-vingts millions de dépense pour l'établissement de la digue. On décida d'abord qu'une distance de soixante mètres existerait entre chaque cône, et qu'elle serait comblée de pierres perdues; ensuite on porta l'espacement à deux cents mètres, et on l'étendit successivement jusqu'à trois cent quatre-vingt-dix (2). Dix-huit caisses furent échouées

(1) Gabriel Noël, *Notice de la Marine*, à *Cherbourg*, *pour l'an* 5 *de la République*, page 15.

(2) *Mémoire sur la Digue de Cherbourg*, par J.-M.-F. Cachin, pages 6 et 66.

d'après ces différentes modifications ; deux l'avaient été à base contiguë : il y eut donc en tout vingt cônes de placés à la digue (1) dans un laps de cinq années.

Ce système mixte fut totalement abandonné. Les tempêtes avaient détruit presque tous les cônes ; ceux qui restaient encore furent jugés inutiles, et on les rasa au niveau de la basse mer : ils furent tous récépés de cette manière en **1789**, à l'exception de celui de l'est, qu'on conserva pour servir de vigie et indiquer aux navigateurs l'ouverture de la passe orientale ; mais il succomba à son tour sous le poids des flots le **12** février **1799** (2).

1789.

Dès-lors le système d'une digue en pierres perdues, celui-là même qu'avait proposé **M.** de la Bretonnière en **1778**, triompha par la force des choses du système Cessart et sortit victorieux des débris des cônes. On vit un peu tard que c'était le seul moyen à employer pour couvrir la rade, et l'on ne s'occupa plus qu'à verser des pierres pour former cette barrière.

---

(1) *Notes historiques sur Cherbourg*, par J.-D'**.

(2) *Mémoire sur la Digue de Cherbourg*, par M. Cachin, page 6.

Mais les alarmistes n'en avaient pas fini avec Cherbourg : ils se remirent à crier contre sa rade, soutenant qu'elle n'avait pas assez de profondeur, que son fond était de mauvaise tenue, et prétendant cette fois qu'elle manquait d'espace pour le mouillage des grands vaisseaux. Le ministre de la marine, afin de dissiper ces imputations et de s'éclairer lui-même, nomma deux commissions pour sonder la rade (1). La première se composait de M. de la Bretonnière, capitaine de vaisseau, et de Meunier, lieutenant-colonel du génie, et plus tard titulaire de l'académie des sciences de Paris et général de division (*) Les membres de la seconde étaient l'ingénieur des ponts et chaussées Desfougères, et lle, major de vaisseau. Chaque commission

---

(1) Gabriel Noël, *Notice de la Marine, à Cherbourg,* *pour l'an 5 de la République,* page 17.

(*) Il fut tué par un éclat de biscayen dans un petit îlot formé par le Rhin près de Mayence. La Convention fit apporter à Paris le cœur de ce brave, et le donna à la section de Saint-Sulpice, qui l'avait fait demander à l'assemblée par une députation.

Meunier était un ingénieur du plus grand mérite. Envoyé à Cherbourg dès le commencement des travaux, il inventa pour les casemates des forts de nouveaux affûts de canon, afin de diminuer le recul dans l'action du tir

opéra séparément et par des procédés différents (1); et les résultats, donnés par cinq mille
coups de sonde, furent à peu près les mêmes,
ainsi que le reconnut un comité d'officiers de
marine, assemblés à cet effet au ministère le 5
octobre de l'année suivante (2).

Le commandant de la Bretonnière fit un *Mémoire* sur ces travaux, auxquels il avait pris part,
et établit que la rade de Cherbourg est assez profonde, même au temps de la plus basse mer possible; que sa surface propre au mouillage, c'est-
à-dire ayant au moins vingt-cinq pieds d'eau, est
d'un million deux cent mille toises environ (3);
enfin qu'elle peut contenir cinquante-cinq à
soixante vaisseaux de ligne, indépendamment

---

et de faciliter la remise en batterie. Il obtint ce double
succès, lui qui semblait se jouer des difficultés; mais
ces affûts n'étant point de durée ne purent avoir de
vogue.

C'est à lui qu'on doit les fourneaux à réverbère du Fort-
Royal et du fort du Hommet, qui chauffent à blanc les
boulets en moins de dix minutes.

(1) *Mémoire sur la Digue de Cherbourg*, par J.-M.-F.
Cachin, page 10.

(2) *Travaux comparés des deux commissions chargées de
sonder la rade de Cherbourg* (mss.), folio 17, recto.

(3) *Mémoire de* M. de la Bretonnière, page 41.

des petits navires, des transports nécessaires et
d'un nombreux convoi (1).

Les moyens employés par Meunier pour l'opération et la vérification des sondes de cette rade,
dont il dirigea lui-même le troisième travail
pendant l'été de 1789, sont intéressants et fort
ingénieux. Il surmonta la difficulté que présente
la continuelle mobilité de la surface de la mer
mue par la double action des marées et des vents,
et parvint à fixer géométriquement le lieu de chaque coup de sonde. Voici comment il procéda.

« On établit d'abord une échelle de marine,
» dont l'espace compris entre la haute et la basse
» mer était gradué, et en face de cette échelle,
» une chaloupe amarrée, dans laquelle était
» placé un officier observateur de tous les mou-
» vements d'élévation ou d'abaissement de
» la mer, et tout prêt à les enregistrer au
» signal donné. En second lieu, après avoir
» exactement mesuré une base sur les hauteurs
» qui environnent Cherbourg, on plaça à cha-
» cune de ses extrémités un officier leveur avec
» sa planchette, ou plan général parfaitement
» orienté, représentant Cherbourg, sa rade et

---

(1) *Mémoire* de M. de la Bretonnière, page 43 à 52.

» les côtes. Troisièmement, un officier sondeur
» placé dans une chaloupe sur la rade, et prêt
» à opérer successivement dans les diverses
» directions désirables. Les préliminaires rem-
» plis, chaque officier rendu à son poste, au
» premier signal comme au second, par un
» coup de canon tiré de demi-heure en demi-
» heure, l'observateur à l'échelle de marine
» notait et enregistrait le degré d'élévation ou
» d'abaissement de la mer, en marquait l'année,
» le mois, le jour, l'heure et la minute ; dans ce
» même premier instant l'officier sondeur en
» rade laissait tomber la sonde, et simultané-
» ment les officiers leveurs sur la côte diri-
» geaient leur alidade sur le sondeur, et en
» traçaient le rayon visuel sur leur plan, éga-
» lement représentatif du terrain et de la rade.
» Cette première opération terminée, et au si-
» gnal donné par un nouveau coup de canon, on
» passait à la seconde, à la troisième, etc. (1) »

Pour obtenir des résultats qui se contrôlas-
sent les uns les autres, on sonda la rade en
toutes les saisons ; mais le travail simultané des

_____

(1) *Biographie des Contemporains*, tome 15, suppléments ;
article *Meunier*, page 386.

deux commissions dont on vient de parler ne s'opéra que dans la seconde moitié de l'année **1789**.

Alors les affaires de l'état prenaient une direction nouvelle. Douze cent cinquante députés de la noblesse, du clergé et du tiers-état s'étaient rendus de tous les baillages, sénéchaussées, villes et provinces du royaume à Versailles (*), pour aider le roi à remédier aux désordres des finances ; les états – généraux avaient été ouverts le 5 mai, aux acclamations de l'enthousiasme public, et au milieu des partis, des intrigues de la cour ; le tiers-état, qui voulait le vote par tête, avait su résister aux injonctions du monarque, et, malgré les ordres du privilége, s'était déclaré *assemblée nationale*, en décrétant l'inviolabilité de ses membres ; l'immortelle séance du Jeu-de-Paume avait partout retenti, et l'on y avait applaudi ;

(*) Le baillage de Coutances envoya quinze députés aux états-généraux, et aucun ne s'y fit remarquer. Ces représentants étaient, Achard de Bonvouloir ; Ango ; Arthur de la Villarmois ; de Beaudrap ; Bécherel, curé de Saint-Loup ; Bernard de Chesne ; Burdelot ; Dumesnil Desplanques ; Le Lubois, curé de Fontenay ; Perrée Duhamel, négociant ; Pouret-Roquerie ; Le Rouvillois, curé de Carentilly ; Sacher de la Palière, avocat ; Talaru de Chalmazel, évêque de Coutances, et Vieillard fils, avocat.

le tiers-état venait d'emporter par la force de
l'union ce qu'on lui refusait par la ruse : les représentants des *droits* féodaux, en dépit de l'or-
gueil et des gothiques préjugés, s'étaient forcé-
ment réunis aux élus du peuple. L'aristocratie
était vaincue ; l'édifice vermoulu de la vieille
monarchie s'écroulait ; la résistance des grands
était vaine : une ère nouvelle commençait.

Tout-à-coup on apprend que Paris s'est levé
en armes contre les conspirations de la cour ,
qu'il a forcé le gouverneur de l'hôtel des Invalides à lui livrer ses canons , et que la souveraineté du peuple est assise triomphante sur les débris de la Bastille (*). Ce fut là le point de départ

---

(*) La Bastille, forteresse près de la porte Saint-Antoine ,
et qui elle-même était autrefois une porte de Paris , avait
été commencée en 1369 , par ordre de Charles V , et terminée en 1383 sous le règne de son successeur Charles VI.
Elle se composait de huit grosses tours rondes, jointes par des
massifs d'égale hauteur qui formaient terrasse. C'était une
redoutable prison d'état , dans laquelle le pouvoir faisait
enfermer ceux qui lui déplaisaient. Elle fut attaquée par le
peuple le mardi 14 juillet 1789, et emportée en un instant,
puis rasée de fond en comble. Son gouverneur, de Launay,
descendait d'une famille de Saint-Sauveur-le-Vicomte.

Le mot *bastille* signifie petit château à l'antique ,
fortifié de tourettes. On donnait aussi ce nom à de petits
forts dont on entourait autrefois les camps retranchés ou
les places qu'on assiégeait.

de cette grande époque des fastes du monde qu'on nomme la révolution française. L'effet de cette nouvelle fut un coup électrique qui se fit sentir à Cherbourg comme dans toute la France. Alors la résistance au pouvoir était à l'ordre du jour ; l'émeute se préparait à succéder à l'émeute ; l'insurrection agitait toutes les têtes. Et pour augmenter encore la complication des choses, l'émigration, qui commençait, troublait dès son début la première scène de ce drame sans pendant dans l'histoire.

Déjà les patriotes de la capitale portaient la cocarde tricolore : Louis XVI venait de la recevoir des mains de Bailly, maire de Paris, et adoptait ses couleurs pour celles de l'état. La nation fut invitée à la porter. L'ordre en vint à Cherbourg le samedi 18 juillet **1789**, et mit aussitôt la ville en mouvement. L'enthousiasme, l'ivresse qu'inspirait cette parure, fut telle qu'en moins d'une heure les rubans rouges, bleus et blancs manquèrent dans toutes les boutiques, et que beaucoup de femmes sacrifièrent les leurs pour en décorer leurs maris. Les couturières passèrent la nuit au travail. Le lendemain jour de dimanche, tous les bourgeois avaient la cocarde ; quelques-uns en portaient de grosses

1789, 18 juillet.

comme le poing : ceux qui ne purent se procurer d'étoffe pour en fabriquer s'en firent avec du papier peint, et elles n'avaient pas moins de volume que celles qui étaient en rubans (1).

Le lundi **20**, les ouvriers, alors nombreux à Cherbourg, se réunissent sur la place du Calvaire, actuellement la place d'Armes, et se portent en foule chez M. de Caux, directeur du génie militaire, pour demander au colonel du régiment de la *Reine*, qui s'y trouvait en ce moment, la liberté d'un de ses sapeurs, scieur de long, qui avait été la veille, pour insubordination, envoyé en prison au Fort-Royal. Le colonel accorda par écrit la grâce demandée ; et l'on n'eut pas plutôt cet ordre, que plus de trente canots partirent du port pour aller au fort : c'était à qui arriverait le premier. Le sapeur fut débarqué en triomphe et promené dans la ville (2).

Jusque-là tout se passa sans désordre : mais les groupes se formèrent, les têtes s'échauffèrent,

---

(1) *Notes historiques et anecdotiques sur la ville de Cherbourg* (mss.), par J.-D**'.

(2) *Lieu cité*.

la multitude s'ameuta, et la chèreté du pain, qui tenait alors le peuple en souffrance, servit de prétexte à un ramassis de factieux, pour aller dévaster quelques maisons de la ville.

On commença par l'hôtel de M. de Garanteau, subdélégué de l'intendant : c'était sur les huit heures du soir. Tous ses meubles furent brisés sans nulle exception, et les débris jetés dans la cour et dans le puits, qui s'en trouva comblé ; sa voiture, couverte d'ordure, fut conduite sur le quai et précipitée dans le port. Quant à lui, magistrat inexorable, plus austère que la loi, et dont la sévérité était une vraie tyrannie, il crut n'avoir rien de mieux à faire que de se sauver à Valognes, sa patrie, dans une mauvaise charrette caché sous de la paille (1).

1789, 20 juillet.

De là on fut chez M. Avoine-Chantereyne, négociant, où la dévastation fut aussi complète que chez le subdélégué Garanteau.

Ensuite la foule se mit en mouvement pour aller en faire autant dans la maison du sieur Vitrel, fabricant de draps : il était alors environ

---

(1) *Notes historiques et anecdotiques sur la ville de Cherbourg* (mss.), par J.-D***.

minuit. Les mutins avaient des torches allumées
qui éclairaient leur marche. Un piquet en armes
du régiment de la *Reine*, conduit par des officiers, escortait ces brigands comme pour les
protéger, tandis qu'il eût fallu faire main basse
sur eux. Arrivée devant le domicile de M. Vitrel,
la bande se prit à vociférer, à pousser des cris de
rage : elle se disposait à enfoncer les portes,
lorsque l'abbé Vitrel, parent du propriétaire, se
présenta devant elle, et par des paroles de paix
et de conciliation parvint à se faire écouter et à
apaiser l'irritation qu'on avait contre son frère.
Il représenta à cette multitude que c'était à tort
qu'on accusait Vitrel d'accaparer du blé, et que
pour s'assurer de la vérité de ce qu'il affirmait,
il n'était pas besoin que tout le monde entrât
dans la maison, que quelques-uns suffisaient, et
qu'il demandait qu'une députation vînt sur-le-
champ visiter tous les coins du logis. Les mutins
déférèrent à cette invitation, et six d'entre eux
entrèrent avec l'abbé : on les abreuva d'abord
de quelques bouteilles de bon vin, puis on leur
donna une poignée d'or, et ils sortirent en criant:
Vitrel n'a point de blé, *c'est un bon citoyen !*
Allons chez Mauger (1) !

---

(1) *Notes historiques sur la ville de Cherbourg* (mss.),
par J.-D*⁜⁜.

Et l'on se transporta chez M. Mauger, négociant. Les armoires, les glaces, la batterie
de cuisine, tous les meubles furent mis en pièces;
les effets d'habillement, déchirés; le linge, ha-
ché par morceaux et dispersé dans la rue.

Puis vint le tour de M. Dulongprey-Couey,
armateur, qui en fut quitte, comme M. Vitrel,
pour du vin et une somme d'argent (1).

Madame Audry, directrice des messageries,
chez laquelle on alla ensuite, mais sans y commettre de dégâts, eut probablement aussi la pru-
dence de délier sa bourse et de se montrer généreuse.

Au bureau de la douane, situé alors en face
du pont-tournant, tous les registres et tous les
papiers furent lacérés, éparpillés sur les quais
et jetés dans le bassin du port.

Après ces scènes de brigandage, qui ne finirent
qu'avec l'aurore, les dévastateurs, fatigués de
détruire, allèrent se reposer de leurs crimes
de la nuit.

Déjà le commissaire de marine Dupeyrau avait

---

(1) *Notes historiques sur la ville de Cherbourg* (mss.),
par J.-D***.

rassemblé quelques employés et des jeunes gens
de la ville pour s'opposer aux révoltés, lorsque
Dumouriez, commandant de la place, qui avait
laissé se commettre tant d'excès sans y apporter
le moindre obstacle, jugea enfin devoir prendre
des mesures pour les empêcher quand ils furent
finis : c'était là appeler le médecin après le tré-
pas du malade. Il donna ordre d'arrêter les factieux, lui qui les avait fait accompagner par un
détachement armé, comme s'il les eût pris sous
sa protection. Et ce même jour **21** juillet, à trois
heures du matin, un nommé Sainte-Marie,
commis de marine, lisait dans les rues la déclaration de Dumouriez : le tambour battait pour
rassembler les bons citoyens, afin qu'ils eussent
à prendre les armes et à seconder les troupes
pour se saisir des mutins.

Plus de trois cents de ces dévastateurs furent
arrêtés dans la journée ; on en encombra les
écuries de Dumouriez et les caves d'un sieur
Philippe ; quantité furent mis au Fort-Royal ;
la cale du *Triton* et celle du *Brillant*, vaisseaux
mouillés sur la rade, en furent également remplies. Mais on les remit en liberté après quelques
jours de détention, à l'exception des nommés
Piqueneau et Mesny, qui subirent le supplice

de la corde sur la place de la Fontaine (1), et de sept autres, dont une femme, que le bourreau marqua, et qui furent fouettés au coin des rues, sur les places et dans les carrefours.

Ces condamnés n'étaient sans doute pas plus coupables que les autres; mais il fallait un exemple, et l'on ne pouvait punir tout le monde. Dans de semblables cas, malheur à ceux sur qui le choix tombe : ils paient pour leurs complices.

Cependant on craignait que ces dévastations ne se renouvelassent, et les ouvriers du port, commandés par des administrateurs de la marine, furent cinq jours et cinq nuits sous les armes, afin de garder le magasin des vivres de l'arsenal. De fortes patrouilles du régiment de la *Reine* parcouraient à chaque instant la ville, moins peut-être pour rassurer les habitants que pour leur inspirer des craintes sur un nouveau bouleversement, qu'on présentait toujours comme prochain et imminent, dans le but de semer une épouvante publique qu'on voulait exploiter.

En effet, on amena bientôt l'occasion de mettre cette peur générale à profit. Un mois ne

---

(1) *Notes sur Cherbourg* (mss.), par M. J.-D'''. 15

s'était pas écoulé depuis la révolte, quand, un jour de marché, on répandit dans la ville le bruit que les Caenais, bien tranquilles chez eux, venaient pour ravager Cherbourg. Des personnes chargées de propager l'alarme criaient en courant dans les rues que les brigands étaient arrivés, que le carnage les précédait, qu'ils massacraient tout; et les bourgeois de se sauver, de fermer leurs portes, de se barricader dans leurs maisons. Les uns se cachaient dans leurs greniers, les autres se réfugiaient dans leurs caves : la désolation était générale (1); ce n'était que pleurs et anxiété.

Pendant que les alarmistes jetaient partout l'effroi, le duc d'Harcourt, gouverneur de Normandie, et le duc de Beuvron, lieutenant-général de la province, saisis aussi de la même terreur panique, faisaient leurs malles et quittaient Cherbourg (*). Ils s'embarquèrent à Chantereyne à bord de la corvette le *Vanneau*, et émigrèrent en Angleterre (**).

---

(1) *Notes historiques sur Cherbourg* (mss.), par M. J.-D***

(*) Ils faisaient l'un et l'autre leur résidence à l'Abbaye.

(**) Le duc d'Harcourt se rendit à Coblentz, quartier-général et rendez-vous des mécontents, et rentra en France en 1792 avec un corps d'émigrés qu'il commandait pour

On prétend, non sans vraisemblance, que cette fausse alerte fut donnée par Dumouriez, par des émissaires à ses ordres, dans le but d'éloigner les deux ducs, ses supérieurs, dont l'autorité le gênait. Et en effet, après le départ de ces généraux le colonel Dumouriez n'eut plus de chef sur les lieux, ne fut plus contrôlé par personne, et resta maître absolu dans Cherbourg. On pouvait pressentir tout cela, et c'en était assez pour déterminer un homme aussi altier, aussi délié, aussi ambitieux que l'était Dumouriez (*).

---

faire la guerre à sa patrie. Il eut ensuite le commandement d'un autre corps de réfugiés à la solde de l'Angleterre, et fut chargé par le comte de Provence de la correspondance avec les chefs des insurgents de la Vendée. Revenu en France à la queue des bagages des armées alliées, en 1814, le comte d'Harcourt devint membre de la chambre des pairs, alors l'asile de ces vieux conspirateurs qui tramaient contre leur pays depuis vingt-cinq ans.

(*) Dumouriez se conduisait à Cherbourg comme un pacha. Pour donner une idée de la morgue insolente dont il était pétri, il suffira de dire qu'il faisait rouler dans la rue les chapeaux des bourgeois qui avaient l'irrévérence de ne point saluer *sa petitesse* en passant près d'elle. Comme tant d'autres, il prêchait la liberté en exerçant le despotisme.

Mais qu'était-ce de ce qui se passait à Cherbourg en comparaison des scènes populaires qui ensanglantaient presque toutes les provinces? La résistance de la noblesse et les prétentions de la roture, qui voulait rentrer dans ses droits, avaient enfin allumé la guerre civile entre les deux partis. Comme au temps de la Jacquerie, on incendiait les manoirs : le peuple ne voulait plus de seigneurs. L'assemblée nationale essaya d'éviter l'embrasement général qui se préparait, en coupant la cause de ces désordres à sa racine. Et dans la mémorable séance de nuit du 4 août, par un mouvement patriotique et sur la proposition du vicomte Louis de Noailles, on abolit, sans délibération, les dîmes et les redevances, les justices seigneuriales, la vénalité des charges publiques, les prérogatives nobiliaires, ecclésiastiques, municipales et provinciales ; en un mot l'édifice féodal fut détruit en un instant, et les privilégiés devinrent simples citoyens. Il ne restait plus à la noblesse que son hérédité et ses vieux oripeaux, et bientôt l'assemblée allait aussi en prononcer la suppression, avec celle des armoiries, des titres et distinctions honorifiques.

La nouvelle de cette fameuse séance fut reçue partout aux acclamations du peuple. Si ce décret

d'égalité du 4 août fit perdre à la ville de Cherbourg ses anciennes franchises, qui dataient des
premiers temps de la monarchie, ses habitants
et ceux des campagnes voisines, qu'opprimaient
les priviléges de la noblesse et du clergé, n'en
virent pas avec moins de joie l'abolition des im-
munités et des abus féodaux; la chute des ridicules hommages qu'il fallait rendre aux seigneurs
de paroisses; la destruction des colombiers,
dont les pigeons, qu'un homme du peuple ne
pouvait tuer sous peine des galères, ravageaient
tous les ans les moissons plébéiennes. Enfin le
cultivateur pouvait désormais labourer son champ
sans que personne eût l'odieux et rapace privilége de lui enlever une partie de sa récolte
par une dîme à la onzième gerbe. Le bon sens
triomphait; le peuple rentrait dans ses droits
naturels.

Cependant les troubles continuaient et dans
la capitale et dans les provinces : on crut pouvoir y remédier, et l'on établit la *loi martiale*,
dont chaque proclamation était annoncée par
un coup de canon et par le drapeau rouge ar-
boré à l'hôtel de la commune. Cette loi contre
les attroupements fut publiée à Cherbourg, dans

les formes voulues, par Colas de Gacé, alors
maire de la ville (1).

1790,
janvier.

Une nouvelle circonscription de la France,
décrétée le 15 janvier 1790, divisa le territoire
en quatre-vingt-trois départements; les départements furent subdivisés en districts, les districts, en cantons, les cantons, en municipa-
lités. Cherbourg devint un chef-lieu de district
du département de la Manche, et, aux termes
de cette loi, le siége d'un tribunal civil et d'une
justice de paix. Il y eut beaucoup de cabales
et même quelques rixes pour l'élection des membres du conseil général et de la municipalité de
la commune (2); mais ces menées électorales ne
furent pas particulières à Cherbourg seulement;
elles causèrent partout des scènes plus ou moins
funestes : car tel était le degré de l'effervescence
populaire, que la moindre étincelle suffisait pour
mettre tout une ville en révolution.

14 juillet.

Le 14 juillet de la même année, on fit dans
toute la France une fête fédérative pour célébrer
l'anniversaire de la prise de la Bastille. A Cherbourg, la fédération eut lieu dans le chantier
Chantereyne, où l'on avait dressé l'*Autel de la*

---

(1) *Notes historiques sur Cherbourg,* (mss.) par J.-D***.
(2) *Lieu cité.*

Patrie. Cet autel avait le dos tourné vers la mer et était placé comme une hune sur un mât de vaisseau fixé en terre au milieu du chantier ; on y montait par quatre rampes décorées de guirlandes. Ce fut sur ce théâtre, élevé de plus de quarante pieds au-dessus du sol et couronné de drapeaux tricolores, que le curé de la ville, parti processionnellement de l'église avec tout son clergé, vint officier la messe, malgré un temps fort incertain et par un vent impétueux de nord-est qui menaçait de renverser l'échafaud (1).

Toute la population de Cherbourg assistait à cette belle cérémonie encore vivante dans l'esprit de ceux qui l'ont vue. Après l'office, des membres du district et de la municipalité se succédèrent sur l'Autel de la Patrie pour haranguer la foule qui remplissait le chantier. Il s'agissait de faire un discours analogue à la circonstance ; mais malgré le secours des solécismes et des pauses, et du mot *Citoyens*, répété à chaque phrase, la plupart des orateurs ne purent lier leurs idées et ne réussirent qu'à parler pour ne rien dire.

---

(1) *Notes historiques sur Cherbourg*, par J.-D'**.

La constitution civile du clergé, qui venait
d'être promulguée, forçait les prêtres à prêter
serment de fidélité à la nation, au roi et à la
loi : c'était pour mettre un frein aux effets de
la haine acharnée que le sacerdoce vouait à la
révolution depuis qu'on avait législativement
dépouillé l'église des immenses richesses qu'elle
possédait au préjudice de l'état. On voulait contraindre messieurs du clergé à ne pas se jouer
de la loi en fulminant l'anathême et la mort
contre les patriotes, en lançant des mande-
ments incendiaires qui excitaient des émeutes
dans les provinces, en appelant, par des prédi-
cations fanatiques, les dévots aux armes, et en
suscitant partout la rébellion aux décrets de
l'assemblée nationale. Cette nouvelle mesure
prise contre le clergé rencontra de sa part une
résistance non pas apostolique mais tout-à-fait
furibonde : il ne voulut point se soumettre aux
lois et préféra d'émigrer. Les prêtres de Cherbourg suivirent l'exemple de leurs confrères de
toute la France. Bientôt le bruit se répandit que
le vertueux curé Levacher, pasteur de la ville,
avait abandonné son troupeau à la merci des
orages (*), et que la plupart des autres ecclésias-

(*) Le curé Levacher, ce digne ecclésiastique que tout

tiques attachés à Cherbourg étaient également absents, les uns émigrés en Angleterre, les autres cachés dans les campagnes ou chez leurs ouailles de la ville.

Alors commença un véritable schisme : il y eut, comme dans les premiers siècles du christianisme, deux cultes dans l'église. Les prêtres *assermentés* ou *constitutionnels*, que les dévots nommaient les *prêtres jureurs* et qu'ils regardaient comme des schismatiques et des excommuniés, disaient publiquement la messe dans les églises, et les patriotes se servaient de leur ministère. Les prêtres *insermentés*, se croyant charitablement les seuls orthodoxes, proclamaient les *jureurs* incapables d'administrer les sacrements, et déclaraient des unions de concubinage les mariages qu'ils faisaient, et des païens dévoués au diable et à l'enfer les enfants qu'ils baptisaient. Ces ministres des autels rebelles à la loi célébraient secrètement les offices divins dans des granges isolées, au fond des

---

le monde aimait, et qui méritait par ses vertus cette affection publique, mourut subitement sur le rivage à l'instant où il allait s'embarquer pour l'émigration et quitter pour toujours peut-être les terres de France.

caves, chez quelques fidèles : les dévots s'y rendaient furtivement pour assister à leurs prières ; ils y allaient communier, s'y faisaient marier, y portaient baptiser leurs enfants : car ils eussent cru commettre un sacrilége en se servant pour quoi que ce fût du ministère d'un prêtre constitutionnel. Ces dissidents étaient nombreux à Cherbourg ; mais comme les prêtres s'y tinrent constamment dans une sage circonspection, et qu'ils n'oublièrent pas qu'ils étaient les hommes d'un Dieu de paix et de mansuétude, on n'eut pas à y déplorer ces indécents excès, ces scènes scandaleuses, ces crimes en tous genres qui désolèrent d'autres contrées de la France et plongèrent tant de familles dans le deuil.

Malgré les troubles qui agitaient le royaume, on ne discontinuait pas l'ouvrage de la digue de Cherbourg ; les travaux étaient poussés avec vigueur. A la fin de cette année 1790, on évaluait le volume des pierres versées en rade, depuis l'abandon du système des cônes, à trois cent soixante mille toises cubes (1). Et au com-

---

(1) *Mémoires sur la Digue de Cherbourg,* par J.-M.-F. Cachin, page 6.

mencement de l'année suivante, « le gouver-
» nement adopta, dit Gabriel Noël, le projet
» qui lui fut présenté de recouvrir la surface
» supérieure de la digue et le talus du côté du
» large, jusqu'à trois à quatre mètres en contre-
» bas de la basse mer, en gros blocs depuis
» un demi-mètre cube jusqu'à un mètre cube.
» Ce nouveau genre de travail, commencé en
» juillet 1791, fut assez avancé à la fin de la
» campagne pour montrer ce qu'on pouvait en
» espérer (1). » Le résultat en fut favorable,
puisqu'une « tempête violente, survenue les
» 17, 18, 19 et 20 février 1792, ne pro-
» duisit sur la partie de la digue ainsi cou-
» ronnée que le renversement de quelques
» blocs mal assis (2). »

Déjà chaque ville de France avait un *club*
de la *Société des amis de la constitution*, établi à l'instar de celui de Paris et affilié à cette
société mère. Cherbourg aussi avait son *club*,
où l'on essayait de débattre les affaires de l'état.
Le seul discours remarquable qu'on y tint fut

---

(1) *Notice de la Marine, à Cherbourg, pour l'an V
de la République,* page 19. (2) *Lieu cité.*

celui que M. Jubé (*) prononça, le 7 avril **1791**, en l'honneur de Mirabeau, qui venait de mourir à Paris, et dont le deuil était porté par la nation. Ce *Discours Funèbre* fut aussi lu, le **11** du même mois, dans l'église de Cherbourg, en présence des corps administratifs civils et militaires, après le service solennel que les gardes nationales des districts de Cherbourg et de Valognes, et les membres des clubs de ces deux villes, firent célébrer en la mémoire du grand orateur, le Démosthènes et le Cicéron français.

*1791,
11 avril.*

(*) M. Auguste Jubé était alors inspecteur des côtes de la Manche. Sous le dictatorat de Robespierre, il fut arrêté à Carentan en voulant apaiser un rassemblement tumultueux, et conduit à la maison d'arrêt de Cherbourg : on le transféra ensuite comme malade à l'hôpital civil, où il resta assez long-temps. Après avoir fait les campagnes de la révolution, il devint général de brigade, et il était commandant de la garde du directoire quand arriva le 18 brumaire, qui lui fit perdre cet emploi. M. le baron Jubé de la Perelle fut appelé au tribunat, et à la suppression de ce corps, en 1807, l'empereur Napoléon le nomma préfet du département de la Doire. Il passa ensuite à la préfecture du Gers, où il fut remplacé à la restauration de 1814. M. le baron Jubé, auteur de plusieurs bons ouvrages, a été l'un des collaborateurs des *Victoires et Conquêtes des armées françaises* depuis les Gaulois jusqu'à 1815.

Le 14 juillet de cette année, Cherbourg, comme toute la France, fit la seconde fédération, et cette fête commémorative de la chute de la Bastille fut célébrée avec autant de pompe et de solennité que l'année précédente. L'abbé Desquesne, curé constitutionnel, dit la messe, et prêcha l'amour de la patrie et les vertus civiques. Les orateurs du district et de la commune voulurent aussi se mettre en frais d'éloquence.

1791,
14 juillet.

Par suite de l'adoption de la constitution dite de **1791**, Gabriel Noël (*), conducteur

---

(*) Noël (Gabriel-Aimé), né à Caen en 1750, vint à Cherbourg au commencement des travaux, comme conducteur des ponts et chaussées. Elu maire de cette ville en 1791, et procureur-syndic du district en octobre 1792, il fut destitué et placé sous la surveillance de la commune, le 2 octobre 1793, par Garnier de Saintes et Lecarpentier, commissaires de la Convention dans le département de la Manche. Reçu ingénieur des ponts et chaussées le 15 ventose an 3, et envoyé dans le département des Côtes-du-Nord, il y resta jusqu'en germinal an 5, qu'il revint à Cherbourg exercer près de la municipalité les fonctions de commissaire du directoire exécutif. Il donna sa démission d'ingénieur en l'an 10, ne pouvant concilier cet emploi avec les devoirs d'entrepreneur des travaux. Nommé adjoint au maire de Cherbourg sous le Consulat et sous l'Empire, il sut mériter l'affection de ses concitoyens et l'estime publique. On a de Gabriel Noël : *Cherbourg, ou*

principal des ponts et chaussées, fut nommé
par les citoyens de Cherbourg maire de leur
commune. Nous signalons cette simple circonstance, parce que Gabriel Noël a écrit pendant
quarante ans en faveur de Cherbourg, et que
ses ouvrages, adressés au pouvoir législatif, aux
agents supérieurs de l'administration, aux divers ministères, ont eu une influence qui a été
pour quelque chose dans le grand ouvrage de
la digue avancé comme il l'est aujourd'hui.

La révolution marchait à pas de géant ; les
événements se pressaient, se succédaient avec
rapidité : Louis XVI avait fui, on l'avait arrêté
à Varennes ; les émigrés machinaient à l'étranger, et la coalition de Pilnitz s'était formée
contre la nation française ; la guerre était dé-

Détail impartial de ce qui s'y est passé depuis 1778, *au
sujet des Travaux qui y ont été ordonnés, présenté à la
deuxième session de l'assemblée nationale, en janvier* 1792;
*Notice de la Marine, à Cherbourg, pour l'an 5 de la
république française,* et *Digue de Cherbourg,* en 1820.
Ce dernier écrit est une réclamation contre le *Mémoire* du
baron Cachin *sur la Digue de Cherbourg.* Les autres
ouvrages que Noël a composés sur Cherbourg sont restés mss., et furent remis par lui, en 1819, à l'académie
des sciences et belles-lettres de Caen. Gabriel Noël est
mort en philosophe il y a quelques années.

clarée, le canon grondait à la frontière : l'assemblée législative avait remplacé la constituante, et, plus hardie que celle-ci peut-être, elle venait de décréter d'accusation les princes fugitifs, le comte de Provence, le comte d'Artois, le prince de Condé ; de déchoir *Monsieur* (plus tard Louis XVIII) de son droit à la régence ; de proscrire les costumes ecclésiastiques, et de rendre nationaux les biens des émigrés : la patrie était déclarée en danger : l'avenir se montrait sous de sombres couleurs pour la royauté, à laquelle on forçait de prendre le bonnet rouge en guise de couronne : l'horison politique se dessinait gros d'orages.

Cherbourg célébra encore la fête de la fédération le 14 juillet 1792 ; ce fut la dernière. Déjà les esprits, agités par les événements qui se passaient à Paris et par la guerre qui désolait la Champagne, respiraient plutôt l'émeute et la vengeance que la concorde et l'amour du prochain. On était soucieux, on pensait à l'avenir, et la fête, qui ne fut qu'une réunion assez triste, n'eut aucun éclat (1).

1792,
14 juillet.

(1) *Notes historiques sur Cherbourg* (mss.), par J.-D***.

Après la journée du 10 août, le roi fut enfermé au château du Temple avec sa famille, et l'assemblée législative décréta la suspension provisoire de Louis XVI, et la convocation d'une convention nationale pour statuer sur le sort du monarque et sur le gouvernement de la France.

Les membres de cette future législature furent nommés dans les premiers jours de septembre. Le district de Cherbourg élut pour son député le négociant Ribet, de Saint-Sauveur-le-Vicomte, honnête homme qui se faisait remarquer par son esprit dans la société, et qui, dans la vie politique, fut un de ces représentants obscurs qu'on ne voit jamais à la tribune, et qui passent inaperçus dans la foule de leurs collègues sans causer le moindre bruit (*).

Ces élections étant terminées, l'assemblée

(*) Ribet (qui avait son domicile politique à Cherbourg lors de son élection) resta à la Convention jusqu'à la fin de la session. Dans le procès de Louis XVI, il jugea le monarque accusé coupable « et vota la peine capitale, mais avec la restriction que la sentence ne serait exécutée qu'après l'expulsion de tous les membres de la famille royale. » (*Biographie des Contemporains*, tome 17, article *Ribet*).

législative prononça sa clôture : c'était le jour même où le général en chef Kellermann sauvait Paris de l'invasion dans les plaines de Valmy. Le lendemain 21 septembre 1792, la convention nationale entra en session, et, dès sa première séance, décréta l'abolition de la royauté et l'établissement de la République, de cette république française déclarée sept jours après une et indivisible. Du 21 septembre data l'ère républicaine, grande et immortelle époque, début d'une période qui a remué le monde et ébranlé les trônes des potentats de l'Europe, et qui fera à jamais l'étonnement et l'admiration des hommes. Toute la France fut changée en un instant; le seul mot *République* métamorphosa la nation, et en fit un peuple de héros, qui devait lutter contre les esclaves de vingt rois et les vaincre.

<small>1792, 21 septemb.</small>

Dès le mois de mai précédent, l'assemblée législative avait pris connaissance de l'état des travaux exécutés à Cherbourg, et s'était persuadée de l'importance de l'entreprise de la digue. Par un décret du 1.er août, elle avait mis des fonds à la disposition du ministre de la marine pour continuer ce grand ouvrage (1).

(1) Gabriel Noël, *Notice de la Marine, à Cherbourg, pour l'an 5 de la République,* page 20.   16

Mais, ayant reconnu que les fautes commises
dans l'exécution de ces travaux provenaient du
manque d'harmonie dans les systèmes successivement adoptés et modifiés, elle chargea,
par ce même décret, le gouvernement de nom-
mer une commission pour statuer définitivement
sur l'état de cet ouvrage et arrêter un plan fixe,
afin d'éviter désormais des inconvénients qui
entraînaient dans une fausse route et dans de
vaines dépenses.

Cette commission, composée de Messieurs Le
Tourneur, Crublier d'Opterre et Du Dezersenil,
officiers du génie, Eriez, officier de marine,
Cachin, Lepesqueux, Lamblardie et Legagneux,
ingénieurs des ponts et chaussées (1), s'assembla
à Cherbourg, et remplit sa mission pendant
les mois de septembre et d'octobre **1792.**
Elle entra dans les moindres détails, étudia la
rade, examina la situation effective de la digue,
et rédigea un projet général pour le complément de cet établissement, dans lequel il fut
proposé d'en élever le sommet à trois mètres

---

(1) Gabriel Noël, *Digue de Cherbourg*, note de la page
12—*Mémoire sur la Digue de Cherbourg*, par Cachin, p. **11.**

au-dessus des plus hautes mers de vive eau (1),
Mais la tourmente révolutionnaire ne permit
pas au pouvoir gouvernemental de mettre ce
projet à exécution, et les travaux de la rade
de Cherbourg furent à tel point abandonnés,
que pendant les années suivantes on ne s'occupa
plus qu'à enrocher des vigies aux extrémités du
môle.

La digue s'étendait alors sur un développement de mille neuf cent trente-trois toises de
longueur, formant dans son plein, vers le
large, un angle obtus d'environ cent soixante-
neuf degrés, dont la ligne du côté de l'ouest
avait onze cent quarante-cinq toises d'étendue,
et celle vers l'est, sept cent quatre-vingt-huit
toises (2). Les dépenses faites à Cherbourg s'élevaient déjà, dit le baron Cachin, « à plus de
» trente-un millions, tant en ouvrages effectifs
» pour la fermeture de la rade, qu'en établisse-
» ments accessoires et en frais d'administra-
» tion (3). »

---

(1) *Mémoire sur la Digue de Cherbourg,* par J.-M.-F.
Cachin, page 67.

(2) Gabriel Noël, *Notice de la Marine, à Cherbourg, pour
l'an 5 de la République,* pages 21 et 22.

(3) *Mémoire sur la Digue de Cherbourg,* par J.-M.-F.
Cachin, page 10.

Déjà Louis XVI était reconnu justiciable des mandataires du peuple et traduit à leur barre. Bientôt on apprit que la Convention le déclarait « coupable de conspiration contre la liberté » de la nation et d'attentat à la sûreté générale », et qu'elle le condamnait à la peine de mort. La sentence fut exécutée le 21 janvier. La nouvelle de cette décapitation arriva à Cherbourg dans la journée du 23 : on s'attendait à la catastrophe, et pourtant elle froissa bien des cœurs et fit sur l'esprit public une vive et triste impression (1). Cette circonstance donna occasion aux jacobins de Cherbourg de faire peindre les attributs de la royauté et de les brûler en place publique, comme ils l'avaient déjà fait trois mois auparavant.

Cette impolitique exécution arma les rois contre la république française : l'Angleterre, l'Empire, la Prusse, la Hollande, le Portugal, l'Espagne, la Sardaigne, les Deux-Siciles et le pontife de Rome se coalisèrent pour étouffer dans le sang la révolution régicide. Il fallut faire tête à l'orage, et soutenir le choc de tant d'agresseurs, auxquels se joignaient les émigrés, les

---

(1) *Notes historiques sur Cherbourg* (mss.), par J.-D'''*.

émeutes de la capitale, la trahison, la révolte
de plusieurs villes, des conspirations dans les
départements et l'insurrection générale de la
Vendée. On leva d'abord trois cent mille hommes; on fit ensuite partir la masse des citoyens
âgés de dix-huit à vingt-cinq ans. D'innombrables
enrôlements se faisaient dans tous les districts :
les laboureurs abandonnaient volontairement la
charrue à leurs vieux pères, à leurs femmes
ou à leurs jeunes enfants pour se faire soldats;
les campagnards quittaient les champs, s'ar-
maient à la hâte, volaient à la frontière, et,
sous l'habit de paysan et le drapeau tricolore,
couraient de victoire en victoire en chantant
les hymnes nationaux. Soudain la France eut
quatorze armées formant un effectif de dix-huit
cent mille hommes.

Cet enthousiasme si pur, si désintéressé pour
défendre la liberté et la patrie fut partagé par
le département de la Manche, qui forma plusieurs bataillons de volontaires : quantité d'habitants de Cherbourg et des communes voisines
partirent pour la guerre.

Indépendamment de ces mesures contre
l'étranger, on en prit d'autres contre l'inté-

rieur : un tribunal révolutionnaire fut institué,
et sa hache sanguinaire fit couler à torrent le
sang des Français ; on forma un comité de
salut public ; on établit une armée révolutionnaire : le régime de la terreur fut organisé.
Cherbourg, comme les autres villes, eut un comité de surveillance, qui exerça la tyrannie
et le plus arrogant despotisme sur les citoyens,
lesquels ne furent bientôt plus que les esclaves
de la peur. On redoutait le pouvoir de ce comité,
et l'on s'efforçait de se soustraire aux regards
de ses membres, comme dans les bois le voyageur tâche d'éviter la rencontre d'un tigre.

Un décret du **21** septembre **1793** obligeait
toutes les femmes à porter la cocarde tricolore :
les citoyennes de Cherbourg en firent un objet
de toilette en se parant d'une touffe de riches
et beaux rubans ; mais ce luxe fut bientôt défendu : on leur signifia de porter de modestes
cocardes en basin, conformément au modèle
adopté pour la troupe. Cet ordre somptuaire
fut sur-le-champ exécuté : car alors la moindre
résistance au jacobinisme conduisait à l'échafaud,
qui était en permanence.

La Convention, qui voulait tout changer, décréta qu'une nouvelle ère daterait du jour de

l'abolition de la royauté en France. Elle adopta
le calendrier républicain. L'année commença le
21 septembre au lieu du 1er janvier ; elle fut
divisée en douze mois égaux de trente jours
chacun, et complétée par cinq *sans-culottides,*
appelés par la suite jours complémentaires. La
semaine prit le nom de décade et fut composée
de dix jours. Les anciennes dénominations de
mois et de jours et le comput grégorien furent
formellement proscrits.

A cette époque le commerce était anéanti ;
Cherbourg n'avait plus un seul navire sur mer :
la stupeur paralysait tout ; l'industrie était morte.
Et ce fut précisément alors, pour comble de
maux, que la convention nationale rendit cette
fameuse loi du *maximum,* qui taxait impérieu-
sement et arbitrairement le prix et la quantité
des denrées de première nécessité. Les pro-
ducteurs furent forcés de vendre selon le tarif,
et les consommateurs durent régler leur appétit
sur la loi. Les marchés de Cherbourg devinrent
déserts : les acheteurs étaient nombreux, mais
il n'y avait plus de vendeurs, à cause des assignats dont personne ne voulait. Les légumes,
le beurre, le blé, la viande, tout manquait
à la fois. Il fallait que des escouades de soldats

allassent dans les campagnes contraindre les habitants d'apporter du blé au magasin de Cherbourg. S'ils s'y refusaient, parce qu'on payait leurs marchandises en assignats, qui avaient un cours forcé et une valeur variable tombant de jour en jour, les soldats restaient comme garnisaires chez eux, et il fallait bien, s'ils ne voulaient être ruinés par tant de bouches, qu'ils s'exécutassent. On appelait cela des réquisitions : chaque cultivateur était tenu de fournir tant de sacs de blé, tant de livres de beurre. Les soldats escortaient les envois, qu'on déposait au magasin de la ville, où les bourgeois allaient, avec un livret présentant le nombre des membres de leurs familles, afin de recevoir par personne une ration déterminée, et qui ne pouvait jamais suffire à l'existence, quoiqu'il fût expressément défendu de se procurer des vivres par une autre voie. Aussi souffrait-on d'une cruelle disette. Il n'est aucune personne âgée qui ne se rappelle ces jours de détresse où, de par les terroristes, le peuple mourait de faim.

C'était alors que les *bonnets rouges* de Cherbourg, à l'exemple de leurs confrères les jacobins de Paris, célébraient dans l'église la fête de la *Raison*, précisément quand régnait la folie, et que le *sans-culottisme*, cette bizarre manie d'affecter de se vêtir de haillons, faisait tourner les têtes.

Dans ces temps d'anarchie où l'on exerçait la tyrannie au nom de la liberté et le despotisme au nom de la loi, les proconsuls conventionnels parcouraient le territoire de la République. Garnier de Saintes et Lecarpentier, commissaires en mission dans le département de la Manche, vinrent à Cherbourg en vendémiaire an II (septembre 1793), pour y retremper l'ame des satellites de la terreur, qui, certes, n'avaient pas besoin de cette impulsion pour être des forcenés. Ils destituèrent plusieurs agents de l'autorité, firent incarcérer quelques suspects, en placèrent d'autres sous la surveillance de la municipalité, et deux ou trois aristocrates furent envoyés au tribunal révolutionnaire (1).

Bouret (des Basses-Alpes), représentant du peuple, arriva à Cherbourg trois mois après le départ de ces deux commissaires. Sa mission consistait à porter un dernier coup au culte du Christ, qu'on aspirait à détruire en France : il s'agissait de faire disparaître les signes de la religion chrétienne et d'anéantir les ornements

1793.
septembre
et octobre.

_____

(1) *Notes historiques sur Cherbourg* (mass.), par M. J.-D***

sacrés. On ne voulait plus du christianisme, et les coryphées de la terreur songeaient à le remplacer par une religion nouvelle, dont Robespierre aspirait à être le grand pontife.

Un soir à neuf heures, le représentant Bouret se fit apporter les clefs de l'église. Le lendemain 30 nivose an II (19 janvier 1794), le tambour battit à la commune : la municipalité alla prendre les membres du district, et ces corps se rendirent à l'église avec le conventionnel. Un jacobin municipal monta en chaire et chanta un hymne révolutionnaire ; un autre jacobin le remplaça et se mit à prêcher l'athéisme. La dévastation commença : on abattit les images, les attributs du dulisme, et un crucifix, très-beau morceau de statuaire qui passait pour un chef-d'œuvre, et dont se chauffa le district ; on lacéra les tableaux, les bannières, les draperies des autels ; on brisa le tabernacle et, joignant le vandalisme à la débauche, et la débauche à la profanation, on marcha sur les hosties, et l'on fit une orgie au milieu du chœur en se servant des vases sacrés en guise de coupes. Alors ces énergumènes, ivres de vin et de fureur, mirent en pièces le *monument de l'Assomption*, ou la *grippée*, placé au haut de la

1794,
19 janvier.

grand'nef(*). Les orgues subirent le même sort, ainsi que les autels, une superbe danse macabre et les beaux ouvrages de scuplture qui ornaient les nefs; enfin la sacristie, les stalles, les bancs, les confessionnaux, tout fut détruit; on dépava l'église. Il ne restait plus que de nombreux bas–reliefs à l'intérieur et à l'extérieur; mais comme ces pierres faisaient partie des murailles, on ne pouvait les arracher sans renverser l'édifice : des maçons furent requis pour les mutiler, et l'opération dura environ six semaines.

La dévastation de l'église fut terminée vers les quatre heures du soir; on alla ensuite abattre le calvaire, planté sur la place de ce nom (la place d'Armes) pendant la mission de 1758. Un confessional et les habits d'un confesseur furent enterrés dans l'excavation qu'il fallut faire pour déplanter cette croix.

Le seul objet soustrait aux coups de ces van-

(*) *Voyez* sur ce monument, page 87. On ne faisait plus mouvoir cette machine depuis très-long-temps. Ce fut vers l'année 1736 qu'on en donna pour la dernière fois le spectacle au public ; et cela fut l'occasion de graves désordres : il y eut du sang versé dans l'église ; il fallut la rebénir. Pour éviter le retour d'un pareil scandale, l'autorité décida qu'on ne ferait plus jouer désormais le *monument de l'Assomption*.

dales et au pillage, car il y eut pillage, fut un tableau de la *Visite des saintes femmes au tombeau de Jésus-Christ*, qu'on croit être l'œuvre de Gaspard Crayer, de Bon Boullongne ou de Philippe de Champagne (1). Un sieur Robin, luthier, le roula en cylindre et l'emporta sous son bras. Cet honnête homme l'a rendu à l'église lors du rétablissement du culte en germinal an X.

Après cette scène de vandalisme et de vols, les vases sacrés furent déposés au district, où l'on apporta aussi, d'après un ordre formel, les principaux ornements des églises de campagne, et surtout l'argenterie, qu'il fallait, disait-on, envoyer à la monnaie, sans doute pour en fabriquer des assignats. En quelques jours tous les temples furent dépouillés de leurs trésors et complétement dévastés.

Une visite domiciliaire fut faite en même temps par des commissaires municipaux, afin de détruire chez les citoyens les signes de religion, et de brûler les livres de prières et tous les ouvrages de piété.

A la dévastation des églises se joignait le pil-

----

(1) M. de Berruyer, *Guide du Voyageur à Cherbourg*, page 97.

lage des châteaux et des maisons des riches......
En parlant de ces brigandages qui s'exerçaient
sous le manteau de l'égalité, on touche une corde
trop sensible , un point encore trop vif, trop
palpitant de susceptibilité pour pouvoir s'y arrêter un moment. Il suffira de dire que des députations de jacobins de Cherbourg allaient
dans les campagnes abattre les croix et les attributs nobiliaires des castels. La destruction
des monuments religieux et des établissements
seigneuriaux était le prétexte, et le pillage était
le but, but dont on s'acquittait aussi habilement
que les coupe-jarrets de la forêt de Bondy. Mais
je ne veux point entrer dans des détails sur cette
dégradante industrie qu'autorisait l'impunité du
crime , et il n'est pas de mon sujet de faire le
tableau de ces temps malheureux où la rapine,
la cruauté et la terreur tyrannisaient les provinces.

Le club des jacobins de Paris , qui tenait son
nom du local (une ancienne église de moines jacobins) où il s'assemblait, avait depuis long-temps
des clubs affidés dans toutes les villes de province,
clubs ressortissants de lui et avec lesquels il
était en relation. C'était au moyen de ce vaste
réseau, tendu sur la République, qu'il gouver-

naît la France. Le club des jacobins de Cherbourg, dirigé par celui de la capitale et formé
à son instar, était dominé par une trentaine d'é-
nergumènes, gens sans talent, qui ne pen-
saient qu'à tout renverser. Cette institution a
été parfois trop ridicule pour ne pas en dire
quelque chose. Le club se composait de ces
hommes exaltés qui alors se faisaient gloire du
titre de *sans-culotte*. Ces pitoyables tribuns
populaires se mêlaient de toutes les affaires politiques, croyaient l'universalité des choses de
leur compétence, argumentaient sur tout et
déraisonnaient sur tout. Peu de mots suffisent
pour donner la mesure de ces génies, qui se
donnaient modestement pour des rivaux de
Camille Desmoulins. C'était un président du club
disant à celui qui demandait la parole : *Citoyen,
tu l'asas*, pour tu l'as. C'était un orateur qui, en
parlant de Jean-Jacques Rousseau, citoyen de
Genève, prononçait *Jean-Jean Ruisseau*, citoyen de *Genièvre*, et un puriste qui le repre-
nait en s'écriant : ne dis point citoyen de *Genièvre*, dis citoyen de *Djine*. Ici, deux boxeurs
qui se donnaient des coups de poing pour finir
leurs discours. Là, une citoyenne, plus raisonnable qu'on ne l'était communément alors, apos-
trophait ainsi son mari qui sortait du club : Que

vas-tu prêcher dans cette galère de discorde
avec ta voix de *coq châtré*? Tu veux faire des
lois et gouverner la ville , et tu ne peux pas
régenter tes enfants et administrer ta maison !
Vas-t'en chez nous.—Et la ménagère de lui
donner son pied au derrière.—Mais....mais, ma
femme.....—Vas-t'en , te dis-je.—Et la femme
de frapper et le clubiste de partir. Le club de
Cherbourg était sans cesse le théâtre de semblables scènes : c'étaient la sottise et la démagogie
en action. On ferait un fort volume s'il fallait
retracer tous les ridicules de ce petit foyer révolutionnaire.

La Convention venait de décréter qu'elle recon-
naissait l'existence de l'Etre-Suprême et l'immortalité de l'ame, ce qu'au reste ne prouvent guère
ses actes, et soudain la municipalité de Cherbourg,
qui n'était jamais en retard en fait d'innovation,
fit mettre sur la porte de l'église cette singulière
inscription, aussi oisive que superflue : *le peuple*
français reconnaît l'existence de l'Etre-Su-
prême et l'immortalité de l'ame. Tous les gens
d'esprit qui lisaient cette sentence, les jacobins
eux-mêmes, ne pouvaient s'empêcher de sou-
rire de pitié. En effet , n'était-il pas risible que
la Convention prouvât l'existence de Dieu par

les votes de ses membres, précisément comme elle approuvait une loi de police ou de finance ? Une assemblée ne peut reconnaître l'existence de Dieu pour un peuple ; chacun la reconnaît pour soi.

Cela préparait à la fête en l'honneur de l'Etre-Suprême : elle fut célébrée avec grand' pompe à Cherbourg le 20 prairial an II (8 juin 1794), le même jour que Robespierre et ses jacobins la célébraient à Paris. Un membre du district figurait comme pontife ; les autorités , une partie de la ville et la garnison assistaient à la cérémonie.

1794,
8 juin.

Le régime de la terreur ne cessait de moissonner les Français ; ce n'étaient plus des condamnations partielles , c'étaient des fournées de suppliciés , des assassinats en masse, de véritables boucheries. Ce fut pendant ces jours de deuil que M. Leroi, directeur de la poste à Cherbourg, fut traduit au tribunal révolutionnaire , comme accusé d'avoir vendu à la livre aux épiciers des décrets de la Convention adressés aux représentants du peuple en mission dans le département, lesquels, fatigués de recevoir tant de paquets, ne daignaient plus les retirer de la poste, et avaient dit au directeur d'en faire ce qu'il voudrait. L'infortuné Leroi parut devant Fouquier-Tinville et exposa vainement son innocence ; ce féroce accusateur public l'envoya à l'échafaud.

Nous avons déjà parlé de la loi du maximum: ses funestes effets continuaient de faire souffrir les habitants des villes. Cherbourg était en proie à la famine. Son hôpital civil, dépouillé de ses revenus, se trouvait encombré de plus de cinq cents malheureux qui n'avaient de secours que la charité publique. La supérieure de cet établissement, alors Madame Poulet, était tous les jours aux expédients pour faire subsister ces pauvres ; elle implorait la pitié des riches ; elle courait au district, qui ne donnait rien, à la municipalité, qui ne donnait pas davantage ; elle s'adressait à tous les agents du pouvoir : enfin la misère devint telle, qu'il fallut envoyer ces pauvres gens demander l'aumône dans la ville, ce qu'on n'avait jamais vu. Ce ne fut qu'avec la plus grand'peine qu'on sortit de cette crise difficile.

Cependant l'ouest de la France était tout en feu ; la guerre civile s'étendait de la Vendée à la Bretagne, et de la Bretagne elle avait fait irruption dans la Normandie. L'armée vendéenne était venue mettre le siége devant Granville :

17

on venait de la repousser avec perte jusqu'au-
delà de Pontorson , et le département de la
Manche était dans l'ivresse de se voir débarrassé
du fléau de la guerre intestine.

Lecarpentier (*) , représentant du peuple à
l'armée républicaine de Granville, était alors à
Valognes. De nombreuses députations des autorités et des citoyens de Cherbourg allèrent
prier le proconsul d'assister à la fête que le
district voulait célébrer en l'honneur des héros
morts à la défense de Granville. Le représentant,
accompagné de ces députations , arriva à Cherbourg le **21** messidor an II (9 juillet **1794**). Il

---

(*) Lecarpentier, né à Helleville, canton des Pieux,
près de Cherbourg , était avoué à Valognes lorsque ce
district le nomma son député à la convention nationale.
Dans le procès de Louis XVI, il vota pour la mort sans
sursis et sans appel. Membre de la faction dite la *Montagne,*
fougueux jacobin, violent terroriste, il fut envoyé en
mission dans les départements de la Manche, d'Ille-et-
Vilaine et des Côtes-du-Nord , et se montra si sévère, que
les clubs eux-mêmes réclamèrent contre lui. La journée
du 9 thermidor le fit rentrer dans la foule. Il reparut sur
la scène lors de l'insurrection du premier prairial an III ,
par suite de laquelle il fut arrêté et conduit au château du
Taureau, dans la rade de Morlaix, où il resta jusqu'à la
loi d'amnistie du 4 brumaire an IV. Rentré dans ses foyers,
il exerça à Valognes la profession d'avocat. Il est mort il
y a quelques années au Mont-Saint-Michel.

fut reçu aux limites de la commune par la garde nationale, les troupes de la garnison et les autorités. Ce nombreux cortége, précédé de la musique et des tambours, entra en ville aux cris sans cesse répétés de vivent les Montagnards! Vive la République ! C'était alors, assure-t-on, que la femme du représentant disait à ses domestiques : « baissez les glaces de la voiture pour que mon » mari voie son peuple. »

Le lendemain **22** messidor (**10** juillet), au lever du soleil, l'artillerie de la place, des forts et des vaisseaux de la rade préluda à la fête de cette journée par de nombreuses décharges, pendant que la musique militaire exécutait des chants guerriers, et que les tambours battaient dans les rues pour rassembler les citoyens sur la place d'Armes.

1794 ; 10 juillet.

A neuf heures, les autorités civiles et militaires se rendirent de la municipalité au district. De là on alla prendre à son logement le représentant du peuple. Les troupes de la marine, la garnison et les gardes nationales étaient sous les armes; les citoyens allaient par sections avec des bannières tricolores. Le représentant se plaça au milieu du groupe des autorités ; et au signal donné par une salve de toute l'artillerie,

cet immense cortége se mit en marche au son
de la musique et au roulement des tambours. Il
passa par les principales rues de la ville : les
maisons étaient décorées de guirlandes de fleurs,
de couronnes de chêne ; des drapeaux nationaux
flottaient à toutes les fenêtres. On voyait dans la
foule une jeune fille portée sur un brancard par
quatre patriotes ; elle était drapée à l'antique
comme une vestale romaine, et tenait à la main
une pique que couronnait le bonnet phrygien,
emblême de la République : elle représentait la
déesse de la Liberté.

Le cortége arriva au *Champ de l'Union*
(le chantier Chantereyne) en marchant avec
ordre et en chantant en chœur la *Marseillaise*,
le *Réveil du Peuple* et l'hymne de Chénier. L'air
retentissait des cris de vive la République.
Chaque corps prit la place qui lui était assignée
autour du monument établi la veille dans cette enceinte : c'était un vaste théâtre, haut de dix pieds,
dont les deux extrémités latérales s'élevaient
en gradins, et sur le milieu duquel était un
autel funèbre, de forme antique et sans autres
ornements que des décorations de fleurs et de
verdure. Ce catafalque était surmonté d'une
urne cinéraire, couverte d'un faisceau de cou-

ronnes de chêne, et portant pour inscription :
*Aux defenseurs de la Patrie, morts au siége
de Granville.*

Le représentant du peuple monta sur l'autel,
et l'explosion de douze pièces de canon, placées
dans le chantier, annonça que la fête commençait. Un morne silence remplaça à l'instant le
murmure de la foule et les cris d'alégresse :
tout était grand, noble, imposant dans ces fêtes
de la République vraiment dignes d'un peuple
libre. L'agent national près du district fit, en
traits énergiques, un discours approprié à la
circonstance, lequel il termina par un projet de
décret à envoyer à la Convention, portant que
les rois, les autres tyrans nommés princes et
le pape seraient sur-le-champ traduits au tribunal révolutionnaire, et que dans le cas où ils
voudraient se soustraire par la fuite à la justice
nationale, ils seraient mis hors la loi (1).
C'était là le comble de l'exaltation en démence.
Il n'était ni raisonnable ni logique de pro-
poser de traduire à l'instant tous les rois au tribunal révolutionnaire, lorsque la personne d'au-

---

(1) *Procès-verbal* de cette fête, page 7. Cherbourg,
imprimerie de Clamorgam.

cun d'eux n'était au pouvoir de la République. Le maire lut aussi un discours, également fort applaudi, que nous regrettons de ne pouvoir rapporter ici. Puis le représentant du peuple, héros de la fête, prit la parole en ces termes :

« ENFANTS DE LA PATRIE,

» Assez de fleurs ont été répandues sur la » tombe des héros de Granville ; leurs mânes » sont satisfaits, nos cœurs sont acquittés : » acquittons-nous maintenant envers la déesse » tutélaire du peuple français ; qu'aux accents » mélancoliques succèdent des chants de vic- » toire ; que le cyprès funéraire cède la place au » laurier : la République a vaincu, la Répu- » blique triomphe ; gloire à la liberté !

» Quelle est donc, ô Patrie, quelle est cette » ardeur toute puissante que la liberté verse » dans le cœur de tes enfants ? Quelle est cette » invincible terreur qui frappe et dissémine les » soldats de l'esclavage ? Quoi ! des hommes sont » si forts, d'autres sont si faibles ! Cependant » ils ont aussi des baïonnettes ceux qui fuient à » l'aspect de nos légions ; par eux aussi la foudre » fut dérobée au ciel, ils ont les mêmes armes : » que leur manque-t-il donc ? Tout. Sans l'a- » mour de la liberté point de courage, point de

» héros, point de victoire : des esclaves ne sont
» point des hommes ; ils ont soustrait leur exis-
» tence à la nature qui les méconnaît. Ce n'est
» pas pour eux que le soleil embellit la terre,
» que les champs se couvrent de moissons. L'uni-
» vers est le domaine de la liberté, tous les
» éléments composent son empire ; et s'il existe
» un point sur ce globe où l'esclavage puisse
» trouver une retraite, qu'il aille la chercher
» dans les déserts, au milieu des glaçons et des
» ténèbres.

» Mais non, Républicains, il ne restera point
» d'asile pour les tyrans ni pour leurs satellites.
» Déjà ils sont forcés dans leur propre territoire ;
» et ce jour ne touchera peut-être pas à sa fin
» sans que nous ayons appris qu'ils sont tout-à-
» fait chassés du nôtre. Après la conquête de
» Charleroi, d'Ypres, Furnes, Menin, Courtray,
» Mons et Ostende, la reddition de Landrecies,
» Valenciennes et Condé ne peut être un pro-
» blême ; après la bataille de Fleurus, le dé-
» sordre, la précipitation et le massacre des
» hordes coalisées, il n'y a pas de doute à éle-
» ver sur le succès définitif de nos armes, c'est-
» à-dire, sur la destruction des rois, l'anéan-
» tissement des esclaves rebelles et la libération
» du monde.

» Elle va donc sonner dans l'univers l'heure
» de l'affranchissement du genre humain : ce
» n'est plus une spéculation fondée sur des aper-
» çus systématiques, c'est un projet appuyé par
» douze armées victorieuses, par plus d'un
» peuple déjà insurgé ou prêt à le devenir, sur-
» tout par l'irrésistible vœu de la nature en
» révolte contre ses oppresseurs. La Belgique est
» à nous ; les despotes du Nord peuvent se
» préparer eux-mêmes aux frais des quartiers
» d'hiver qu'ils avaient mal à propos tirés sur
» les exhalaisons de la Seine. Les barrières de
» l'Espagne et de l'Italie sont ouvertes : vous
» voyez ces vaisseaux, et quelques coups de ra-
» mes suffiront pour nous approcher tout-à-fait
» de l'Angleterre. C'est là, Républicains, que
» nous consommerons notre vengeance ; c'est
» là que nous chanterons notre dernière vic-
» toire ; c'est de là qu'après avoir rendu la liberté
» à l'empire des flots et à l'Angleterre elle-même,
» nous la rendrons à tous les peuples, en
» échange de la tête de leurs tyrans. »

Ce discours fut suivi d'unanimes applaudisse-
ments. Le président de la société populaire prit
ensuite la parole ; plusieurs citoyens lurent
aussi des harangues.

La cérémonie , qui durait depuis quatre heures, se termina par un banquet fraternel de trois mille couverts , apprêté sans luxe , sans superflu, et de manière que le seul nécessaire s'y trouvât. Des danses et des farandoles suivirent ce repas et durèrent jusqu'à la chute du jour. La nuit, les maisons de la commune et les édifices publics furent illuminés (1).

Cependant le règne de la terreur avait fini par effrayer la Convention elle-même. Le 9 thermidor vint mettre un terme à l'inconcevable dictature de Robespierre : le tyran et ses principaux supports finirent sur l'échafaud leur sanguinaire carrière. La chute de ce cruel décemvirat entraîna avec elle le tribunal révolutionnaire, qui décimait les Français : la loi du maximum fut abolie , l'empire des clubs fut anéanti et la terreur fut renversée. La République ne fut plus un régime odieux, à cela près des comités révolutionnaires qu'on établit dans chaque district, qui surent à merveille , pour la plupart , faire tourner leur petit pouvoir en petite tyrannie.

---

(1) Ce récit de la cérémonie du 22 messidor est tiré des procès-verbaux de cette fête, imprimés à Cherbourg, chez Clamorgam, imprimeur national.

Le comité de Cherbourg fit autant qu'il le put
souffrir les citoyens compris dans sa juridiction (1).

Enfin la convention nationale, ce gouvernement orageux, venait de déposer volontairement le sceptre ; un directoire exécutif et deux
conseils la remplaçaient. Par suite de l'organisation de ce nouveau pouvoir gouvernemental,
la justice de paix, le tribunal civil et criminel
de district, le bureau de paix et de jurisprudence
charitable, l'administration de district, et l'administration municipale et de police, établissements créés à Cherbourg en **1790**, furent suppri-
més et remplacés par un tribunal de simple
police, qui fut réuni à la justice de paix, et
par un tribunal de police correctionnelle. Le
tribunal de commerce fut maintenu, mais avec
de nouvelles attributions.

An IV,
1795--96.

Par suite de ces changements dans l'état et des
insurrections sans cesse renaissantes qui agitaient
la France et bouleversaient Paris, un grand
nombre de démagogues, de factieux de tous les
partis furent mis en arrestation. Le Fort-National,

---

(2) *Documents sur Cherbourg*, par un anonyme.

dans l'île Pelée , en rade de Cherbourg, devint alors une sorte de prison d'état. Plusieurs personnages marquants y furent incarcérés. Je dois les détails que je vais donner sur ces détenus à l'obligeance de M. Giel , adjudant secrétaire de place au Fort-Royal, qui les a extraits des archives de ce fort.

Le premier qu'on conduisit dans la forteresse de l'île Pelée fut Désotteux-Cormatin (*), major-général des armées vendéennes sous le comte Joseph de Puisaye. Soupçonné de vouloir rallumer la guerre civile , après avoir librement signé à la Mabilais, avec les représentants du peuple, l'acte de pacification, Désotteux-Cormatin fut arrêté à Rennes par l'ordre du général Hoche, et envoyé en l'an III à Cherbourg , au Fort-National, où il fut mis par mesure de sûreté. Il sortit plusieurs fois de sa prison pour subir

---

(*) Le baron Désotteux avait ajouté à son nom celui de Cormatin , du chef de sa femme. Il était fils d'un chirurgien des armées , et avait fait la guerre d'Amérique comme aide-de-camp du baron de Vioménil. C'était un homme de beaucoup de mérite comme littérateur. Il obtint du premier consul sa mise en liberté, et se retira dans une terre qu'il possédait aux environs de Mâcon. Désotteux-Cormatin est mort à Lyon en 1812.

différents jugements tant à Paris qu'à Coutances. Condamné à la déportation par un conseil de guerre, le 28 frimaire an IV, il fut renvoyé à l'île Pelée, et y resta jusqu'au 8 germinal an VIII (29 mars 1800), qu'on le transféra au château de Ham, par arrêté des consuls.

Le second détenu fut Barthélemy Porta, pris sur un navire marchand anglais capturé par le corsaire de Cherbourg le *Requin*, avec un nommé Saint-Aubert, son domestique, qu'on mit au fort du Hommet. Porta se disait helvétien, voyageant pour une maison de Southampton à Guernesey, et on le considéra d'abord comme prisonnier de guerre. Mais les recherches que l'ambassadeur de France en Suisse fit pour découvrir sa famille ayant été vaines, et comme d'ailleurs on avait trouvé des épaulettes et une dragonne en or dans son porte-manteau, on le soupçonna d'être un émigré allant prendre du service contre la République, et il fut en conséquence condamné à la déportation, et détenu au fort jusqu'en l'an VI. Dirigé sur Rochefort, par ordre du directoire, il s'évada, dans cette translation, à Hédé, département d'Ille-et-Vilaine. C'était un jeune homme d'environ vingt-un ans, du port le plus avantageux et parlant plusieurs langues.

Puis vint Vadier, ancien conventionnel et président du comité de sûreté générale. Il avait été condamné à la déportation, en l'an III, avec Collot-d'Herbois, Barère et Billaud-Varennes, ses collègues du comité de salut-public ; mais, caché dans Paris, il s'était soustrait à toutes les recherches. Compromis dans la conspiration dite de Babeuf, et le décret lancé précédemment contre lui n'ayant pas été purgé, le gouvernement l'envoya à l'île Pelée, où il arriva avec sa femme, le 14 messidor an V (2 juillet 1797). Il resta au fort jusqu'au 1.er vendémiaire an VIII (23 septembre 1799), qu'un arrêté du directoire exécutif le mit en liberté, sous la condition de se rendre à Chartres et d'y être sous la surveillance de l'administration municipale. Vadier était alors plus que sexagénaire. Banni par l'ordonnance du 12 janvier 1816, ce violent terroriste est mort à Bruxelles il y a quelques années, âgé de plus de quatre-vingt-onze ans.

Le même jour 14 messidor an V, vinrent à Cherbourg, dans une voiture grillée, les nommés Buonarrotti, ancien agent de la République et président du club populaire du Panthéon ; Germain, ex-officier de cavalerie ; Cazin, Moroy et Blondeau, tous compris dans la conspi-

ration de Gracchus-Babeuf, et condamnés à la
déportation par la haute-cour nationale de Vendôme. En vertu d'un ordre des consuls, ces cinq
déportés sortirent du Fort-National le 21 germinal an VIII (11 avril 1800), pour être conduits
à l'île d'Oléron et placés sous la surveillance des
autorités civiles

Buonarrotti, gentilhomme florentin, s'était
fait naturaliser français en 1793. Il possédait de
grandes connaissances, et était bon littérateur,
écrivant également bien dans la langue du Tasse
et dans celle de Voltaire. Les principes démocra-
tiques qu'il professait étaient des plus outrés. Sa
femme était avec lui et partageait son infortune.
Germain, jeune exalté, n'était pas non plus dé-
pourvu de talent. Il avait acquis une grande influence au club du Panthéon. Blondeau était un
enthousiaste très-impressionnable. Quant à Cazin
et à Moroy, c'étaient des hommes déjà âgés et
fort ordinaires, à l'exaltation près.

Cependant la République était parvenue à repousser l'Europe conjurée contre elle ; Moreau
vainquait en Allemagne, et Bonaparte, après
avoir surpassé dans les champs d'Italie les hauts
faits des Romains, forçait l'Autriche à signer la
paix à Campo-Formio.

L'intérieur de la France n'était plus sous le couteau sanglant de la terreur ; on jouissait d'un temps plus calme et plus heureux. Le culte du Christ était aboli ; on l'avait remplacé par des cérémonies civiles qui se faisaient avec pompe dans toutes les églises. Cherbourg aussi célébrait magnifiquement ces belles solennités : c'était la fête de la *Souveraineté du Peuple* , le 1.er germinal ; la fête du *Printemps et de la Jeunesse*, le 10 germinal ; celle des *Epoux*, le 10 floréal ; celle de la *Reconnaissance* , le 10 prairial ; celle de l'*Agriculture* , le 10 messidor ; celle de la *Liberté* , le 10 thermidor ; celle de la *Vieillesse* , le 10 fructidor. Ces fêtes nationales, si majestueuses, si dignes d'un peuple libre, élevaient l'ame et grandissaient les hommes ; mais elles ne durèrent pas long-temps.

Bientôt le général Bonaparte revint d'Egypte à Paris, et son épée victorieuse renversa le gouvernement pentarchique directorial. Trois consuls remplacèrent les cinq directeurs : le héros d'Arcole et des Pyramides devint le chef de l'état , et la révolution fut finie.

Sous la main active et puissante de ce jeune conquérant , les institutions républicaines qui régissaient la France rétrogradèrent rapidement

vers le système monarchique. Une loi du 28
pluviose an VIII (**17** février **1800**) divisa le territoire en préfectures , en sous-préfectures ,
en cantons et en communes, et abolit la circonscription par districts. D'après les dispositions
de ce décret , la ville de Cherbourg ne fut plus
qu'un chef-lieu de canton de l'arrondissement
de Valognes, et son tribunal de police correctionnelle fut conséquemment supprimé ; elle
resta avec son tribunal de commerce , sa justice
de paix , et ses administrations municipale ,
militaire et maritime.

Alors la commune de Cherbourg avait ses
limites aux portes de la ville; un arrêté des
consuls du **13** ventose an X réunit à son territoire
une portion de celui des communes de Tourlaville, d'Octeville et d'Equeurdreville. La dé-
limitation en fut tracée la même année par les
maires des circonscriptions respectives (**1**).

Il y avait neuf ans que la guerre maritime
durait avec l'Angleterre. Cette puissance s'était
emparé des îles Saint-Marcouf depuis plusieurs
années ; elle y entretenait une station navale qui

(**1**) *Almanach de la Manche* pour l'an XI, page 64.

àvait porté le dernier coup au cabotage français dans ces parages. Il fallait alors conduire par terre, de Honfleur à Cherbourg, les objets que le Havre fournissait pour l'approvisionnement de la marine, ce qui occasionnait de grandes difficultés et des dépenses considérables : entr'-autres exemples, le transport d'un cable de frégate, qu'on fut même obligé de couper par la moitié, coûta douze cents francs (1). Mais la paix se fit entre la Grande-Bretagne et la république consulaire. Par le traité d'Amiens, l'Angleterre rendit à la France les îles Saint-Marcouf, et celle-ci donna aussitôt des ordres pour les mettre en état de défense.

Un concordat avait été signé pour la République entre Bonaparte et le pape : une loi du **15** germinal an X (5 avril **1802**) réorganisa en France le culte catholique. Le curé nommé à Cherbourg fut l'abbé Ebinger, excellent homme qui avait servi sa patrie comme soldat avant de servir Dieu comme pasteur à Cherbourg. Il remplaça l'abbé Desquesne, curé constitutionnel, qui fut appelé à la cure de Saint-Pierre-Eglise.

1802.

---

(1) *Quelques idées sur la Marine en France*, par G.-J. L'*'*'. (M. Lange, de Caen), note 21, pag. 68 et 69.

Déjà le premier consul, qui devait marquer son règne par tant de grandes créations, avait porté les yeux sur Cherbourg, dont les travaux étaient depuis long-temps abandonnés. Dès le mois de novembre 1800, il se fit donner un rapport sur l'état effectif de la Digue, et ce compte-rendu fut inséré dans le *Moniteur* des 25 et 26 juillet de l'année suivante. Il résolut de rendre impossible à l'ennemi l'accès de la rade de Cherbourg. Une commission, composée de messieurs de Rosily, vice-amiral; Marescot, général de division, premier inspecteur du génie militaire, et Cachin, inspecteur général des ponts et chaussées, fut chargée de déterminer l'emplacement des fortifications qu'on voulait élever sur la Digue (1). Cette commission se réunit à Valognes dans le courant du mois d'août 1802 (2); mais elle ne s'occupa guère, comme le constate son travail, que du mouillage des vaisseaux, et surtout des moyens de défense de la rade, objet particulier de sa mission : quant au perfectionnement de l'ouvrage, c'est-

(1) *Mémoire sur la Digue de Cherbourg*, par J.-M.-F. Cachin, page 19.

(2) Gabriel Noël, *Digue de Cherbourg*, note de la

à-dire à ce qu'il fallait faire pour son complément, elle s'en rapporta au projet de la commission de 1792.

Le 15 octobre de la même année, le gouvernement ordonna, dit le baron Cachin, « que
» la partie centrale de la digue serait élevée à
» neuf pieds au-dessus du niveau des plus hautes
» marées, sur cent toises d'étendue, pour y
» établir une batterie de vingt pièces d'artillerie
» du plus gros calibre, et que les extrémités de
» la digue seraient ultérieurement disposées
» pour recevoir une semblable destination (1).»
Dès-lors on reprit les travaux de la rade, et
l'activité revint à Cherbourg. Mais les bateaux
qui servaient autrefois au transport des pierres
n'existant plus, il fallut consacrer à ce service
des chaloupes canonnières, ce qui présenta
divers obstacles. Cherbourg avait en station dans
son port seize de ces bâtiments, qui étaient vieux
et qu'on répara : on en amena de Boulogne,
du Havre, de Saint-Malo ; et ces bateaux de
guerre, joints à quelques navires du commerce
qu'on acheta dans plusieurs ports de la Manche,
donnèrent un effectif de trente-huit transports.

*1802.
15 octobre.*

(1) *Mémoire sur la Digue de Cherbourg*, par J.-M.-F.
Cachin, page 19.

Ces faibles moyens étaient loin de suffire aux besoins du service ; les travaux allaient avec lenteur ; et le gouvernement , qui voulait que l'ouvrage s'exécutât promptement, fit construire à Cherbourg et dans les ports voisins, seize gabares de soixante tonneaux pour transporter des matériaux à la Digue (1). La construction de ces bâtiments éprouva une foule d'entraves par l'effet de la guerre qui recommença entre la République et l'Angleterre.

Cependant l'établissement de la Digue ne donnait à Cherbourg qu'une rade fermée propre au mouillage de toute une flotte ; il n'avait point d'endroit pour construire et radouber les vaisseaux de ligne : il lui manquait un port militaire. Bonaparte voulut y faire creuser un autre lac Moeris ; et un arrêté des consuls du 25 germinal an XI (15 avril 1803) ordonna qu'un port de guerre de première classe y serait établi. Le 19 floréal suivant (9 mai), messieurs les ingénieurs Cachin, Delorme , Mandar, Eustache et Bonard reconnurent l'emplacement du premier bassin du *Port-Bonaparte*, tracèrent ses limites

1803,
15 avril.

(1) *Mémoire sur la Digue de Cherbourg*, par J.-M.-F. Cachin, pag. 22.

et en fixèrent les repères (1). Le lieu adopté, à la fosse du Galet , se nommait le *Pré-du-Roi* : le maréchal de Vauban , qui l'avait acquis à l'état, l'avait choisi depuis plus d'un siècle.

Le projet du port militaire de Cherbourg ne fut pas plutôt décrété, que le gouvernement s'occupa sans relâche de l'exécution de cette gigantesque entreprise. Des adjudications pour les différentes parties de l'ouvrage furent affichées dans les villes, publiées dans les journaux ; les préfets des départements firent des appels aux ouvriers : on les envoyait sur les lieux avec des feuilles de route, et ils étaient payés selon leurs professions « Un grand nombre de travailleurs » volontaires , pris dans les demi-brigades de » la garnison , s'honorèrent, à l'exemple des » soldats romains , de contribuer à la prospé- » rité de leur patrie (2) », et furent employés aux travaux du port. Bientôt Cherbourg offrit l'image d'une fourmillière : comme au temps de

----

(1) *Notions sur la Rade de Cherbourg, sur le Port-Bonaparte et sur leurs Accessoires ,* par un officier français (M. le capitaine Savary), *seconde partie, Port-Bonaparte,* page 5.

(2) *Lieu cité,* page 6.

la construction des cônes, il arriva un nombre prodigieux d'ouvriers, envoyés de tous les points de la France, et cette affluence de monde gagnant de l'argent et le dépensant rendit la ville extraordinairement florissante.

La batterie projetée sur le môle de la rade n'était pas encore établie, lorsque la frégate anglaise la *Minerve*, de quarante-quatre canons, commandée par le capitaine Brentan, vint s'échouer sur le talus extérieur de la Digue dans la nuit du 15 au 14 messidor an XI (2 au 3 juillet 1803). Cette frégate, qui voulait inquiéter les bâtiments employés au transport des pierres, ou capturer quelque navire à l'ancre et braver les forts, s'engagea dans la baie plus loin qu'elle ne le supposait, et les courants l'entraînèrent sur le môle vers dix heures du soir. Elle essuya toute la nuit le feu des forts et de deux canonnières mouillées sur la rade, et y riposta peu, occupée qu'elle était de se délester pour se remettre à flot. Le tir avait été incertain pendant les ténèbres ; mais au jour presque tous les coups portaient, surtout ceux du fort de la Liberté (le Hommet). La *Minerve*, après avoir fait en vain toutes les manœuvres possibles pour se rafflouer jusqu'à la pleine mer, amena son pavillon à quatre

1803.
2 et 3 juillet.

heures et demie du matin , ayant sept hommes
tués et plusieurs blessés.

Ces coups de canon répétés pendant la nuit
avaient mis Cherbourg en émoi : dès l'aurore
du lendemain dimanche , une foule immense
était sur le rivage et contemplait la frégate , qui
fut conduite dans le port de commerce , et ré-
armée quelque temps après sous le nom de la
Canonnière (*).

Cette circonstance fit redoubler les travaux
de la Digue. Enfin la partie centrale du môle
ayant atteint , sur cent toises d'étendue et dix

(*) La frégate la *Minerve* faisait partie de l'armée navale prise dans le port de Toulon lorsqu'il fut rendu aux
Anglais en 1793. Donnée au roi de Sardaigne , cette
frégate fut reprise en mer , près de Nice , par l'escadre
républicaine du contre-amiral Martin , dans laquelle elle
vint se jeter par méprise , la prenant pour une division
anglaise. Quelque temps après , elle retomba de nouveau
au pouvoir de l'ennemi; puis elle vint à Cherbourg se
faire reprendre un seconde fois par les Français. La *Minerve* reçut alors le nom de la *Canonnière*, et fut donnée en
commandement au brave capitaine de vaisseau Bourayne ,
qui partit de Cherbourg pour les mers de l'Inde , et soutint avec sa frégate un si glorieux combat à la pointe de
Natal contre le *Tremendous*, vaisseau anglais de 74.
*(Note communiquée par M. Auguste Langevin, de Cher-
bourg).*

toises de largeur, le degré d'exhaussement voulu par l'arrêté du gouvernement, on y établit, le **16** août de la même année, une batterie provisoire de quatre pièces de canon du calibre de trente-six et de deux mortiers à grande portée (1). L'Epaulement de cette batterie fut fait à la hâte, car il importait de la couvrir; mais la célérité d'exécution nuisit à la solidité de l'ouvrage, et une partie de ce revêtement s'écroula sous une violente tempête de six jours, qui s'éleva le **18** décembre suivant.

Bonaparte était devenu empereur, et Napoléon faisait presser les travaux des ouvrages conçus et ordonnés par le premier consul. Les enrochements du môle se continuaient avec activité; le terre-plein de la batterie s'avançait; et en mai **1805** vingt bouches à feu furent placées sur la Digue.

Alors l'empereur poursuivait son projet de descente en Angleterre : deux cent mille hommes de troupe étaient campés à Boulogne; une flotte considérable s'y trouvait pour les transporter. Des divisions anglaises croisaient constamment dans la Manche afin d'intercepter les

(1) *Mémoire sur la Digue de Cherbourg,* par J.-M.-F. Cachin, page 28.

navires français ; et des bâtiments de guerre ,
qui se rendaient à Boulogne, relâchaient à chaque instant sur la rade de Cherbourg , forcés
qu'ils étaient de chercher un abri contre les
escadres des insulaires. Si Cherbourg ne fut
pas inquiété par ces insolents ennemis , c'est à
sa digue et surtout à ses forts qu'il dut d'être
respecté. Mais la Grande-Bretagne , effrayée de
ces formidables préparatifs , suscita une coalition continentale à la France : le camp de Boulogne fut levé, et l'armée française partit pour
faire cette campagne triomphale qui se termina
dans la plaine d'Austerlitz.

La guerre ne fit pas ralentir les travaux de
Cherbourg. En même temps qu'on creusait le
bassin de l'avant-port on perfectionnait l'exhaussement de la Digue, dont le revêtement se faisait
avec des blocs de pierre du poids de dix à douze
milliers. Au printemps de 1806, cette île arti-
ficielle avait une garnison de cent cinquante
hommes logés dans deux pavillons en forme de
tente. Elle était aussi couronnée d'un logement
pour les gardiens, d'un corps-de-garde , et de
deux édifices circulaires , dont l'un servait de
poudrière et de dépôt de munitions, et l'autre ,

de magasin des vivres (1). La Digue était terminée à ses extrémités par deux orillons garnis de
pièces de campagne chargées à mitraille, afin
d'en interdire l'approche à l'ennemi.

Mais ce môle qui s'élevait comme par enchan-
tement, malgré les difficultés qu'il fallait vaincre
et les travaux que nécessitait la nature de l'ouvrage, subit de fortes dégradations par l'effet
d'une tempête le 18 février 1807. Son revêtement vers le nord fut en partie ébranlé, et la
mer y fit une brèche de plus de vingt mètres
d'étendue. Heureusement que les vagues ne sa-
pèrent que la superficie de la Digue, et que sa base
au-dessous du niveau des marées n'essuya aucun
dommage : on put réparer promptement ces dégâts, lesquels cependant furent bientôt renou-
velés par une autre tempête.

Ce fut quelques jours après le premier de ces
événements, le 9 mars suivant, que la corvette
française le *Cygne*, commandée par M. de Tro-
briant, arriva à Cherbourg, totalement désem-
parée et faisant eau de toutes parts. Ce bâtiment, battu par la tempête, était allé la veille

---

(1) *Mémoire sur la Digue de Cherbourg*, par J.-M.-F.
Cachin, page 30.

chercher un abri dans la rade de la Hougue ;
mais ses signaux avaient été méconnus, quoiqu'en plein jour, par le commandant de l'île
Saint-Marcouf; et ce fort l'avait canonnée comme
si c'eût été un navire ennemi. Bientôt la corvette
le *Cygne* eut plusieurs hommes de son équipage
mis hors de service ; son mât de misaine et son
grand mât de hune furent coupés : il lui fallut
reprendre la mer, et, ballotée par les vagues
pendant toute la nuit, ce ne fut qu'en courant
les plus grands dangers qu'elle gagna le lendemain la rade de Cherbourg.

Les travaux du Port-Napoléon avançaient rapidement : quoique l'ouvrage fût creusé dans
un roc de schiste quartzeux, dont la dureté augmentait en raison de la profondeur, les mines
domptaient la nature, et le génie de l'homme
allait maîtriser les flots en plaçant à l'entrée de
ce port une digue qui le garantît de l'irruption
de la mer. Ce bâtardeau fut mis à flot le 3 sep- 2 *septemb.* 1807 ,
tembre 1807, et immergé entre le revêtement des
deux môles de la passe d'entrée. Il avait cent quarante-deux pieds de longueur, quatre-vingt-quatre pieds de largeur à la base et quarante-quatre
de largeur au sommet , sur quarante pieds de
hauteur verticale Les intervalles entre les extré-

mités du bâtardeau et les môles furent remplis
sur-le-champ par des pièces additionnelles adap-
tées à l'œuvre principale. On consolida l'ouvrage,
et cette vaste charpente était si solide , qu'elle
résista à l'action des vagues pendant six années,
c'est-à-dire jusqu'à l'immersion du bassin.

La Digue, qui avait déjà éprouvé tant de vicissitudes depuis vingt ans, fut frappée, le **12** février **1808**, d'un coup plus terrible encore qu'aucun de ceux qu'elle avait essuyés. Une tempête
affreuse éclata pendant la nuit de cette journée,
vers deux heures du matin : un vent impétueux
du nord-ouest agitait la mer avec tant de fureur, que le parapet de la batterie et le revêtement supérieur du môle s'écroulèrent. Les
logements de la troupe et des ouvriers, les ateliers des maçons et des manœuvres, les forges
et les magasins, la poudrière, l'artillerie, tout
fut renversé, emporté par les torrents d'eau que
la mer vomissait sans relâche sur le terre-plein
de la Digue. Quelques soldats de la garnison se
réfugièrent dans trois espèces de cavernes for-
mées de gros blocs de pierres brutes, surmontées
d'enrochement, et qui servaient à loger les outils et les machines nécessaires à l'exécution des
travaux ; les autres, ainsi que plusieurs cen-
taines d'ouvriers, périrent ensevelis sous les

1808 ,
12 février.

débris des habitations ou lancés dans les flots ,
à l'exception de trente-huit hommes sauvés par
le courage énergique de M. Trigan , un des
commis du travail , lequel, dès que la tempête
commença à se calmer, fut chercher une caïque
à quelque distance de la Digue, et y fit embarquer
ces infortunés, dont plusieurs moururent de
froid et de fatigue après leur mise à terre.
Cet acte d'intrépidité valut à son auteur la décoration de la légion-d'honneur.

Ce déplorable désastre répandit le deuil , la
stupeur et la désolation dans Cherbourg. Les
jours suivants la plage était semée de cadavres.

Pendant l'ouragan, le vent était si impétueux
que l'homme le plus robuste ne pouvait tenir sur
la place d'Armes ni sur les quais de Cherbourg,
couverts des lames de la mer. Les corvettes de
l'état le *Papillon* et le *Cygne*, mouillées sur la
rade , perdirent leurs ancres et vinrent à la
côte.

Cependant cette tempête qui bouleversa la
partie supérieure du revêtement du môle et
culbuta tout ce qui était sur le terre-plein de la
Digue , eut pour effet, dit le baron Cachin ,
« de consolider l'ouvrage en mettant un dernier

» terme au déplacement des matériaux dont
» il avait été formé (1)», ce qui prouve que
l'ébranlement fut général et que la violence de
la mer remua cette masse jusqu'aux fondements.

On rétablit aussitôt la surface de la Digue, et
le parapet, qui fut élevé en retraite pour couvrir la batterie, laquelle resta, comme avant
les désastres, armée de vingt bouches à feu. On
construisit de nouveaux logements pour la troupe:
la garnison ne fut plus alors que de soixante
hommes d'artillerie de marine, sous les ordres d'un capitaine de cette arme.

Par suite de la guerre que Napoléon faisait
dans la péninsule Hispanique, Cherbourg devint un dépôt de prisonniers espagnols. Dès
1809, plus de huit mille de ces victimes de
l'esprit de conquête travaillaient au port et sur
les chantiers des constructions navales. Ce furent
ces Espagnols qui creusèrent le fossé d'enveloppe et élevèrent les remparts du port militaire.
En fortifiant cet établissement, ils bâtissaient
eux-mêmes leur prison ; car ils logeaient dans
l'enceinte du port, où les ruines de leurs barraques se voyaient encore il y a deux ou trois ans.

1809.

---

(1) *Mémoire sur la Digue de Cherbourg,* par J.-M.-F.
Cachin, pag. 34.

En septembre de la même année, plus de deux cents forçats arrivèrent au bagne de Cherbourg, qui était établi depuis quelque temps, et qui exista jusqu'à la restauration, époque à laquelle on transféra ses condamnés au bagne de Lorient.

Alors les travaux du port étaient portés au plus haut point d'activité. L'amiral Decrès, ministre de la marine, vint les inspecter en 1810 ; il les visita en détail, ainsi que les navires en construction et le grand ouvrage de la rade. Ce ministre arriva à Cherbourg le 31 mai à sept heures du matin, et en repartit le même jour à six heures du soir.

Le 15 août suivant, jour de la fête de l'Empereur, un funeste accident troubla les réjouissances et changea tout-à-coup en gémissements les cris d'alégresse qui retentissaient dans Cherbourg. Une joute se préparait dans le bassin du port de commerce, et toute la population s'était portée là. Pour mieux jouir du spectacle, on montait sur les navires. Un de ces bâtiments, amarré au quai, se trouva surchargé de monde : le pont, les enfléchures, les hunes et les vergues, tout en était couvert. Quand partirent les nageurs, il se fit un mouvement dans la foule :

1810.
15 août.

les amarres du navire se rompirent, et le bâtiment, qui était déchargé et sans leste, chavira
dans le bassin alors bordé d'embarcations, dont
plusieurs se trouvèrent écrasées sous sa mâture.
Plus de quatre cents personnes furent préci-
pitées dans le port : beaucoup de ces victimes
de leur curiosité atteignirent un radeau fixé dans
la passe aux portes-de-flot et qui servait de point
de départ aux nageurs allant à l'autre extrémité
du bassin ; mais leur poids fit sombrer le radeau, et elles furent une seconde fois replongées
dans l'onde. Ce déplorable événement coûta la
vie à plus de vingt personnes, presque toutes
de Cherbourg. La ville entière versa des larmes
en voyant le lendemain la scène lugubre qu'of-
fraient les obsèques de ces infortunés portés
ensemble au champ de l'éternel repos, funérailles où assistait une partie de la population
de la cité.

Napoléon voulut voir les ouvrages hydrauliques
que son génie faisait exécuter, et il vint à
Cherbourg, avec l'impératrice Marie-Louise, le 26
mai 1811. Il était attendu aux limites du territoire
de la commune par le corps municipal, un piquet de la garde d'honneur à cheval, les compagnies d'élite de la garde nationale avec la

1811,
26 mai.

musique , et une foule immense avide de contempler les traits du grand homme du siècle et qui encombrait la route.

On avait élevé là un fort bel arc-de-triomphe présentant une arcade principale et deux latérales, que formaient les rameaux de six palmiers figurés avec des feuilles de glaïeul artistement disposées. Les deux inscriptions suivantes décoraient ce fugitif monument :

Napoleoni magno et Mariæ-Ludovicæ Austriacæ urbs Cæsaris-Burgus.
Ereptum tibi mox reddet Neptune tridentem.

En avant de cet arc était une petite place de forme circulaire décorée en gazon et entourée de jeunes palmiers, aussi figurés, à chacun desquels pendait un grand médaillon avec ces mots : *Napoléon, Marie-Louise , le Roi de Rome.*

Les troupes étaient rangées en bataille depuis l'avenue du Roule jusqu'à l'hôtel du chef maritime, dans la rue des *Bastions*, où devait loger l'empereur. Elles avaient à leur tête messieurs le général divisionnaire Darnaud , commandant la 14.e division militaire ; le général de brigade Levasseur , commandant la subdivi-

19

vision du département de la Manche, et le général Bruno, commandant la place de Cherbourg.

Lorsque la voiture impériale arriva à l'arc-de triomphe, le maire, P.-J. Delaville (*), tenant à la main un plat d'argent avec des clefs, s'approcha de la portière de droite, et dit à Napoléon :

« Sire, nous avons l'honneur de présenter
» à Votre Majesté les clefs de la ville de Cher-
» bourg. Nous vous recevons mal, mais nous
» vous aimons bien, et nous venons vous le
» dire. »

(*) Delaville (Pierre-Joseph), médecin, né à Cherbourg, était maire de cette ville lorsqu'il fut nommé, en 1806, président du collége électoral de l'arrondissement de Valognes. En 1812, il présida le collége électoral de l'arrondissement de Cherbourg, et fut porté, l'année suivante, par le sénat-conservateur au corps-législatif, où il représenta le département de la Manche. Membre de la chambre des députés de 1814, il combattit avec énergie en faveur de la justice et soutint constamment la cause sacrée de la liberté. Nommé représentant pendant les cent-jours, il continua de professer, soit à la tribune, soit par son vote, les mêmes principes de justice et de libéralisme. Il était maire de Cherbourg depuis l'époque du consulat, quand, à la restauration, il fut révoqué comme un homme de l'Empire. Delaville est mort dans sa ville natale vers 1819. C'était un homme de beaucoup d'esprit, et un des citoyens les plus remarquables que Cherbourg ait produits.

En même temps la musique se faisait entendre, les acclamations du peuple saluaient l'empereur, le bronze tonnait de toutes parts, les cloches sonnaient, et Napoléon entrait en ville vers les quatre heures de l'après-midi. Il était en voiture, ainsi que l'impératrice. Leur cortége se composait du grand-duc de Wurtzbourg, du prince Eugène Beauharnais, vice-roi d'Italie ; de l'amiral Decrès, ministre de la marine, et du comte de Montalivet, ministre de l'intérieur, arrivés la veille ; du comte Daru, ministre secrétaire d'état ; du comte de Chasseloup-Laubat, inspecteur général du génie ; de plusieurs généraux, aides-de-camp et officiers du palais ; de la duchesse de Montebello, de la princesse Aldobrandini, de la duchesse d'Alberg, et des comtesses de Périgord et de Beauveau, dames attachées à l'impératrice.

Déjà Napoléon était en rade qu'on le croyait à peine au palais, où il ne fit que descendre : traverser la ville, se rendre au Port-Militaire, s'embarquer avec l'impératrice et sa suite fut l'affaire d'un instant. Il alla au Fort-Impérial, aujourd'hui le Fort-Royal, visita la Digue et fut débarquer au fort de Querqueville avec tout son cortége.

L'impératrice revint en calèche au palais, et l'empereur monta à cheval et se rendit avec ses ministres, le prince Eugène et le grand-duc du Wurtzbourg au Port-Militaire, dont les clefs lui furent présentées par Franqueville, commissaire principal, chef maritime, accompagné des officiers civils et militaires de la marine. Napoléon entra dans le Fort-Liberté, à présent le Hommet, examina avec attention l'état des ouvrages du port, où l'on travaillait depuis huit ans, et le bâtardeau qui fermait à la mer l'entrée du bassin; vit les deux cales déjà construites, et sur lesquelles étaient en construction les vaisseaux de ligne le *Zélandais* et le *Duguay-Trouin*; parcourut les chantiers, visita les ateliers, et rentra au palais à l'approche de la nuit. Toute la population l'attendait à son passage. Il descendit de cheval à l'entrée de la ville, et traversa la foule à pied. Les maisons étaient décorées de guirlandes de fleurs et de feuillages; des drapeaux tricolores flottaient aux fenêtres; une illumination générale éclairait toutes les rues.

27 mai.   Le lendemain, Napoléon était à cheval dès cinq heures du matin, et parcourait l'enceinte du Port-Militaire et le chantier des constructions

navales. Il se rendit sur les hauteurs qui dominent la rade et le port, et y détermina l'emplacement de la plupart des redoutes qui les
couronnent aujourd'hui. Puis il descendit par
le Roule, franchit les Mielles, fut voir la redoute
de Tourlaville, traversa l'arsenal de la marine,
et visita en détail les jetées et le port de commerce. Pendant ce temps, le ministre de l'intérieur donnait audience aux diverses administrations civiles de Cherbourg et recevait les ré-
clamations.

A deux heures de l'après-midi, l'empereur,
entouré des princes, de ses ministres, et des officiers de sa maison, reçut le baron de Bossi,
préfet du département ; les généraux commandants la division, la subdivision et la place ; le
baron Dupont-Poursat, évêque de Coutances,
et son clergé ; les autorités civiles et judiciaires
de l'arrondissement, et le conseil municipal de
Cherbourg conduit par le maire, qui adressa au
monarque le discours suivant :

« Sire, le voyage de Votre Majesté à Cher-
» bourg fera époque dans les annales du monde.
» De cette époque dateront la restauration de
» notre marine, la prospérité de notre commerce
» et l'affranchissement des mers : il va combler

» de joie la France tout entière, aussi bien que
» la ville de Cherbourg, et donner à penser au
» cabinet de Londres. Ses vaisseaux qui enten-
» dirent naguère nos chants d'alégresse, lorsque
» la providence nous accorda un héritier au
» trône, les entendront encore cette fois; et
» la lueur des feux innocents destinés à signaler
» nos transports, va devenir pour eux, lorsqu'ils
» en connaîtront l'objet, la lueur de l'éclair
» précurseur de la foudre. »

Messieurs Fremin – Dumesnil, président du
conseil général du département; Bernard-Du-
chesne, président du tribunal de première instance de Valognes; Avoyne-Chantereyne, président du tribunal de commerce de Cherbourg,
et l'évêque de Coutances, firent aussi des discours à l'empereur, et cela en termes si flatteurs, que ces louanges dans leurs bouches
n'eussent été que de l'adulation pour tout autre
que l'homme merveilleux qui en était l'objet.
Mais trois ans plus tard, quelques-uns de ces
harangueurs affectaient de tenir sur Napoléon
un langage bien différent : alors le conquérant
de l'Europe avait perdu sa couronne et ne régnait plus que sur l'île d'Elbe : d'autres intérêts
commandaient d'autres sentiments.

Le même jour à quatre heures, l'empereur et l'impératrice se rendirent en voiture au Port–Napoléon , pour s'y embarquer et visiter l'escadre mouillée sur la rade. La pluie les retint un moment sous une tente établie sur l'un des musoirs du port ; et l'empereur , qui ne pouvait rester oisif , se fit apporter le plan des ouvrages alors sous ses yeux (1), et examina les projets proposés pour leur complément. Ensuite ils s'embarquèrent , malgré la pluie, et montèrent successivement à bord du vaisseau le *Courageux* , commandant la division, du vaisseau le *Polonais* et de la frégate l'*Iphigénie*. L'artillerie des forts et des bâtiments de guerre ne cessa de retentir tout le temps que les augustes personnages furent en rade.

Bientôt le vaisseau le *Courageux* arbora le pavillon de contre–amiral , son commandant, le brave capitaine Troude (*), étant élevé au grade

---

(1) *Procès-Verbal* du séjour de l'Empereur à Cherbourg, page 12.

(*) Troude (Aimable-Gilles , baron), naquit à Cherbourg vers 1760. Il entra au service dans la marine comme simple matelot, et s'éleva par son courage et son intrépidité jusqu'au grade de contre-amiral. Le 13 juillet 1801, devant Algésiras , le capitaine Troude , commandant le

d'officier général. Napoléon signa le brevet de cet autre Jean-Bart sur la culasse d'un canon, siége qui convenait à merveille au vainqueur d'Arcole et de Jéna, comme au héros du vaisseau le *Formidable*.

---

vaisseau le *Formidable*, fut attaqué par quatre vaisseaux anglais et les contraignit à la retraite. Promu commandant de vaisseau par suite de cet héroïque combat, il fut nommé en 1804 officier de la légion d'honneur. Parmi les nombreux hauts faits de ce célèbre marin, brille avec éclat son affaire des Saintes des 16 et 17 avril 1809. L'amiral Cockrane le bloquait étroitement; il croyait qu'il ne pourrait lui échapper, et se flattait déjà de cette précieuse capture; mais l'intrépide Troude sut se faire passage à travers la division anglaise, malgré le feu le plus vif, et échapper aux forces supérieures de l'ennemi. Il vint mouiller sur la rade de Cherbourg, le 29 mai suivant, avec les vaisseaux le *Courageux* et le *Polonais*, au moment où on le croyait prisonnier des Anglais. Il eut le commandement de la station de Cherbourg jusqu'en 1814. Alors le duc de Berry, revenant en France sur la frégate l'*Eurotas*, fut reçu par le vaisseau le *Polonais*, que commandait le contre-amiral Troude. Ce prince changea le nom du *Polonais* en celui de *Lis*, et envoya l'amiral à Portsmouth pour s'y mettre à la disposition de Louis XVIII. Le général Troude, débarqué en Angleterre, fut porté en triomphe par le peuple. Il reçut la croix de Saint-Louis, prit du service sous la restauration, et fut mis en retraite en 1815. Il est mort à Brest vers 1825.

L'amiral Troude fut un de ces généraux de fortune comme on en vit tant sous l'Empire. C'est le héros de Cherbourg, comme Valhubert est le héros d'Avranches, comme Dagobert est celui de Saint-Lo.

Le lendemain **28** , l'empereur s'occupa des projets du port et des fortifications , et tint à ce sujet un conseil où furent appelés plusieurs officiers supérieurs du génie et des ponts et chaussées. Il se rendit ensuite avec ses ministres et le vice-roi d'Italie à la direction des travaux maritimes, où il examina long-temps le modèle en relief des projets du Port-Militaire , dont l'ingénieur en chef Cachin lui donna l'explication. « Il se fit rendre un compte circonstancié » de la disposition des bassins , du nombre de » vaisseaux qu'ils doivent contenir , et de la » destination des divers établissements dépen- » dants de cet arsenal maritime , dont l'en- » semble et les détails sont exprimés sur ce » relief avec la plus grande exactitude et la » plus rare perfection (1). »

Napoléon visita ensuite l'arsenal de la marine, et se rendit de là par mer au Port-Militaire. Il descendit au fond de l'avant-bassin, dont une partie était déjà creusée à la profondeur de seize mètres au-dessous du niveau des marées ordinaires, et parut très-satisfait des travaux de cette gigantesque entreprise.

---

(1) *Procès-Verbal* du séjour de l'Empereur à Cherbourg, page **13**.

Pendant que l'empereur s'occupait ainsi des ouvrages maritimes de Cherbourg, l'impératrice recevait au palais les hommages des différentes administrations de la ville et de l'arrondissement. On lui fit plusieurs discours. Elle reçut ensuite quinze jeunes demoiselles et six ouvrières, qui lui présentèrent une corbeille de fleurs, quelques dentelles de la manufacture de Cherbourg, et un métier sur lequel était monté un voile non encore achevé (1).

29 mai. Le 29, l'empereur sortit à cheval à cinq heures du matin, visita les cales et les chantiers, et parcourut de nouveau, avec des officiers du génie, le sommet des collines qui commandent Cherbourg, où il ordonna l'établissement de plusieurs redoutes. Puis il revint en ville, passa en revue la garde d'honneur, qui faisait le service du palais concurremment avec la garde impériale, et retourna au port s'occuper de ses fortifications.

A dix heures, il reçut une députation du collége électoral du département, avec laquelle il s'entretint des intérêts locaux, des ressources

(1) *Procès-Verbal* du séjour de l'Empereur à Cherbourg, page 18.

et des besoins de chaque arrondissement. Et
dans l'après-midi, il fut à la caserne de la marine,
sur la route de l'Abbaye , et y passa en revue le
5.ᵉ régiment d'infanterie légère, auquel il accorda plusieurs promotions et décorations. Une
foule innombrable emplissait l'avenue ; les arbres en étaient chargés , le toit de la corderie
en était couvert : elle suivit Napoléon jusqu'au
palais, en faisant retentir l'air des cris de vive
l'empereur.

Cette même après-midi, l'impératrice sortit
à quatre heures pour s'embarquer au Port-Napoléon ; mais une mer houleuse lui fit reprendre
terre, et elle alla se promener en calèche sur la
route des Pieux jusqu'à Martinvast.

Un feu d'artifice fut tiré à neuf heures, et un
bal commença immédiatement après dans de
vastes salles, construites en planches et en toile,
sur la place d'Armes, auprès de la mairie. Là
était une rotonde , accessible par trois galeries,
dans laquelle on avait disposé deux fauteuils
pour l'empereur et l'impératrice , et d'autres
siéges pour les princes , les dames et les officiers
de la cour ; mais leurs majestés n'assistèrent point
à ce bal , qui dura jusqu'à quatre heures du
matin.

Le **30**, Napoléon, suivi de ses ministres et des principaux officiers de la marine et du génie, se rendit vers cinq heures au Port-Militaire, s'embarqua, fit la visite des bâtiments de guerre mouillés sur la rade, et passa en revue les conscrits du quinzième équipage de flottille. Il se disposait à retourner au port, lorsqu'à sept heures un vent frais du nord-est s'étant élevé, le contre-amiral Troude fit à sa division le signal d'appareiller. L'empereur envoya un canot au-devant de l'impératrice, et s'approcha du vaisseau amiral pour observer ses manœuvres et voir filer ses cables. La division était sous voile à huit heures, cinglant vers la passe de l'ouest. Napoléon et Marie-Louise, chacun dans leur canot, la suivirent jusqu'au-delà de la Digue ; puis ils débarquèrent sur ce môle, d'où ils jouirent du spectacle que présentaient les évolutions des vaisseaux qui rentrèrent en rade par la passe de l'est, et firent une seconde fois le tour de la Digue, en longeant ses flancs le plus près possible.

Pendant ce temps, l'empereur faisait faire l'essai de deux mortiers, et passait en revue la petite garnison de la Digue, commandée par le capitaine Brunel, du deuxième régiment d'artillerie de marine. Le monarque déjeûna sur le môle. Les soldats lui offrirent de leur soupe : il la fit servir sur sa table, à lui, aux dames et à ses officiers.

Le même jour à une heure de l'après-midi, des salves d'artillerie annonçaient le départ de l'empereur et roi, de l'impératrice et de leur suite. Ils avaient magnifiquement récompensé les personnes qui les avaient servis, et partaient après avoir accordé des gratifications aux équipages de la division et aux ouvriers du port. Leurs canotiers étaient largement rétribués. Un secours de dix mille francs était donné à l'hospice civil et au bureau de bienfaisance (1).

La batterie existant sur la Digue n'était qu'un établissement provisoire ; Napoléon, qui voulait du définitif, rendit, le 7 juillet suivant, un décret ainsi conçu :

« Art. 1.ᵉʳ La batterie à établir sur la Digue de Cherbourg sera construite dans une tour el-

----

(1) Ces détails sur le séjour de Napoléon et de Marie-Louise à Cherbourg, sont tirés du *Procès-Verbal* qui en fut rédigé par P.-J. Delaville, du *Moniteur* et de plusieurs autres journaux.

liptique en maçonnerie de pierres de taille de granit, dont le grand axe aura trente-cinq toises et le petit axe dix-neuf, conformément aux plan et coupe annexés au présent décret et aux dispositions suivantes.

2. Les fondations seront établies sur l'enrochement intérieur au niveau des basses mers.

3. Sur ce massif de fondation qui aura vingt-huit pieds de hauteur et au niveau du terre-plein de la batterie actuelle, sera placée une caserne dont les murs seront percés de soixante-dix-huit créneaux, capable de contenir une garnison de cent cinquante hommes, le magasin à poudre et la citerne.

4. La gorge de cette batterie sera défendue par deux flancs.

5. Une plate-forme générale sur cette caserne, qui sera voûtée à l'abri de la bombe, servira d'emplacement à une batterie casematée de dix-neuf pièces de canon de trente-six. Le seuil des embrasures sera élevé de trente pieds au-dessus des plus hautes mers.

6. Une seconde plate-forme sera construite au-dessus des casemates, et pourra, au besoin, recevoir une batterie sur affûts de côte.

7. La batterie actuelle extérieure à la tour sera conservée et les talus à la mer qui la protégent seront soigneusement entretenus. »

Ce décret n'a point encore reçu son exécution, et probablement ne la recevra pas de sitôt. L'ouvrage fut commencé; mais à la chute de l'Empire on abandonna ce travail pour ne plus le reprendre, surtout dans le même but : le projet de Napoléon étant sans doute trop grand pour les petits gouvernements qui ont succédé au sien.

L'empereur ne borna pas là sa bienveillance pour Cherbourg. On a vu que par la circonscription territoriale de l'an VIII, cette ville était descendue au simple rang de siége cantonnal : un décret impérial du 19 juillet 1811 en fit le chef-lieu d'un arrondissement comprenant les cantons de Beaumont, Cherbourg, les Pieux, Octeville et Saint-Pierre-Eglise, qui furent distraits de l'arrondissement de Valognes. Le même décret y établit un tribunal de première instance composé de trois juges, y compris le président, d'un procureur impérial et son substitut, et d'un greffier (1). Ces nouvells administrations furent

1811,
19 juillet.

---

(1) *Bulletin des Lois de l'empire français*, 4.ᵉ série, tome 15.ᵉ (1811, 2.ᵉ partie), pag. 82 et 83.

installées en décembre de la même année et
entrèrent en fonctions au 1.ᵉʳ janvier 1812. Le
sous-préfet fut M. Augustin Asselin, précédemment sous-préfet de Vire, et le président du
tribunal, M. Vrac, juge au tribunal de Valognes.

Cherbourg devint bientôt le siége d'un tribunal ordinaire des douanes, et enfin d'une préfecture maritime, dont la circonscription s'étendit, entre les arrondissements de Brest et d'An-
vers, depuis le Havre jusqu'à Saint-Malo. Le
chevalier Molini, capitaine de vaisseau, plus
tard baron et contre-amiral, fut le premier préfet maritime de Cherbourg.

Dans le courant de l'été 1813, la grande entreprise de l'Avant-Port-Militaire fut enfin ac-
complie, après des millions de dépense et dix
années de travaux continuels. Le bassin était
entièrement creusé, les murs des quais terminés,
et l'ouvrage prêt à recevoir les eaux de la mer.

Napoléon, alors en Saxe à la tête de la grande
armée, ne put assister à l'immersion de ce
bassin ; mais l'impératrice, qu'il avait instituée
régente de l'Empire pendant son absence, vint
à Cherbourg pour voir le spectacle de cette mé-

morable cérémonie. Elle y arriva le 25 août
1813 , à huit heures du soir, accompagnée de
mesdames la duchesse de Montebello, la comtesse
de Luçay, la comtesse de Montalivet, la duchesse
de Castiglione et la comtesse de Noailles, dames
de sa cour ; de messieurs le maréchal Moncey ,
duc de Conégliano, et des officiers du palais ; du
sénateur comte de Beauharnais, du prince Aldobrandini , du général comte Caffarelli , du
comte de Béarn , du comte de Lillers, du baron
de Cussi , de Guerchy, d'Hericy, de Lamberti,
du sénateur comte Rœderer, titulaire de la sé-
natorerie de Caen, ministre secrétaire d'état du
grand-duc de Berg, et de plusieurs autres hauts
fonctionnaires civils et militaires.

Le corps municipal, le sous-préfet, le général Latour-Maubourg, comte de Fay, commandant la division ; un détachement de la garde
d'honneur à cheval, les grenadiers et les chas-
seurs de la cohorte urbaine, et la musique de
la garde nationale , reçurent l'impératrice à
l'entrée de la promenade du Roule, où s'élevaient, à droite et à gauche de la route, deux
colonnes d'ordre dorique, à fût de granit et à
tores de bronze, ornées des chiffres de Napoléon , de Marie-Louise et du roi de Rome, et

20

surmontées de deux aigles tenant dans leurs becs une guirlande de myrtes et de roses qui allait d'un cippe à l'autre (1).

Vu l'heure avancée, l'impératrice ne s'arrêta point à l'arc-de-triomphe. Elle continua sa route, et passa devant le front des troupes de la garnison, rangées en bataille, et ayant à leur tête le général Bruno, commandant la place, et son état-major. Sa voiture était escortée par sa garde et la garde d'honneur à cheval. Elle traversa la ville, dont les maisons étaient décorées de fleurs et de verdure et illuminées, et descendit à l'hôtel de la préfecture maritime, où l'attendait le duc Decrès, ministre de la marine, arrivé à Cherbourg l'avant-veille.

Le conseil municipal avait préalablement fait démolir, dans la rue où est situé cet hôtel, une ancienne poudrière qui servait depuis long-temps de prison de ville et qui bouchait l'extrémité de la rue des *Bastions* du côté de la rue du *Chantier*, où il n'y avait d'accession que par un simple passage d'environ cinq pieds de largeur.

---

(1) *Procès-Verbal* du séjour de l'Impératrice Marie-Louise à Cherbourg, page 2.

Le lendemain à une heure de l'après-midi, 26 août. l'impératrice, suivie des dames de sa cour et des grands officiers, se rendit au Port-Napoléon, où la reçurent le préfet du deuxième arrondissement maritime et le chevalier Cachin, inspecteur général des ponts et chaussées, directeur des travaux. Elle visita la forme de radoub, et descendit au fond du bassin, où l'on avait disposé et scellé dans deux excavations taillées dans le roc, l'une en face de la passe, l'autre en avant de la forme, une boîte en chêne, recouverte d'une feuille de plomb, renfermant « toutes » les pièces de monnaies françaises en circu- » lation, et quatre-vingts médailles en bronze » du règne de l'empereur (1). » On avait aussi déposé dans chacune de ces fosses une inscription gravée sur une plaque de platine et ainsi conçue : *Napoléon-le-Grand a décrété le 15 avril 1803, qu'un Port serait creusé pour les grands vaisseaux de guerre, dans le roc de Cherbourg, à cinquante pieds de profondeur au-dessous des hautes marées.—Ce monument a été terminé et son enceinte ouverte à l'Océan le 27 août 1813, en présence de Sa Majesté Marie-Louise d'Au-*

---

(1) M. P.-A. Lair, *Description de l'ouverture de l'Avant-Port de Cherbourg,* pag. 6.

triche , Impératrice et Reine, Régente : Na-
poléon, son Auguste époux, étant en Allema-
gne à la tête de ses armées.—Le vice-amiral
duc Decrès, ministre de la marine ; le chevalier
Cachin, directeur en chef des travaux, et le
chevalier Molini, préfet maritime.

Après avoir parcouru en sens divers l'enceinte
de l'avant-port, chacun se retira, et l'impératrice resta derrière, afin d'être la dernière personne qui ait foulé le sol du bassin, lequel,
aussitôt qu'elle l'eut quitté, se couvrit d'une
nappe de près d'un pied d'eau, en attendant la
grande immersion du lendemain.

La régente rentra au palais; et à deux heures
elle reçut les officiers de la marine, dont faisaient
partie le vice-amiral comte Allemand, et les
contre – amiraux baron Cosmao et chevalier
Troude ; le baron de Bossi , préfet du département , et les sous-préfets de Cherbourg, de Valognes et de Saint-Lo ; le clergé, ayant à sa tête
M. le baron Dupont-Poursat, évêque de Coutances ; les députés de la Manche au corps-législatif ; les membres des divers tribunaux séants
à Cherbourg , et le conseil municipal, présenté
par le maire, le chevalier Delaville, lequel dit
à l'impératrice :

« Madame, Votre Majesté vient ici couron-
» ner par sa présence une des plus vastes entre-
» prises qu'ait exécuté la main des hommes, qui,
» par sa grandeur et son utilité, suffirait pour
» illustrer le règne d'un monarque ordinaire ;
» mais qui, dans un siècle de prodiges, ira se
» confondre avec les autres merveilles qui si-
» gnalent le règne de Napoléon-le-Grand. Ce qui
» fixera plus particulièrement les regards sur
» l'époque où nous vivons, ce sera le spectacle
» d'un monarque obligé de soutenir à la fois
» une guerre terrible aux deux extrémités de
» l'Europe, quittant ses états pour aller combattre
» ou négocier à trois cents lieues de sa capitale ;
» remettant les rênes du gouvernement aux
» mains d'une princesse de vingt ans ; et la plus
» tendre des mères laissant l'amour de ses peuples
» pour toute garde à l'héritier du trône, et con-
» sentant à s'en éloigner pour aller aux confins
» de son empire présider elle-même à l'exécu-
» tion des projets de son auguste époux : ce
» trait que l'histoire conservera comme un té-
» moignage de la plus touchante réciprocité dans
» les affections ; ce trait, Madame, qui nous
» frappe aujourd'hui davantage, parce que nous
» avons le bonheur de jouir de votre présence,

» sera à jamais cité comme un des plus beaux
» monuments de dévouement, de confiance et
» d'amour. »

Après l'audience, l'impératrice alla se promener en voiture jusqu'au château de Martinvast, où elle accepta des fruits et du laitage. A son retour, elle trouva sur son passage le curé de la paroisse, en habits sacerdotaux, qui lui offrit l'encens. Les maisons du village d'Octeville étaient décorées de feuillages, et la population des campagnes voisines, accourue sur la route, manifestait ses sentiments en ne cessant de crier vivent l'empereur et l'impératrice.

Dans la soirée Marie-Louise reçut les hommages de trente jeunes demoiselles de la ville, choisies par l'administration, qui lui offrirent une corbeille remplie des plus belles dentelles de la manufacture de Cherbourg (1), et lui présentèrent une pièce de vers à personnages exprimant sa bienfaisance, ce qui parut faire à la princesse un sensible plaisir.

27 août. Le lendemain **27**, la régente sortit vers midi et prit la route de Querqueville. Elle descendit

_____

(1) *Procès-Verbal* du séjour de Marie-Louise à Cherbourg, page 16.

de voiture à l'anse Sainte-Anne , et se promena
pendant une heure sur le bord de la mer ,
contemplant de temps en temps la surface
unie des eaux et les flots qui se succédaient au
rivage , et se donnant le plaisir de ramasser
des coquilles sur la grève. Elle retourna ensuite
au palais, et se rendit sur les six heures au Port-
Napoléon, pour assister à l'immersion du bassin.
Le bruit de l'artillerie des forts et de l'escadre
annonça son arrivée : la musique faisait entendre
ses mélodieux accents ; et l'air retentissait des
cris de vive l'impératrice, répétés par plus de
vingt-cinq mille personnes attirées dans l'enceinte
du port pour jouir de l'admirable spectacle qu'on
allait y donner.

L'impératrice se plaça dans le pavillon qui lui
avait été préparé sur le quai de l'est, près de la
passe , et qui était orné de guirlandes de fleurs
et de trophées. M. l'évêque de Coutances , assisté
du chevalier Ebinger, curé de Cherbourg, céré-
monia la bénédiction de l'avant-port, pendant
que l'escadre de l'amiral Troude était sous voile ,
et manœuvrait vers l'entrée de la passe pour amuser la régente.

La mer montait, et le bâtardeau, dégarni d'une
partie de ses bordages, la laissait entrer dans le

bassin par une triple cascade. L'impératrice jouit pendant plus d'une heure de ce majestueux spectacle ; mais à la chute du jour elle retourna au palais, et reçut le général commandant la division et les chefs des divers corps militaires de la place de Cherbourg. La température de l'air étant froide, une partie des spectateurs s'en retournèrent aussi sur les huit heures, bien que l'immersion ne fît guère que commencer.

Alors le voile de la nuit couvrait l'horzion : une infinité de lampions illuminaient le bâtardeau et la passe ; de nombreux pots-à-feu remplis de goudron éclairaient les quais. Cependant la marée montait, et la mer prenait une force qui s'augmentait de minute en minute. Enfin le dénouement de cette scène imposante arriva. « Il était neuf heures, dit un témoin oculaire, » lorsque tout-à-coup nous entendîmes un bruit » effrayant venant du bâtardeau. Après un cra- « quement épouvantable et une secousse violente » qui durèrent quelques minutes, nous vîmes le » centre du bâtardeau se briser en éclats du » côté du bassin. Alors la mer s'ouvrant un large » passage, entra comme un torrent impétueux... » De temps en temps il se faisait des déchire- » ments dans la charpente, et il s'en détachait

» de grosses pièces de bois avec un fracas hor-
» rible.... L'eau de la mer continua d'entrer
» avec la même violence pendant une demi-
» heure, intervalle qui suffit pour achever de
» remplir le bassin, malgré son immense éten-
» due (1). »

On était allé avertir l'impératrice que les flots
venaient de briser une partie du bâtardeau : elle
quitta sur-le-champ le palais avec sa suite et le
ministre de la marine, et revint au port sur les
neuf heures et demie, en même temps que l'autorité municipale de Cherbourg faisait tirer sur
le sommet du Roule un feu d'artifice composé
d'un bouquet de mille fusées. Marie-Louise té-
moigna sa surprise du changement arrivé pèn-
dant son absence. Elle contempla ce spectacle
avec un vif intérêt, et ne rentra en ville qu'après
avoir vu le bassin complétement rempli d'eau.

L'Avant-Port se trouva ainsi immergé à cinquante pieds au-dessous du niveau des flots. Ce
vaste bassin, creusé dans le roc, a neuf cents
pieds de longueur sur sept cent vingt de largeur
et cinquante-cinq de profondeur. Il peut conte-

_____

(1) M. P.-A. Lair, *Description de l'ouverture de l'Avant-
Port de Cherbourg,* pages 14 et 15.

nir quinze ou seize vaisseaux de ligne. Sa passe
est longue de deux cent quarante-sept pieds ;
elle a cent quatre-vingt-seize pieds huit pouces.
d'ouverture entre les deux môles, vers la mer,
et trois cent huit pieds huit pouces à son débou-
ché dans l'avant-port (1). La superficie de ce
bassin et du chenal qui le fait communiquer avec
la mer forme une étendue d'environ douze ar-
pents. Sur le quai est de l'avant-port existaient
déjà ces quatre belles cales qui en font l'orne-
ment, mais qui n'étaient point encore couvertes :
quatre vaisseaux de ligne, l'*Inflexible*, le *Cen-
taure*, le *Jupiter* et le *Généreux* y étaient en
construction. Entre ces cales était aussi construite la forme de radoub qui y existe, et qui a
deux cent trente pieds de longueur, soixante-
quatorze de largeur à la partie supérieure du
revêtement, et vingt-six pieds et demi de profondeur. Les deux môles ou musoirs qui bordent
l'entrée de la passe existaient aussi tels qu'ils sont
aujourd'hui. Ils étaient alors garnis de grosse artillerie. Sur l'un devait s'élever un phare, et
l'autre devait avoir un sémaphore ou télégraphe
maritime.

---

(1) **M. P.-A. Lair**, *Description de l'ouverture de l'Avant-
Port de Cherbourg*, note 3, page 18.

Le **28**, l'impératrice sortit à une heure de 28 août. l'après-midi, accompagnée des dames de sa cour, du ministre Decrès et de quantité d'officiers supérieurs. Elle se rendit à l'arsenal de la marine, où elle s'embarqua dans un canot richement décoré, conduit par des marins de la garde impériale sous le commandement du colonel baron Motard (1). Cette embarcation ne fut pas sitôt hors des jetées que les bâtiments de l'escadre se pavoisèrent, en même temps qu'ils saluaient la régente par une triple décharge de toute leur artillerie. Marie-Louise passa au milieu d'eux et se rendit à la Digue, où on lui avait préparé un somptueux pavillon dans lequel elle déjeûna.

Il était plus de deux heures quand l'impératrice se rembarqua. Elle se fit promener sur une partie de la rade, visita l'extérieur de plusieurs vaisseaux, et monta sur le *Courageux*, commandé par le contre-amiral Troude, qui la reçut à son bord, et fit sur-le-champ arborer les pavillons impériaux, que les autres navires saluèrent en pliant leurs pavillons de poupe. La régente descendit dans la chambre du conseil, monta sur

---

(1) *Procès-Verbal* du séjour de Marie-Louise à Cherbourg. pag. 19 et 20.

les gaillards, passa en revue l'équipage, examina les batteries, assista aux manœuvres, et rentra dans son canot pour revenir à terre. Dès qu'elle fut hors de l'escadre, le *Courageux* lui fit une salve de toutes ses batteries. Elle débarqua au Port-Napléon à quatre heures et demie, au bruit de l'artillerie des vaisseaux et des forts.

A huit heures du soir, elle reçut des dames de la ville et des environs ; ensuite elle alla au spectacle : et ce fut dans cette misérable salle qui existe encore, rue de la *Comédie*, qu'on osa bien la conduire ! On y représenta la pièce intitulée le *Petit Matelot*, à laquelle Désaugiers et Chazet, alors à Cherbourg, avaient fait dans le théâtre même les changements nécessaires. Elle fut jouée par les premiers acteurs de l'opéra-comique, venus de Paris pour donner un divertissement à l'impératrice.

« Au sortir de cette représentation, un spec-
» tacle d'un autre genre attira tous les regards :
» on vit les bâtiments de la rade dessinés par le
» feu d'innombrables fanaux suspendus à tous
» leurs agrès; lançant des fusées volantes et brû-
» lant de distance en distance des feux de con-
» serve, qui éclairaient au loin l'horison (1) ».

(1) *Procès-Verbal* du séjour de Marie-Louise à Cherbourg, page 21.

Le 29, la régente assista à la messe célébrée au palais par l'évêque de Coutances; puis elle se mit en mer, dans l'après-midi, pour aller au Fort-Impérial; mais la force des flots et des vents contraires ne lui permirent pas de s'y rendre, et elle vint débarquer sur la grève des Mielles, où l'amiral Troude l'attendait pour lui donner le spectacle d'une pêche à la seine. Plusieurs filets furent tirés en sa présence, et cela parut l'amuser beaucoup. Elle monta en voiture à quatre heures, et son départ du rivage fut annoncé par trois décharges de l'artillerie des vaisseaux.

A neuf heures, l'impératrice se rendit au bal qui lui était offert par la ville dans l'une des salles de l'arsenal de la marine. Elle y entra par une galerie bordée d'une double rangée d'arbustes, et fut se placer, entre les dames de sa cour, sur un trône au fond de la salle, dans un espace drapé de riches soieries avec crépines d'or. Elle fut reçue aux acclamations des assistants ; et aussitôt la danse fut ouverte. La régente fit le tour de la salle, adressa la parole à plusieurs personnes, et rentra au palais sur les dix heures et demie.

Le 30, Marie-Louise sortit à une heure de l'après-midi, alla aux cales Chantereyne, monta sur le vaisseau le *Zélandais*, dont la construction était presque finie, et se rendit ensuite dans l'enceinte du Port-Militaire, où elle s'embarqua sur le bassin et en fit plusieurs fois le tour. De là elle fut se promener au Roule, et termina sa journée par aller au spectacle, toujours dans la grange rue de la *Comédie*, où l'on donna un opéra-comique.

31 août.

Le **31**, l'impératrice sortit du palais à la même heure que la veille, et s'embarqua à l'arsenal de la marine. Elle voulait aller au Fort-Impérial : la mer était trop houleuse pour s'exposer en rade et l'on rentra au port. La princesse monta en voiture et se rendit avec son cortége au sommet du Roule. Elle se reposa quelque temps dans le fort qui couronne cette montagne, où des rafraîchissements furent servis. L'immense étendue de terre et d'eau que l'œil embrasse de ce site pittoresque, attira l'attention de l'impératrice; elle se fit expliquer plusieurs points qui frappaient son regard vers l'horizon, et parut prendre un grand plaisir à contempler Cherbourg, les forts et la rade.

Marie-Louise descendait à pied le versant escarpé de cette montagne, lorsqu'elle reçut des plaines de la Saxe une dépêche de Napoléon qui lui apprit la notification de l'adhésion de l'Autriche à l'alliance de la Russie et de la Prusse contre l'empire français. Cette conduite de François Ier son père l'affecta sensiblement : elle revint au palais en fondant en larmes.

Enfin le 1er septembre l'impératrice quitta Cherbourg à neuf heures et demie du matin, et le canon de l'escadre et des forts lui fit un dernier salut. Sa voiture était escortée par la gendarmerie de la garde, et le général commandant la division territoriale marchait à la portière. Avant son départ, la régente avait remis au maire de la ville six mille francs pour les pauvres de l'hospice de la cité.

1.er septembre.

Peu après l'ouverture de l'Avant-Port on mit à l'eau le *Zélandais*, de 80 canons, premier vaisseau construit à Cherbourg. Il fut lancé aux cales Chantereyne le 12 octobre à neuf heures du matin, et immédiatement conduit au Port-Napoléon, où aucun bâtiment n'était encore entré. Le 10 novembre suivant, on mit aussi à l'eau le *Duguay-Trouin*, et ce fut le second vaisseau que reçut l'Avant-Port.

1813, 12 octobre.

Cherbourg était donc doté de cet établissement maritime dont le besoin s'était fait sentir tant de fois depuis 1793 ; il lui manquait encore un bon arsenal , complément indispensable d'un port de guerre , des magasins et autres acces- soires ; mais des mesures étaient arrêtées et des dispositions étaient prises pour fonder ces ou- vrages , et déjà l'on y travaillait. Ils seraient finis depuis long-temps sans les funestes revers qui assaillirent la France et la couvrirent de deuil.

La grande armée avait péri dans les frimas et les neiges des déserts glacés de la Russie ; l'issue fatale de cette malheureuse campagne avait armé tous les potentats contre Napoléon , et son puis- sant génie ployait dans la lutte de géant qu'il soutenait contre les forces de l'Europe entière , réunies à la trahison pour abattre un seul homme. Après les sanglantes journées de Leipsick , les Français avaient opéré leur retraite en deça du Rhin , et les armées coalisées , innombrables comme les nuées de Huns, d'Alains, de Cimbres, de Vandales qui fondirent autrefois sur l'Europe méridionale et détruisirent l'empire romain ; les armées coalisées étaient entrées en France.

Cependant Napoléon tenait les alliés en échec dans les plaines de la Champagne : avec une ar- mée de cent cinquante mille hommes , il faillit l'emporter sur un million d'ennemis. Les revers et la défection semblaient enflammer son génie et lui créer des moyens de ressource. Jamais il ne déploya plus de talents et ne fut plus grand capitaine que dans cette campagne de France. Pourtant il y perdit sa couronne......Le grand homme abdiqua à Fontainebleau le 11 avril 1814, quand retentissaient encore les chants de victoire de Champ-Aubert, de Montmirel, de Nangis et de Montereau; et celui qui était naguère le maître de l'Europe, l'empereur des Français et roi d'Italie ne conserva plus de ses vastes états que la rocailleuse île d'Elbe, où la coalition le confina : mémorable exemple des vicissitudes humaines et de la fragilité des grandeurs.

Le jour même de cette péripétie qui bouleversa tant d'existences, les autorités de Cherbourg, mobiles comme la fortune, désignaient des commissaires au nom de la marine, de l'armée, de la ville et de la noblesse, pour aller en députation *supplier* le duc de Berry, qui était à l'île de Jersey, de venir débarquer à Cherbourg. Ces pèlerins de la faveur se présentèrent trop tard ; le prince était parti la veille.

Il arriva à Cherbourg, sur la frégate anglaise

21

l'*Eurotas*, le 13 avril, et se rendit aussitôt à bord du vaisseau le *Polonais*, commandé par le contre-amiral Troude. Déjà le pavillon blanc flottait en rade et sur tous les édifices de la ville. Le duc, accompagné des comtes de la Ferronaye et de Nantouillet, débarqua au grand port, où le reçurent les autorités, ayant à leur tête le préfet maritime et le général comte de Lorencez, commandant la division. L'endroit où le prince mit pied à terre offrit aux flatteurs l'occasion de donner à cette partie du port le nom royaliste de Quai-Berry, qu'elle a porté jusqu'à la révolution de palais de juillet 1830.

Le prince reçut les hommages des diverses autorités de Cherbourg et des dames des fonctionnaires publics ; puis il fut se promener en calèche découverte dans les principales rues de la ville. Sa voiture allait au pas, et la foule se pressait pour la voir. Les maisons étaient illuminées et décorées de drapeaux blancs.

Le duc partit pour Paris le lendemain 14. La garnison de la place et la garde nationale formaient la haie sur son passage. Le préfet maritime le reconduisit jusqu'au delà des limites de la ville, et le commandant de la division l'accompagna jusqu'à Caen.

Ce fut en mémoire du débarquement du duc de Berry à Cherbourg qu'on érigea l'obélisque de la place d'Armes, sur lequel on voyait encore les écussons du prince en 1830. Ce monument, qui consiste en une aiguille de vingt-cinq pieds de hauteur, a été élevé le 17 février 1821. La pierre de granit avec laquelle on le forma fut extraite des carrières de Flamanville, et amenée brute à Cherbourg par les soins de M. Duhamel : elle pesait alors plus de soixante milliers, et ce ne fut qu'en surmontant les grandes difficultés qu'on parvint à l'embarquer et à la transporter.

Déjà toutes les villes du nord et du centre de la France avaient vu passer comme un torrent débordé les armées alliées, lorsque Cherbourg reçut dans son sein *nos amis* les ennemis. Neuf mille hommes de la garde russe, commandés par un major-général, y arrivèrent le 20 juin 1814, et y restèrent jusqu'au 25, logés et nourris par les habitants, qui n'en étaient pas plus gais. Des bâtiments de guerre de leur nation vinrent les prendre au Port-Militaire pour les conduire à Saint-Pétersbourg. Le général Chabert vint commander la place de Cherbourg pendant le séjour des Russes.

1814,
20 juin.

Une partie des fonctionnaires avaient été chan-

gés depuis le retour des Bourbons , et tous faisaient parade d'un dévouement absolu à la dynastie restaurée. Le maréchal-de-camp baron
Labassée , commandant la subdivision militaire
à Cherbourg, écrivait à Louis XVIII , vers la
fin de février 1815, à propos de la sourde agitation qui travaillait le royaume : « Sire , l'armée,
» toujours fidèle à l'honneur, à son prince , à
» la patrie , ne servira point l'ambition de ses
» plus cruels ennemis ; elle servira jusqu'à la
» mort son souverain légitime. J'en jure par les
» sentiments qui m'animent pour votre auguste
» personne ; j'en jure par le bon esprit qui règne
» parmi les troupes stationnées dans le com-
» mandement de territoire que votre majesté m'a
» confié. *Vive Louis* XVIII ! nous n'en voulons
» pas un autre. » Cette prétendue fidélité sans
bornes fut sans effet et d'éphémère durée.

Napoléon débarqua au golfe Juan avec une
poignée de braves, conquit les places sur son
passage par le magique prestige de son nom ,
traversa la France en conquérant paternel, et ,
rapide comme l'aigle dont ses enseignes portaient
l'image, arriva sans coup férir à Paris dans la
soirée du **20** mars , Louis XVIII ayant pris la
route de Lille pour se sauver à Gand.

Depuis quelques jours le bruit du débarquement du héros circulait à Cherbourg ; on répétait
que l'empereur était entré à Grenoble , qu'il
était arrivé à Lyon, qu'il marchait sur Paris ;
mais ces confidences, ces *on dit* ne trouvaient
que des incrédules : les partisans de l'empire
eux-mêmes , et il y en avait beaucoup alors ,
ne pouvaient ajouter foi à un événement si peu
d'accord avec le cours ordinaire des choses.
L'incertitude cessa le **22** mars à l'arrivée d'un
courrier porteur de la nouvelle officielle de ce
brusque et inattendu changement de règne.
Tout fut mis en mouvement ; les *dévoués* chan-
gèrent de ton, et ces très-humbles serviteurs
de l'occupant du trône , quel qu'il soit, quit-
tèrent spontanément le blanc pour se parer du
tricolore : sauter pour tous les pouvoirs, tourner
à tous les vents, apostasier tous les dogmes ,
flatter les puissants, opprimer le peuple qui les
paie : voilà l'histoire de ces caméléons depuis
près de quarante ans.

En quelques jours Napoléon révoqua une foule
de fonctionnaires dont la conduite lui était hostile
ou les intentions douteuses ; l'épuration frappa
surtout les traîtres de 1814. Le baron Labassée
fut envoyé commander une brigade de gardes

1815,
22 mars.

nationaux à l'armée d'observation du Jura; le
général Proteau (*) le remplaça à Cherbourg , et
la ville n'eut qu'à s'applaudir de cette mutation.

Cependant la rentrée de Napoléon avait mis
les rois en alarme et l'Europe armée marchait
vers la France. L'empereur entra en campagne

Proteau (Guillaume-Marcellin), commença sa carrière
militaire dans la marine à la révolution. Il fit, comme
lieutenant de vaisseau, partie de l'expédition que le général Hoche conduisit en Irlande en 1797 , et fut fait
prisonnier à Bantry lors du débarquement. Conduit à
Londres et échangé peu à près , il fut élevé en 1803 au
grade de capitaine de vaisseau. En 1809 , le bâtiment
qu'il commandait fut brûlé à l'île d'Aix par les Anglais,
et ce fait fit traduire l'infortuné capitaine devant une
commission d'enquête chargée d'examiner sa conduite :
ses juges l'acquittèrent, mais il perdit son emploi. M.
Proteau servit alors dans l'armée de terre , et devint général de brigade en novembre 1813. La première restauration le nomma commandeur de la légion d'honneur,
et l'envoya en Prusse chargé d'une mission relative au
retour des prisonniers français. Le général Proteau fut
commandant de Cherbourg pendant les cent-jours. Son
énergie, ses moyens de défense préservèrent cette place
de la seconde invasion étrangère, et la ville l'en récom-
pensa par l'hommage d'une épée d'honneur. Depuis ce
temps, le général Proteau a été créé vicomte et a eu différents emplois. Il est encore en activité, et commande
aujourd'hui (1835) la subdivision militaire d'Ajaccio en
Corse.

afin de prévenir l'aggression qui menaçait nos frontières. Les Anglo-Prussiens furent battus à Ligny le 16 juin; mais le 18, dans les champs funestes de Waterloo, les efforts héroïques des Français et de cette garde impériale qui *mourut et ne se rendit pas*, ne furent plus couronnés de la victoire. La trahison rendit vains le courage du soldat et l'habileté du chef. Cette désastreuse journée brisa pour jamais le sceptre de l'empereur : ce fut la dernière bataille que livra le guerrier. La France devint la proie d'une seconde invasion, pendant que Napoléon, trop confiant en la générosité anglaise, se rendait volontairement à bord du vaisseau le *Bellérophon*. Il voulait, *comme Thémistocle, aller s'asseoir aux foyers du peuple britannique ;* mais jamais espérance ne fut plus cruellement déçue. Le vaincu désarmé qui demandait un asile et la protection des lois, ne trouva qu'une prison et des fers. Nouveau Prométhée, on l'enchaîna sur le roc de Sainte-Hélène, au milieu des vastes mers et sous le ciel insalubre du tropique, où de barbares geoliers, l'opprobre de l'Angleterre, furent chargés de le tourmenter et de le *tuer à coups d'épingles*.

Louis XVIII, ramené par les alliés, remonta

sur le trône. Soixante mille Prussiens aux ordres du feld-maréchal Blucher se répandirent dans la Normandie. Quinze mille hommes envahirent le département de la Manche, et prirent presque tous la route de Valognes pour se rendre à Cherbourg. Mais le général Proteau n'était rien moins que disposé à les recevoir. Il avait fait élever des fortifications passagères autour de la place ; les redoutes avaient du canon, et des piquets d'observation bivouaquaient sur les hauteurs qui dominent Cherbourg ; la route était coupée et garnie de chevaux-de-frise, ainsi que toutes les autres issues par lesquelles on accède à la ville du côté de la campagne. Les Prussiens se présentèrent le 10 août 1815, et sur le refus de les laisser entrer, la place fut immédiatement investie : mais la ligne de circonvallation de l'ennemi était à une demi-lieue des portes de la ville, et le blocus, qui n'eut rien de sévère, n'empêcha pas les vivres d'arriver. Ceux qui souffrirent de cet état de choses furent les habitants de la campagne, en butte au pillage des étrangers et chargés de leur entretien et de celui des chevaux.

1815, 10 août.

. On en vint à des vues de conciliation. M. Bodson, chef de bataillon du génie, fut envoyé en parlementaire à Valognes pour traiter avec les officiers prussiens. On signa une convention par laquelle l'ennemi ne devait point entrer à Cherbourg; on fixa les limites que les troupes respectives seraient loisibles de parcourir. L'ennemi décampa dans la nuit du 23 au 24 septembre. Le blocus avait ainsi duré plus de quarante jours, pendant lesquels il n'y eut pas un coup de canon tiré et pas un homme tué. Jamais blocus ne fut plus paisible, et c'est une preuve que les Prussiens ne tenaient guère à entrer en ville; s'ils l'eussent voulu sérieusement, ils auraient employé des moyens de vigueur, et cette place, qui n'est point fermée, n'était défendue que par de faibles barrières qui ne pouvaient résister au choc d'une armée attaquant avec ordre. Quoiqu'il en soit, il est glorieux pour Cherbourg d'avoir su se préserver de l'invasion prussienne, alors que les alliés ployaient la France sous le joug et que tout s'ouvrait devant eux. Le général Proteau, comme l'infortuné Bonnaire, s'acquitta en vrai Français, en homme d'honneur, du commandement qui lui était confié. Sa conduite lui mérita l'estime de tous les habitants de Cherbourg, qui lui en donnèrent un éclatant témoignage en lui offrant une épée d'honneur, glorieuse et noble récompense quand, comme en cette circonstance, c'est le cœur et non la courtisannerie qui la défère.

Tout redevint royaliste : on renia les principes de l'Empire avec la même promptitude qu'on avait renié après le **20** mars ceux de la légitimité : c'était à qui se montrerait le plus *blanc*, le plus dévot, à qui donnerait le plus de marques d'amour et de culte pour la famille *retrônée*. Les autorités de Cherbourg trouvèrent lieu de manifester leurs nouveaux sentiments en faveur des Bourbons à l'occasion de l'anniversaire du **21** janvier **1816**. Celui de **1815** avait été célébré d'une manière très-simple ; l'autre le fut avec toute la pompe funèbre qu'on put déployer. L'église était décorée de draperies noires garnies de blanc ; les fenêtres étaient voilées d'étoffes de deuil ; l'écusson royal figurait à tous les piliers. Un immense catafalque, placé dans le chœur au pied du grand autel, offrait à la vue toutes les figures symboliques de la douleur. Le sarcophage, élevé à plus de trente pieds de hauteur, était recouvert de branches de cyprès et surmonté d'un dais qui touchait à la voûte de la nef, où était l'image de Louis XVI présentée dans un nuage. Les portraits de Louis XVII, de Marie-Antoinette et de madame Elisabeth ornaient les coins du catafalque. On voyait sur les degrés du monument les attributs royaux, la main de jus–

1816,
21 janvier.

tice, le sceptre et la couronne. Tous les fonctionnaires publics, les troupes de la garnison et une
partie des habitants de la cité assistaient à ce
service funèbre, pendant lequel une excellente
musique ne cessa de faire entendre ses tristes
accents. Personne ne put entrer dans l'église
qu'il ne fût en habit de deuil.

Le mariage du duc de Berry avec la princesse
Marie–Caroline des Deux–Siciles fut pour les
autorités de la ville une autre occasion de signaler leur dévouement à la restauration. Cette cérémonie eut lieu à Cherbourg le 17 juin 1816, 1816,
le même jour que l'union des époux se célébrait 17 juin.
à Notre–Dame de Paris.

Au lever du soleil, le son des cloches et le
bruit de l'artillerie préludèrent à la fête de la
journée. La ville se décora de drapeaux blancs,
de fleurs, d'emblêmes et de devises. A dix heures
et demie, les fonctionnaires civils, judiciaires et
militaires et les officiers en retraite sortirent
de l'hôtel-de-ville, précédés du buste du roi
porté sur un riche brancard par des sergents-
majors choisis pour cette corvée. Le général
Lamare, lieutenant de roi ; le baron Molini,
commandant de la marine ; le baron de Chaulieu,

sous–préfet de l'arrondissement ; le maire et le président du tribunal marchaient immédiatement après le buste : la garde d'honneur de la ville et des détachements tirés de tous les corps de la garnison étaient chargés de l'escorte. La musique et les tambours tenaient la tête du cortége, qui se rendit, par la rue des *Corderies* et celle de la *Fontaine*, sur la place Divette, où devait se faire la cérémonie.

Les troupes de la garnison et la garde nationale étaient rangées en bataille sur l'emplacement occupé aujourd'hui par la Halle et la Prison. Là s'élevait un autel formé de quatre grands palmiers figurés, et d'un cinquième plus élevé qui supportait un baldaquin orné de panaches blancs, de guirlandes et de riches draperies. A droite de l'autel était un trône somptueux entouré d'un manteau parsemé de fleurs de lis. On y plaça le buste du roi, la couronne, le sceptre et la main de justice. Ce double monument présentait le plus charmant coup-d'œil.

Le clergé vint processionnellement sur la place. M. l'abbé Demons, alors curé de Cherbourg, prit la parole et fit un discours religieux analogue à la circonstance. Ensuite on célébra la messe, après laquelle le cortége se rendit à l'hôtel-de-ville, où le buste du roi fut solennellement placé dans la salle des séances du conseil municipal. Le sous-préfet fit alors une pompeuse harangue à l'assemblée, et tout le monde se sépara.

Dans l'après-midi, des tonneaux de cidre furent disposés sur les places par les soins de la mairie et livrés au public, en même temps qu'un banquet aristocratique de cent couverts avait lieu dans une vaste salle au chantier Chantereyne.

Le soir il y eut un magnifique feu d'artifice sur la chaussée du Cauchin (1); la ville fut illuminée, et un bal, qui s'ouvrit à dix heures dans la salle de spectacle, termina cette journée et commença la suivante. Le faste qu'on déploya en cette circonstance entraîna à des dépenses fort mal entendues, comme le sont toutes celles que l'on fait en semblables occasions.

Quelque temps après, le 15 août, M. le duc d'Aumont, lieutenant-général et commandant la 14ᵉ division militaire à Caen, était à Cherbourg. Ce premier gentilhomme de la chambre du roi fut reçu comme un prince : on tira un feu d'artifice ; il y eut grand bal donné par la ville et illumination.

_____

(1) *Procès-Verbal* de cette fête, par M. Collart, maire, page 19.

Alors les ouvrages de Cherbourg restaient dans leur état d'imperfection ; on ne travaillait plus au port, la Digue était abandonnée, le travail était mort : quel contraste avec l'activité qu'ils avaient sous l'Empire ! quel changement par la chute d'un seul homme ! Les ouvriers en voyaient à leurs dépens la triste différence ; et l'on n'avait pas d'espoir que cet état de choses changerait tandis que les armées alliées occuperaient la France et obéreraient ses finances. La classe pauvre, toujours si nombreuse, souffrait beaucoup de cette inertie et de la cherté des vivres.

Ce fut pendant ces jours de misère que le duc d'Angoulême vint visiter Cherbourg ; il y arriva le 25 octobre 1817, accompagné de ses aides-de-camp et de plusieurs généraux, et y resta quelque temps. Il fit une promenade dans le Val-de-Saire et fut voir la filature de coton du Vaast, qui fait vivre plus de cinq cents ouvriers.

La chapelle de Notre-dame-du-Vœu, qui avait été donnée à la marine en 1791 et qui était devenue une salle d'artifice de l'artillerie de la guerre, fut rendue au culte en vertu d'une ordonnance du roi du 5 décembre 1817, et rouverte aux exercices de la religion le 15 décembre 1818 (1). Le zèle et les sollicitudes de M. l'abbé Demons, ancien curé de Cherbourg, contribuèrent beaucoup à la restauration de ce monument religieux.

La restauration travaillait activement en faveur de l'église, et permettait pour ainsi dire à ses membres de placer l'autel sur le trône, ce qu'on fit plus d'une fois. La dévotion était à l'ordre du jour. Les missionnaires, qu'on appelait alors les cosaques de l'ultramontanisme, parcouraient la France, prêchaient jusque dans le fond des campagnes, et plantaient partout de superbes croix de mission, symboles de leur pouvoir et qui semblaient dominer le temporel du royaume. Ces prêtres nomades rencontraient quelquefois une rude opposition : il n'en fut pas ainsi à Cherbourg où l'autorité locale les manda. Ils y arrivèrent le 28 décembre 1820, au nombre de huit : MM. Férail, supérieur; Fauvet, Levasseur, Bach, Guérin, Poncelet, Jaisson et Marius Aubert (2). Les fonctionnaires publics les

---

(1) M. de Berruyer, *Guide du Voyageur à Cherbourg*, pages 113 et 114.

(2) *Notice sur la Mission de Cherbourg* en 1821 (par M. l'abbé Demons), page 20.

recurent à bras ouverts et leur firent, autant
qu'ils purent, une cour assidue : de la simple note
d'un de ces hommes de Dieu qui n'aspiraient
qu'à gouverner la terre, dépendait l'avancement
ou la révocation d'un administrateur.

1821,
1.er janvier. La mission commença le 1er janvier 1821. On
fit plusieurs cérémonies religieuses, telles que la
réparation des outrages, la rénovation des vœux
du baptême, la consécration à la Vierge, etc. La
plantation de la croix eut lieu le 16 février. Les
mille ou douze cents individus qui devaient la
porter étaient organisés en sept compagnies,
dont chacune avait son chef et une marque dis-
tinctive en ruban. La procession sortit de l'église
à dix heures, et passa par les principales rues de
la ville, qui étaient drapées et ornées de fleurs
et de pavillons blancs. La gendarmerie à cheval,
armée de pied en cap, formait la tête du cortége ; puis la bannière, les dames, les demoiselles, le clergé ; ensuite venait la croix (longue
de quarante-quatre pieds), portée par cent vingt-
hommes (1) ; les fonctionnaires civils et militaires
la suivaient, et la foule des dévots vrais et faux

_____

(1) *Notice sur la Mission de Cherbourg* en 1821 (par
M. l'abbé Demons), page 33.

marchait après eux. La procession était fermée
par des gendarmes, et toutes les troupes de la
garnison la convoyaient en armes.

Après avoir parcouru la ville en criant, comme
au temps de la Ligue, vive la Religion! vive Jé-
sus! vive la Croix! on se retrouva au point d'où
l'on était parti, et la croix fut solennellement
plantée à la porte de l'église, sur les trois heures
de l'après-midi, au bruit du canon de la place
et de la rade.

La mission finit le 18 février, et le lendemain
les convertisseurs se mirent en route pour aller
en faire autant à Coutances. Les autorités les
honorèrent d'une dernière visite, et le maire leur
fit ses adieux aux limites de la commune. Plusieurs individus de Cherbourg, exaltés par le
fanatisme ou mus par l'espoir de quelque récompense, les accompagnèrent à cheval jusqu'à Valognes. Les femmes n'osèrent en faire autant;
mais plusieurs d'elles s'étaient prises pour ces
messieurs d'une ferveur qui paraissait n'être pas
tout en faveur de l'ame.

Cette mission n'est pas la seule qui ait eu lieu
à Cherbourg; il y en vint une en 1690, dirigée

22

par un nommé Blouet, supérieur général des
Eudistes; une en **1710**, dont le père Sandret fut
chef; et une autre en **1758**, qui avait à sa tête
le père Irlande, jésuite, et qui s'ouvrit pendant
le carême (1). Ce fut elle qui plaça sur la place
d'Armes ce beau calvaire détruit dans la journée
dévastatrice du **19** janvier **1794**.

Après avoir fait l'expérience des missions, on
est encore à connaître quelle en est l'utilité. Si
dans telle localité les ecclésiastiques ne sont pas
assez nombreux, il faut en augmenter le chiffre;
si au contraire ils suffisent aux besoins spirituels,
pourquoi les remplacer momentanément par de
fougueux étrangers qui viennent troubler le repos public et désunir les familles? Les missions
françaises ne sont propres qu'à fanatiser les masses, à rompre l'harmonie domestique et à faire
des hypocrites : ce n'est guère par ces coups
violents, dit le sage et vertueux Fénélon, qu'on
peut convertir véritablement les hommes et faire
de bons chrétiens.

En **1823**, M. de Cheverus, évêque de Boston,
1823. vint à Cherbourg, le paquebot américain le *Pá-*

---

(1) *Notice sur la Mission de Cherbourg* en 1821 (par
M. l'abbé Demons), pag. 14, 15 et 16.

ris, à bord duquel il se rendait en Europe et qui devait le transporter au Havre, ayant fait naufrage sur les rochers de la pointe d'Auderville. Cet excellent homme fut recueilli sur la côte et conduit au château de Beaumont. Il arriva à Cherbourg le 2 novembre, et n'y resta que le temps nécessaire pour se reposer de ses fatigues. Il allait prendre possession de l'évêché de Montauban, auquel il était appelé par Louis XVIII. Ce digne prélat, une des gloires de l'église de France, est aujourd'hui archevêque de Bordeaux.

Une fête générale fut célébrée dans toute la France à l'occasion du sacre de Charles X, le 29 mai 1825. Elle fut brillante à Cherbourg : il y eut un service solennel, des réjouissances, des joutes, des danses publiques. Un magnifique feu d'artifice devait avoir lieu sur le musoir de la jetée du port de commerce ; mais le feu y prit trop tôt, et ce funeste accident fit plusieurs victimes : l'une fut brûlée et périt ; une seconde n'évita une mort certaine qu'en se jetant à la mer.

1825, 29 mai.

Cependant on avait repris les travaux hydrauliques du Port-Militaire, et quantité d'ouvriers

étaient employés à achever de creuser le bassin
du Hommet, qui était en construction depuis
les dernières années de l'Empire. Le roc s'enlevait au moyen des mines : elles partaient tous les
jours à midi, et un drapeau rouge annonçait
l'approche de cet instant. On exécutait aussi
d'autres ouvrages : la superbe jetée en granit
qui longe la partie est du chenal du port de
commerce fut terminée en 1826 (1).

L'année suivante, la nouvelle prison, qui était
achevée depuis quelque temps, reçut ses premiers
détenus, et la vieille prison, hideuse masure
située sur un mamelon de sable à l'endroit occupé
aujourd'hui par le *Champ-de-Mars*, fut aussitôt
démolie et son emplacement nivelé. Ce fut aussi
en 1827 qu'on mit la dernière pierre au portail
actuel de l'église, monument additionnel entrepris l'année précédente, et qui fait un contraste
frappant avec l'architecture du reste du bâtiment.

On a vu que le duc d'Angoulême était venu à
Cherbourg en 1817, la dauphine, sa femme, y
vint à son tour en 1827. Elle arriva le 10 septembre, à cinq heures de l'après-midi, accom-

1827,
10 septemb.

----

(1) M. de Berruyer, *Guide du Voyageur à Cherbourg*,
pag. 42.

pagnée de mesdames la duchesse de Damas-Crux et la marquise de Sainte-Maure ; du marquis de Vibraye, son chevalier d'honneur, et de M. de Verdal, officier des gardes. Le maire, ses adjoints et le général Galdemar, lieutenant de roi l'attendaient à l'arc-de-triomphe du Roule. Elle entra en ville suivie de plus de trente maires des communes rurales, allant à cheval avec leurs écharpes et portant des drapeaux blancs. M. Pouyer, préfet maritime, la reçut à la porte du palais, où étaient messieurs le comte d'Estourmel, préfet de la Manche; l'évêque de Coutances et le clergé; le vicomte Puthod, commandant la division; le vicomte d'Autichamp, commandant le département; le lieutenant-général Mallet, le maréchal-de-camp Nempde, le marquis de Frotté, sous-préfet de l'arrondissement, et les principaux fonctionnaires employés à Cherbourg.

A l'approche de la nuit la ville fut illuminée ; et pendant la soirée la dauphine reçut les hommages des membres des diverses administrations, présentés par les chefs, et des officiers en retraite, ayant à leur tête M. le maréchal-de-camp Jouan. Une députation de demoiselles et les dames furent aussi présentées.

Le lendemain elle sortit à sept heures du matin pour se rendre à l'arsenal de la marine, où devait être lancé le bâtiment à vapeur le *Nageur*. Une tente était préparée à la princesse ; elle y prit place avec les autorités Le quai de l'arsenal et ceux de l'avant-bassin du port de commerce étaient couverts d'une foule innombrable et présentaient le plus charmant coup-d'œil. Le navire fut incontinent mis à l'eau, et la dauphine s'embarqua pour le Port-Militaire : M. le marquis de la Villegonan, major de la marine, était patron d'honneur du canot. Une salve de vingt-un coups de canon annonça l'arrivée de la princesse. Elle passa en revue les troupes de marine, rangées en bataille sur le Quai-Berry, et se rendit au fort d'Artois. Elle monta ensuite sur le vaisseau le *Duc de Bordeaux*, visita les autres bâtiments en construction, le grand hangar, et la corderie, où l'on travailla en sa présence. Elle fut de là sur la place *Collart*, aujourd'hui la place Divette, passer en revue le 24e régiment de ligne, commandé par M. Barboujac. Elle finit ses visites de la journée par la manufacture de dentelle.

A sept heures, il y eut un feu d'artifice sur la place d'Armes, puis un bal dans l'une des salles de l'arsenal, auquel voulut bien assister la dauphine.

Le **12**, elle entendit la messe, célébrée à la ^{12 septemb.} chapelle du Vœu par M. l'évêque de Coutances ; puis elle fut à l'hôpital de la marine, où elle visita avec intérêt l'appartement occupé par Louis XVI, son père, en **1786**. Elle prit ensuite la route d'Equeurdreville, traversa ce village et se rendit au Port-Militaire par la porte de l'ouest. La mer était très-houleuse, néanmoins la princesse voulut aller en rade. Elle monta à bord de la frégate l'*Astrée*, commandée par M. Ducrest de Villeneuve, qui fit exécuter en sa présence différents exercices. La dauphine voulait visiter la Digue ; mais un vent d'ouest, qui agitait violemment les flots, ne permettait pas de faire sans danger ce trajet, et les officiers de marine, M. le contre-amiral de Mackau entr'autres, lui en firent l'observation : elle renonça à ce projet, et revint au grand port.

Le lendemain elle reprit la route de Saint-Lo, ^{13 septemb.} à cinq heures du matin, après avoir fait distribuer mille francs aux canotiers et aux ouvriers, et donné mille autres francs pour les pauvres de la ville, et cent francs pour les plus indigentes des jeunes filles de la manufacture de dentelle (1).

---

(1) *Procès-Verbal* du séjour de Madame la Dauphine à Cherbourg, page 21.

On se rappelle encore le sinistre qui jeta l'alarme dans Cherbourg le 1.er janvier 1828. Un terrible coup de vent du nord-ouest succéda tout-à-coup à un calme complet et vint assaillir les bâtiments mouillés en rade : quelques-uns parvinrent à gagner le port ; seize furent jetés sur la plage des Mielles , les uns brisés , les autres démâtés , et tous endommagés. Le soir on battit la générale dans le quartier de la marine , afin d'aller porter secours à un navire de l'état qui courait le danger de se briser contre les quais de l'Avant-Port.

1828.

M. Hyde de Neuville , ministre de la marine, vint à Cherbourg au printemps de la même année, avec M. Charles Dupin, dans le but d'étudier l'état effectif des ouvrages commencés , dont le gouvernement voulait enfin activer la construction. On reprit les travaux de la Digue , abandonnés depuis long-temps : de nombreux bateaux furent employés à y transporter les pierres extraites du bassin du Hommet et qui encombraient l'enceinte de l'établissement. Le voyage du ministre imprima aussi un surcroît d'activité à l'ouvrage du second bassin du port, qui touchait à sa fin.

Les Mielles , vastes dunes à l'est de Cherbourg

et s'étendant jusqu'à Tourlaville, avaient été vendues partie en 1826 et partie en 1828. Les acquéreurs s'occupaient de rendre à la culture cette plaine de sables de près de deux cents hectares : en nivelant le terrain, en enlevant les sables pour les remplacer par de la terre végétale, on trouva des fragments de vases antiques, environ quatre cents médailles romaines, la plupart en bronze, quelques impériales, des figurines, un ancien puits, et des débris qu'on jugea être les vestiges d'une habitation romaine (1).

Alors on travaillait activement sur le rivage de ces Mielles à un établissement de bains de mer, à l'instar de ceux de Dieppe et de La Rochelle. Une société en commandite avait formé cette entreprise en 1827. La besogne fut poussée avec vigueur en 1828 et 1829 ; mais ce premier élan s'étant progressivement ralenti, les travaux ont fini par cesser tout-à-fait, et rien ne fait présager l'époque où cet ouvrage recevra son dernier complément. Malgré l'état d'imperfection de cet établissement, il a déjà reçu le vain

_____

(1) *Voyez* sur ce sujet la *Notice sur la découverte des restes d'une habitation romaine dans la Mielle de Cherbourg*, par M. Aug. Asselin.

honneur de deux noms royaux : on l'appela
Bains-Dauphin en 1829 ; il perdit ce titre pompeux en 1830 ; on réussit à lui trouver un nouveau patron, et il prit le nom de *Bains-Louis-
Philippe,* appellation qu'on écrivit en gros caractères à la place même de celle badigeonnée
trois ans auparavant.

Les travaux du bassin du Hommet étant finis
et l'ouvrage prêt à recevoir les eaux de la mer,
le dauphin, grand amiral de France, partit de
Paris pour assister à cette immersion. Il arriva à
Cherbourg le 24 août 1829 sur les quatre heures
du soir, ayant avec lui le duc de Guiche, son
premier menin, et plusieurs autres officiers
généraux. M. Collart, maire de la ville, et ses
adjoints, le reçurent à l'arc-de-triomphe élevé
au pied du Roule. Les troupes formaient une
double haie depuis l'entrée de la ville jusqu'à
l'hôtel de la préfecture maritime.

1829,
24 août.

A huit heures du soir, le prince daigna recevoir les autorités de Cherbourg, le préfet de la
Manche, les officiers de la garnison de la place,
présentés par le maréchal-de-camp vicomte Proteau, commandant le département, et les officiers de la marine, parmi lesquels on remarquait

les contre-amiraux baron Baudin et baron de Mackau, et le capitaine russe Fochistjakoff, commandant la frégate moscovite l'*Elisabeth*.

Le lendemain, jour de la fête du dauphin, le prince sortit à neuf heures du matin, pour aller à l'église paroissiale assister à la messe et à un *Te Deum*. L'évêque du diocèse et le clergé, qui l'attendaient à la porte de l'église, le conduisirent processionnellement au prie-dieu qui lui avait été préparé au centre du chœur (1).

25 août.

A midi, le dauphin fit son entrée dans le Port-Militaire, que des courtisans venaient de décorer du nom de *Port – Charles X*, comme ils l'avaient appelé autrefois *Port-Bonaparte* et *l'ort-Napoléon*. Le prince se montra fort content de ce grand ouvrage, et fit des compliments bien mérités aux ingénieurs qui en avaient dirigé les travaux. Il descendit au fond du nouveau bassin, et scella dans une fosse pratiquée dans le roc, sur l'axe de l'écluse ouest et à vingt mètres du pied du talus (2), une plaque en platine sur laquelle était gravé :

(1) *Procès-Verbal* du séjour du Dauphin à Cherbourg, page 4.

(2) *Lieu cité*, page 5.

Charles X, Roi de France et de Navarre, ayant permis que son nom fût donné au Port-Militaire de Cherbourg, l'ouverture de ce Port a eu lieu le 25 août 1829, en présence de son Altesse Royale Monsieur le Dauphin, Fils de France, Amiral de France.—........(*),ministre de la marine et des colonies ; M. Pouyer, préfet maritime ; M. Fouques Duparc, ingénieur en chef, directeur des travaux hydrauliques.

Le dauphin sortit le dernier du fond du nouveau port. L'établissement reçut la bénédiction de l'évêque de Coutances ; ensuite on donna passage aux flots, et la mer, se précipitant comme dans un gouffre, envahit ce vaste bassin, qui forme un rectangle de neuf cents pieds de longueur sur six cent soixante-douze de largeur. Il est creusé à la même profondeur que l'Avant-Port, avec lequel il communique par une écluse large de vingt mètres et à portes-de-flot. Un magnifique pont-tournant est établi sur cette passe et fait accéder aux deux quais.

Suivant le projet arrêté par Napoléon, le port de Cherbourg devra avoir, indépendamment du

---

(*) Il n'y avait point en ce moment de ministre de la marine.

bassin du Hommet et de celui de l'Avant-Port , disposés sur une même ligne vers la mer , un troisième bassin , aussi grand que les deux premiers et formant avec eux une superficie d'environ six cents toises carrées. Cet arrière-bassin, qui n'est point encore commencé , sera établi dans une direction parallèle aux deux autres , avec chacun desquels il accédera au moyen d'une écluse. D'après les dispositions du plan impérial , ce futur bassin devra être entouré de formes de radoub et de cales de constructions navales ; d'immenses magasins, dont les moindres auront trois cents pieds de face et quatre-vingt-dix de profondeur, seront établis dans l'enceinte du port, ainsi que les bureaux de l'administration et les casernes des troupes de marine : une corderie couverte , de deux cents mètres de longueur, devra s'élever sur le terre-plein qui s'étend entre le bassin du Hommet et la mer. Mais ce vaste projet dont l'exécution demande tant d'années de travaux et tant de millions de dépense , ne sera peut-être jamais accompli : cela était bon pour un Napoléon dont la puissance et le génie se jouaient des difficultés. Quoiqu'il en soit, le port de Cherbourg, tel qu'il est, n'en est pas moins un des ouvrages les plus extra-ordinaires qu'ait fait la main des hommes.

Revenons au dauphin. La cérémonie de l'immersion du bassin étant terminée, le prince alla visiter le fort d'Artois, les vaisseaux et frégates en construction, et le grand hangar, vaste établissement de neuf cents pieds de longueur sur cent quatre de largeur, qui sert à abriter les bois de la marine. Il se rendit ensuite au Champ-de-Mars (*), où il passa en revue le 64.ᵉ régiment de ligne, commandé par le colonel baron Tardieu de S.t-Aubanet. Après la revue, le dauphin fut à la direction des travaux maritimes examiner le plan en relief du Port–Militaire, et dans la soirée, il alla se promener en calèche dans les quartiers de la ville les plus voisins de la mer, où il jouit du spectacle qu'offrait l'illumination des navires de guerre mouillés sur la rade.

26 août.   La journée du 26 fut consacrée à la visite des établissements de la rade. Le prince s'embarqua au Port–Militaire et se rendit au Fort–Royal, ensuite à la Digue, que l'on avait baptisée du nom de *Fort-Dauphin*, quoiqu'il n'y eût rien de commun entre ce môle et le dauphin. De là

(*) Cette place fut formée en 1828 et 1829 par le 24.ᵉ régiment de ligne; et comme elle devint le lieu des revues militaires, on lui donna le nom de *Champ-de-Mars*.

il fut à bord de la frégate l'*Aurore*, commandée par le capitaine de vaisseau Villaret de
Joyeuse, et passa en revue l'équipage. Le mauvais temps ne lui permit pas de monter sur la
frégate la *Belle-Gabrielle*. Il revint à terre et
visita successivement l'hôpital maritime, l'arsenal de la guerre et la caserne des équipages
de ligne. Le soir il se rendit au bal, où on le
reçut aux cris de vive monseigneur le dauphin.

On avait prié le prince de daigner honorer 27 août.
d'une visite les *Bains de mer*; il se transporta
le **27** à cet établissement et le vit en détail.
Dans l'après-midi du même jour, il se rendit au
Port-Militaire pour y voir lancer le vaisseau le
Suffren, de quatre-vingt-dix canons. L'opération
eut lieu sur les six heures et réussit à souhait.
Aussitôt que ce bâtiment fut mis à l'eau, on
éleva sur le même chantier l'étrave du vaisseau
le *Henri* IV, de cent canons, où le dauphin
fixa lui-même un écusson doré (1).

Enfin le **28** sur les huit heures du matin, le 28 août.
prince reprit la route de Caen, suivi de son
premier menin, du baron Dacher de Mont-

---

(2) *Procès-Verbal* du séjour du Dauphin à Cherbourg,
page 13.

gascon , son secrétaire; du duc de Vantadour ,
aide-de-camp ; du comte Dandelot, officier des
gardes ; du préfet de la Manche et du général
commandant le département. Les troupes formaient la haie sur la route ; les autorités municipale et militaire l'attendaient à l'arc-de-
triomphe. *Le Fils de France* leur dit adieu et
partit comblé d'hommages et de gloire. Hélas !
un an ne devait pas se passer sans qu'il revînt à
Cherbourg, non plus en dauphin fortuné recevant
presque les honneurs divins, mais en prince malheureux, chassé de sa patrie, et allant en proscrit
chercher un asile en pays étranger.

L'académie de Cherbourg, fondée, comme on
l'a vu, en **1755**, et autorisée en **1817**, par le duc
d'Angoulême, à prendre le titre de société *royale*
académique, était tombée dans un entier assoupis-
sement depuis **1821** ; elle voulut sortir de cette lé-
thargie, et reprit ses séances en **1829**. On vit alors
affluer dans son sein tous les hauts fonctionnaires
de Cherbourg : car cette compagnie s'est toujours
montrée plus disposée pour la fortune que pour
le mérite, et trop souvent dans ses choix elle a
sacrifié les talents aux titres et aux dignités, qui
n'ont rien d'académique. Enfin, après quatre-
vingts ans d'existence, elle a publié pour ses
membres le premier volume de ses *Mémoires*.

L'année 1830, qui devait être marquée par de grands événements politiques , commença par un exécrable système qui jeta l'épouvante dans toute la Basse-Normandie. Des étrangers voyageant avec de bons passe-ports parcouraient le pays , et avec des mèches d'artifice qu'ils introduisaient dans les granges , dans les toits, etc. , incendiaient les habitations des campagnes. Ces malfaiteurs formaient une bande dont les mystérieux affidés agissaient à la fois sur plusieurs points éloignés. Les habitants vivaient dans des transes et des alarmes continuelles : ils étaient constamment sur pied , et faisaient pendant les nuits sentinelle autour de leurs logis. Cette odieuse tactique , cette trame infernale qui n'avait apparemment d'autre but que de causer un effroi public pour museler les masses par la terreur , fit beaucoup souffrir la partie sud du département; elle s'approcha aussi de Chèrbourg , et plusieurs tentatives d'incendie eurent lieu dans les environs. Après quelques mois de ravages ces manœuvres cessèrent, sans doute parce qu'on s'aperçut qu'elles produisaient sur l'opinion un résultat tout-à-fait contraire à ce qu'on s'en était promis.

1830.

Alors la France était gouvernée par un minis-

23

tère impopulaire dont le prince de Polignac était président, et qui comptait parmi ses membres le comte de Bourmont, traître que le *Moniteur* et l'ordre du jour des plaines de Ligny ont stigmatisé du titre de transfuge. Le cabinet venait de s'adjoindre le comte de Peyronnet, l'homme du télégraphe meurtrier, du droit d'aînesse, de la loi du sacrilége, et l'opinion publique était indignée du choix de la couronne, qui heurtait la nation et bravait son antipathie.

Cependant la chambre des députés, par sa vigoureuse opposition, avait déplu au monarque: on l'avait prorogée, puis dissoute. La réélection des mandataires des électeurs s'opéra au milieu des intrigues du pouvoir, et le résultat n'en fut point favorable au ministère, malgré la prise d'Alger, dont la nouvelle se répandit partout au bruit du canon. L'arrondissement de Cherbourg envoya à la chambre M. le comte Armand de Bricqueville, député sortant, partisan dévoué des libertés publiques.

On parlait de la dislocation prochaine de la nouvelle législature; on s'entretenait des projets politiques du gouvernement : une vague inquiétude agitait les esprits ; mais on avait espoir en l'expérience du passé et en la sagesse de la cou-

ronne, quand, le **27** juillet, arrivèrent à Cherbourg les ordonnances liberticides du **25**. Alors
toute idée de salut fut détruite. Les amis du despotisme crièrent victoire, et les libéraux, que
rien n'abusait, s'attendirent à une résistance
sérieuse, que faisait d'ailleurs présager le langage virulant des journaux de l'opposition. Le
lendemain la diligence de Paris n'arriva point.
On fut privé de nouvelles pendant six jours, et
cette longue interruption de toute communication fit croire que quelque chose de grave se
passait à la capitale. Le **2** août on disait que Paris
s'était révolté contre le pouvoir dont émanaient
les ordonnances du **25**, que le drapeau tricolore
flottait sur ses monuments, et que Caen, Evreux,
Rouen et d'autres villes avaient sur-le-champ
imité l'exemple de la métropole ; on se commu-
niquait même la fameuse proclamation du duc
d'Orléans, lieutenant-général du royaume, dans
laquelle il était dit que la charte serait désormais
une vérité. Enfin le 5 les journaux de Paris
arrivèrent : on se les arrachait ; on les lisait publiquement dans les rues. On eut alors connaissance du résultat des trois jours, des procla-
mations du général Lafayette, de la formation
du gouvernement provisoire : l'enthousiasme
était à son comble.

*1830,
3 août.*

Le même jour à huit heures du soir, une estafette de Paris apporta un message au préfet maritime, dont les fonctions étaient alors remplies par M. de la Gatinerie, chef d'administration ; le titulaire, M. Pouyer, qui était allé présider le collége électoral du Havre, n'était point de retour. Aussitôt l'arrivée de ce courrier, la préfecture maritime fut assaillie par la populace qui remplissait la rue des *Bastions* : on voulait défoncer les portes de l'hôtel ; et le calme ne se rétablit qu'après qu'une députation de factieux eut été, au nom du peuple, prendre indiscrétement connaissance des dépêches. Soudain le pavillon aux trois couleurs flotta à la préfecture, et aux fenêtres des libéraux qui illuminèrent leurs maisons. Les insignes nationales furent promenées toute la nuit dans les rues de la ville aux cris de vive la Charte ! vive la Liberté !

Le lendemain les troupes de la marine arborèrent à leur caserne le drapeau tricolore. Mais ce ne fut que le 6 que le reste de la garnison prit les nouvelles couleurs ; et ce retard exaspéra à tel point le 64.ᵉ de ligne, que le 5, après l'appel de retraite, il se mutina, chassa de la caserne les officiers qui s'y trouvaient, brisa les portes de la salle-de-police, contraignit l'adjudant-major

de service à ouvrir le cachot, désarma la garde
de police, prit les armes, fit ses sacs, en disant
que puisqu'il n'avait plus de drapeau il n'était
plus corps militaire, et qu'il allait partir pour se
rendre à Paris au camp de Vaugirard. Il fallut
au milieu de la nuit lui procurer un drapeau tricolore. Une quarantaine d'hommes étaient déjà
en route pour la capitale, ainsi qu'une partie
de la compagnie de pionniers, et une compagnie
entière de disciplinés, qui s'était aussi révoltée
et dont il ne restait plus que les officiers.

Non contente de la double abdication de Ram-
bouillet, la chambre des députés, dont le man-
dat consistait à arracher légalement des conces-
sions à la couronne, à faire des lois en confor-
mité de la constitution de l'état et à consentir
l'impôt ; la chambre des députés, s'arrogeant
une mission souveraine qu'elle n'avait point,
décréta que la branche aînée des Bourbons était
déchue du trône, et donna un nouveau maître
au peuple français, en même temps qu'elle fa-
briquait une seconde édition de la charte de 1814,
opérations qui furent bâclées en un instant par
une assemblée qui était à peine en nombre pour
délibérer.

Ces événements bouleversèrent le personnel

des administrations ; plusieurs fonctionnaires de Cherbourg furent révoqués ou changés. M. Collart, dont le pouvoir vraiment paternel administrait la ville depuis les premiers temps de la restauration , fut remplacé comme maire par M. Javain, ancien officier supérieur du génie. M. Bonnissent , médecin , devint sous-préfet de l'arrondissement , et M. le général chevalier Jouan, ancien colonel des grenadiers de la vieille garde, fut appelé au commandement de la place.

Cependant Charles X, banni du territoire français , était attendu à Cherbourg où se faisaient des préparatifs pour son embarquement. Le vieux roi, accompagné de sa famille , de quelques officiers fidèles au malheur et des gardes-du-corps, s'acheminait lentement à travers la Normandie. 1830, 12 août. On apprit que le **12** août il arriverait à Saint-Lo , et le général Hulot , envoyé dans le département de la Manche , mit en mouvement les gardes nationales de Cherbourg et de Valognes, qui venaient de s'organiser à la hâte , et marcha à leur tête, avec deux pièces de canon, sur la route de Carentan. Cette effervescente et passagère expédition avait bouleversé les familles, révolutionné les ménages : les maris, les fils , les pères, transportés d'enthousiasme et déjà fiers

des lauriers qu'ils se promettaient de cueillir,
étaient allés au devant de la famille détrônée,
abandonnant les uns leurs vieux parents, les
autres leurs compagnes, leurs enfants éplorés :
ce n'était que désolation dans Cherbourg. Mais
le résultat de la campagne ne répondit point à
la glorieuse attente qu'en avaient conçue ces
guerriers improvisés. Ils étaient partis pleins de
vigueur et de courage et faisant un grand bruit ;
ils revinrent abattus, découragés et dans le plus
profond silence. Fatigués par une marche forcée de douze lieues, ceux-ci rentraient en boitant
dans leurs foyers ; ceux-là s'étaient procuré des
chevaux ; d'autres revenaient sur des charrettes :
il y avait plus d'écloppés que si l'on eût livré
bataille, et pourtant pas une amorce n'avait été
brûlée.

L'ex-roi et sa suite arrivèrent à Valognes le vendredi 13 août à six heures du soir, et y séjour-
nèrent le 14 et le 15. Là les gardes-du-corps remirent leurs étendards à l'infortuné monarque,
et cette scène d'adieu fit couler des larmes de
tous les yeux (1).

---

(1) *Journal de Saint-Cloud à Cherbourg*, par M. Théo-
dore Anne, ex-garde-du-corps de la compagnie de
Noailles.

Charles X quitta Valognes le lundi 16 à neuf heures du matin, toujours escorté par les gardes du corps, des gendarmes d'élite et des cavaliers de divers régiments, le tout formant un effectif d'environ six cents hommes. La famille royale était dans la même voiture ; le maréchal Marmont, duc de Raguse, allait derrière en habit bourgeois. Ce convoi politique entra à Cherbourg à une heure de l'après-midi ; il passa par l'avenue du *Cauchin,* la rue *Corne-de-Cerf* et la rue du *Chantier*, où toute la population s'était portée et observait en silence : on n'entendit qu'un seul cri, ce fut un vive la charte proféré dans la foule à la porte du Chantier. L'infortuné cortége traversa le chantier à bois, et, au milieu d'une double haie de soldats, se rendit au Port-Militaire. Ah ! si les mêmes personnages fussent entrés dans cet établissement une année auparavant, que de bruit, que de cérémonies une telle circonstance eût occasionnés ! Et maintenant qu'ils sont déchus des grandeurs, qu'ils sont malheureux, les autorités ne s'empressent plus à l'envi de s'incliner devant eux, de ramper à leurs pieds; on n'entend ni musique, ni fanfares ; le canon est muet ; on ne leur fait nul salut.

Quand la voiture royale arriva sur le quai,

les voyageurs mirent pied à terre. Charles X
descendit le premier ; son air était calme , son
maintien résigné. Il était en habit bleu bourgeois , sans ruban , et en chapeau rond. Il reconnut M. Pouyer , préfet maritime , et le sa-
lua ; mais il n'adressa aucune parole à messieurs
Odilon – Barot , Schonen , le général Jacque-
minot et le maréchal Maison , commissaires
délégués par le nouveau gouvernement pour surveiller l'embarquement de l'ex-roi. Le dauphin
était, comme son père, vêtu en habit bourgeois,
mais avec un signe de décoration ; il donnait
le bras à la dauphine , qui fondait en larmes et
était si abattue qu'à peine elle pouvait marcher.
La duchesse de Berry , en proie à la douleur ,
était en toilette très-simple. Mademoiselle était
conduite par madame de Gontaut, et le duc de
Bordeaux , habillé en petite veste bleu clair ,
en pantalon blanc et en chapeau gris, donnait la
main au baron Damas, son gouverneur.

La famille royale s'embarqua sur le *Great-
Britain* , magnifique paquebot américain , et
sa suite, à bord du *Charles-Caroll*, navire aussi
des Etats-Unis (*). Les quatre commissaires se

(*) Ces bâtiments venaient du Havre et appartenaient
à M. Paterson, dont Jérôme Bonaparte avait épousé la fille
en 1803.

rendirent sur le premier de ces bâtiments et y restèrent assez long-temps ; ensuite le roi congédia avec bonté les officiers et les troupes qui l'avaient accompagné depuis Saint-Cloud et qui ne devaient point le suivre dans l'exil ; et les paquebots se disposèrent à partir. On entendit alors la dauphine dire à madame de Gontaut : « Ah ! qu'il est cruel de quitter la France ! » La suite de l'ex-monarque se composait d'un petit nombre de serviteurs dévoués, parmi lesquels on distinguait messieurs le général Larochejaquelain , le comte de Mesnard, le baron de Damas, le duc Armand de Polignac , Kessner, le comte de Brissac , le comte O'Hëgerty, le comte de Bouillé, le maréchal Marmont , duc de Raguse , et mesdames la vicomtesse de Gontaut, la marquise de Sainte-Maure et la comtesse de Bouillé.

A deux heures un quart tout étant prêt pour appareiller , le *Great-Britain* et le *Charles-Caroll* mirent leurs voiles dehors , et les exilés s'éloignèrent du rivage. Ces deux paquebots étaient précédés par le cutter le *Rôdeur*, servant d'aviso , et escortés par la corvette de charge la *Seine* , commandée par le capitaine de frégate Thibault , lequel était chargé de surveiller le débarquement des proscrits. Le temps

était beau , le vent favorable : bientôt les navires ne furent plus que comme un point à
l'horizon ; on les perdit de vue , et le lendemain dès l'aurore ils étaient à l'île de Wight.

Les quatre commissaires partirent aussitôt
pour Paris , et le même soir aussi les gardes-du-
corps reprirent la route de Valognes : ils se
rendirent à Saint-Lo où on les désarma. C'était
précisément dans le temps que le prince Jules
de Polignac , ex-président du conseil des ministres, arrivait prisonnier au chef-lieu de la
Manche. On l'avait arrêté le 15 dans un méchant
cabaret de Granville , étant mal vêtu et se faisant passer pour le domestique de la marquise
de Saint-Fargeau. Après dix jours de détention
à Saint-Lo, il fut conduit au château de Vincennes
pour être jugé par la cour des pairs.

Après cette secousse politique qui n'eut qu'un
retentissement lointain à Cherbourg et n'y
ébranla que le personnel des administrations, la
la ville reprit son train de vie accoutumé, et les
travaux allèrent comme avant juillet. On s'occupa du prolongement du port de commerce ,
en faisant disparaître la chaussée qui le traversait en face de l'entrepôt et en achevant de le
creuser vers le sud. L'ouvrage fut terminé en

1831, à l'exception de quelques murs de quai , et le bassin, dont la largeur est de cent vingt-sept mètres, se trouva avoir quatre cent huit mètres de longueur au lieu de deux cents qu'il avait auparavant (1). On établit à son extrémité des cales de constructions et de carénage.

Ce fut aussi en **1831** que le conseil municipal de Cherbourg acquit pour la ville la bibliothèque de feu M. Duchevreuil, composée d'environ deux mille cinq cents volumes, dont plus de six cents relatifs à l'histoire de la Normandie, de quelques livres imprimés avant l'an **1500** et de huit manuscrits (2). Cette précieuse bibliothèque devint publique, et M. Ragonde en fut nommé conservateur. Elle a déjà reçu quelques dons du gouvernement , entr'autres le grand ouvrage de l'expédition d'Egypte. Il serait à désirer qu'un conseil municipal ami des lettres et des sciences votât des fonds pour augmenter cette bibliothèque , qui est loin d'être assez nombreuse. En faisant tous les ans quelques acquisitions, ce qui n'entraînerait qu'à de bien légères dépenses, on l'enrichirait insensiblement, et bientôt la biblio-

---

(1) M. de Berruyer, *Guide du Voyageur à Cherbourg*, pages 40 et 42.

(2) *Annuaire du Département de la Manche* pour 1833 , article *Musée et Bibliothèque de Cherbourg*, par M. Ragonde, pages 171 et 172.

thèque publique de Cherbourg serait digne de la ville et en rapport avec l'importance de la cité.

Indépendamment des livres de M. Duchevreuil, le conseil municipal de 1831 acheta aussi les objets d'histoire naturelle et quelques-uns des morceaux d'antiquité qu'avait rassemblés cet amateur éclairé. On en forma un cabinet composé d'armes gauloises, de haches celtiques, de vases étrusques, d'armures du moyen-âge, de différents bronzes, de plus de huit cents coquilles vivantes et fossiles, d'environ six cents échantillons de minéraux de toute espèce (1), et de plusieurs curiosités du règne animal. Il s'enrichit encore d'une momie, envoyée par M. Troude, capitaine de frégate et fils du contre-amiral. Ce don est d'autant plus précieux, qu'il est accompagné d'une interprétation de l'inscription hiéroglyphique de la momie, par Champollion-le-Jeune, feuille écrite de sa main et qui est son dernier travail.

Cette même année M. Ch. Henry, commissaire des musées royaux à Paris, donna à la ville de Cherbourg, sa patrie, un certain nombre de

---

(1) *Annuaire du Département de la Manche* pour 1833, article *Musée et Bibliothèque de Cherbourg,* par M. Ragonde, page 170.

tableaux de différents peintres anciens et modernes. Depuis lors cet honorable citoyen a continué ses envois : plus de quatre-vingts tableaux sont déjà arrivés, formant une collection de toutes les écoles qui témoigne avantageusement des connaissances artistiques de M. Henry et fait le plus grand honneur à son désintéressement. Le donateur de ces tableaux a promis, dit-on, d'en porter le nombre à cent.

La ville fut ainsi dotée d'une petite mais précieuse bibliothèque publique, d'un cabinet de curiosités et d'un magnifique musée.

1830,
10 juin.

Cherbourg qui avait été en 1830 le lieu d'embarquement d'un souverain détrôné, devint bientôt celui de débarquement d'un autre prince aussi chassé de ses états par la toute puissance du peuple. Un bâtiment de guerre anglais arriva sur la rade le 10 juin 1831 : c'était la frégate la *Volage*, commandée par le capitaine de vaisseau Colchester, qui portait à son bord le chef de la maison de Bragance, don Pédro 1.er, empereur du Brésil. Ce prince avait été forcé d'abdiquer le 7 avril précédent, et s'était embarqué le 13 du même mois à Rio-Janeiro, sa capitale. Ce fut lui-même qui donna le premier en France des détails sur la révolution dont son despotisme avait été le moteur.

Un officier de la direction du port et le vice-consul brésilien à Cherbourg se rendirent à bord de la *Volage*, dont l'autorité maritime avait reçu des nouvelles par la voie du stationnaire. Et le même jour à quatre heures du soir, don Pédro débarqua au Port-Militaire, accompagné de son épouse, la fille du prince Eugène de Beauharnais, et suivi d'une dame d'honneur, du marquis de Cantagello, chambellan ; du duc de Tavarès, médecin de l'empereur ; d'un colonel d'infanterie et d'un capitaine d'artillerie de la garde. L'empereur et l'impératrice furent reçus au débarquement par les autorités ; les troupes de la marine, rangées sur deux files, leur présentèrent les armes. Une calèche les attendait dans le port, et ils se rendirent aussitôt à l'hôtel de la préfecture maritime, où ils logèrent pendant leur séjour à Cherbourg.

« Le lendemain, 11 juin, dès cinq heures du » matin, don Pédro, dit M. Ragonde, se prome- » nait seul et à pied dans les rues et sur les places, » s'arrêtant à causer avec les ouvriers qu'il ques- » tionnait sur leurs travaux. A onze heures, l'em- » pereur et l'impératrice assistèrent à la messe » dans l'église paroissiale, ce qu'ils firent chaque » jour pendant qu'ils restèrent à Cherbourg (1). »

(1) *Annuaire du Département de la Manche* pour 1832, pag. 186.

Ensuite les autorités leur furent présentées , et le soir il y eut réception des dames.

Don Pédro sortait tous les jours, tantôt avec l'impératrice et tantôt seul. Il visitait l'arsenal et les ouvrages du port , examinait avec attention les constructions navales, assistait aux exercices militaires et paraissait se complaire au bruit des armes. Une fois il passa au Champ-de-Mars une revue de la garde nationale et des troupes de terre et de mer de la garnison. Une autre fois il alla avec sa femme et quelques fonctionnaires publics se promener au château de Martinvast , parcourut le parc, et grava sur l'écorce d'un hêtre cette inscription pastorale : *Pedro* $18\frac{27}{jn.}31$ (1).

Déjà l'ambassadeur du Brésil à Paris était à Cherbourg, où il arriva le 12 dans la soirée ; et bientôt don Pédro fut « rejoint par messieurs de » Rochapinto, grand écuyer et conseiller d'état, » et Gomès da Silva, secrétaire intime de l'em- » pereur et son favori, grand officier de sa maison » et colonel de la garde..... Le général Saldanha, » réfugié portugais, et le chevalier Mascarenhas,

---

(1) *Annuaire du Département de la Manche* pour 1832 , article *Princes malheureux qui sont venus à Cherbourg* , par M. Ragonde, page 188.

» ·chambellan de dona Maria, vinrent aussi d'An-
» gleterre présenter leurs hommages à don
» Pédro (1). »

Cependant l'ex-empereur étant inquiet de sa
fille dona Maria, reine de Portugal, âgée de douze
ans, qui s'était embarquée le même jour que
lui, à Rio-Janeiro, sur un bâtiment français,
cela lui fut le sujet ou le prétexte d'un voyage
en Angleterre. Il partit pour Londres le **20** juin,
avec son grand écuyer, son favori et le diplo-
mate Resende. L'impératrice resta à Cherbourg
avec sa dame d'honneur, et ne reçut personne
pendant l'absence de son mari qui se prolongea
au-delà d'un mois. « Le **17** juillet une estafette
» lui apporta une lettre de la reine des Français,
» annonçant l'arrivée à Brest de dona Maria.
» Par une singulière fatalité, la gabare la
» *Seine*, sur laquelle était venue cette princesse,
» et l'officier de marine qui la commandait,
» étaient les mêmes qui avaient accompagné
» Charles X à son départ de France (2). »

(**1**) *Annuaire du Département de la Manche* pour 1832,
article *Princes malheureux qui sont venus à Cherbourg,* par
M. Ragonde, pages 186 et 187.

(2) *Lieu cité,* page 187

Dona Maria vint par terre de Brest à Cherbourg, où elle arriva le 23 juillet à neuf heures
du soir. Elle avait rencontré messieurs d'Alméida,
ministre plénipotentiaire, et Daupias, consul
général du Portugal à Paris, qui étaient allés au
devant d'elle. Une dame d'honneur, une dame
d'atours, le comte de Sabugal, grand officier de
sa maison, et quelques domestiques formaient
tout son cortége.

1831,
23 juillet.

« Le même jour à sept heures du soir, don
» Pédro, accompagné de messieurs de Resende,
» Gomès da Silva et du fils de lord Holland,
» vint rejoindre son épouse et sa fille (1). »

Don Pédro partit pour Paris le surlendemain 25
à neuf heures du matin. Il était de retour le 1.er
août, rapportant le grand cordon de la légion
d'honneur dont l'avait décoré Louis-Philippe.
Enfin il quitta définitivement Cherbourg le 2
pour se rendre en Angleterre. Il s'embarqua au
grand port, avec sa famille et sa suite, sur le
même bâtiment à vapeur qui avait transporté les
membres de la branche aînée des Bourbons de

1831,
2 août.

---

(1) *Annuaire du Département de la Manche* pour 1832,
article *Princes malheureux qui sont venus à Cherbourg*, par
M. Ragonde, pages 187 et 188.

l'île de Wight à Edimbourg. Mais don Pédro ne séjourna pas long-temps à Londres ; il revint en France et occupa le vieux château de Meudon près de Paris , où sa femme et sa fille restèrent pendant que lui-même alla porter la guerre en Portugal , et chasser du trône don Miguel , son frère , qui avait usurpé la couronne de dona Maria , ou plutôt la souveraineté du peuple portugais.

L'accroissement de la population mit la ville de Cherbourg dans la nécessité d'abandonner son ancien cimetière, qui se trouvait trop petit, pour en établir un plus vaste au pied du versant de la colline d'Octeville , vers le haut de la rue de la *Duchée*. Ce nouveau cimetiere fut ouvert au printemps de **1832**. C'était la troisième fois depuis un demi-siècle que Cherbourg se voyait dans la fâcheuse obligation de changer de lieu de sépulture. Primitivement le champ des morts avait été autour de l'église, où l'on enterra jusqu'en **1782**, c'est-à-dire pendant plus de mille années ; ensuite on le plaça dans le lieu que traverse aujourd'hui l'impasse *Auvray*, entre la rue de la *Paix* et la mer ; et dix ans plus tard , en **1792**, il fallut former un nouveau cimetière dans le terrain compris entre la rue de *Longlet*,

le chemin du Port-Militaire et la grève ; c'est
le dernier qu'on a abandonné.

Une épidémie apportée d'Asie en Europe par
les troupes russes et à laquelle on donnait le nom
de choléra-morbus , se déclara inopinément à
Paris dans le mois de mars 1852; bientôt ses ravages furent terribles et répandirent l'alarme dans
toute la France. Cherbourg se précautionna contre
le fléau qui décimait la capitale : une commission
sanitaire fut instituée; on prépara des hôpitaux ;
des vases remplis d'eau de chlorure furent placés
dans les casernes ; on donna tous les jours une
ration de vin aux troupes ; chacun observa un
régime , se priva de légumes et de crudité ; les
uns se frottèrent de camphre, les autres portèrent
des sachets pleins de drogues ; les bonnes gens
se chargèrent d'amulettes comme les superstitieux
pélerins d'autrefois ; l'autorité ne laissa entrer
dans le port que les navires munis d'une patente
nette , et l'administration municipale fit nettoyer
les rues et assainir la ville par tous les moyens
possibles. Tant de précautions pour conjurer
l'orage furent inutiles , et le choléra-morbus fit
irruption à Cherbourg. Les premiers symptômes

1832,
2 mai.
de cette maladie s'y manifestèrent en mai , et
elle y régna pendant plus de six mois. Selon les

rapports des médecins, trois cent soixante-dix-neuf individus en furent atteints et cent soixante-treize en moururent (1). Cependant la mortalité ne fut pas plus grande cette année à Cherbourg que les années précédentes. Mais si le mal eût été proportionné à la peur, c'en était fait des dix-neuf vingtièmes de la population de la ville.

Ce fut à la fin de la même année qu'on acheva la chapelle du Roule et qu'elle fut livrée au culte catholique. Ce modeste édifice, commencé en **1831** au moyen de dons volontaires, coûta près de trente mille francs. La circonscription spirituelle de cette église a déjà été fixée par l'évêque diocésain; mais le conseil municipal de la ville, malgré la demande réitérée des habitants du quartier du Roule, n'a point encore voulu l'ériger en succursale temporelle.

Jusqu'ici Cherbourg n'avait point eu de marché couvert et le blé se vendait dans la rue; il était nécessaire d'y établir une halle : on se mit à en commencer une, sur la place Divette, vers la fin de **1828**, et elle fut ouverte au public le **1.**er

---

(1) *Annuaire de Cherbourg et de l'Arrondissement* pour 1835 (par M. de Berruyer), article *Choléra-Morbus*, par M. le docteur Blanchet, page 116.

janvier 1835. Mais le commerce n'occupe qu'un
coin de ce vaisseau assez grand pour une ville
de quatre-vingts mille ames. L'administration
locale a résolu, dit-on, de consacrer une partie
de cette vaste enceinte à une salle de spectacle.
S'il faut un établissement de ce genre à Cherbourg, ce qui est loin d'être démontré, il serait
sans doute économique de le placer là ; mais on
avouera qu'il n'y aurait pas excès de bon goût
d'établir un théâtre au milieu d'une halle, et
que, quoi qu'on fît, il y serait toujours mal placé
et déplacé.

Les journaux se propageaient dans toutes les
villes importantes du royaume, et Cherbourg,
port militaire, préfecture maritime et cité de
vingt mille ames, n'avait qu'une simple *Feuille
d'Annonces* : on entreprit de la doter de quelque
chose de mieux. Messieurs de Berruyer, Ragonde
et Boulanger, imprimeur-libraire, y fondèrent
un journal hebdomadaire, dont le premier nu-
1835.   méro parut le 5 mars 1835, format in-quarto,
sous le titre de *Journal de Cherbourg, non Politique, Commercial, Maritime, Judiciaire,
Agricole et Littéraire.* Bientôt le succès de cette
publication surpassa l'attente de ses fondateurs,
et, le 1.er septembre suivant, elle prit le nom de

*Journal de Cherbourg et du Département de la
Manche*, et adopta le format in-folio. Depuis
lors cette feuille n'a cessé de se publier, et son
utilité lui assure une existence durable.

Des navires de guerre français, destinés à une
parade belliqueuse contre la Hollande , s'llon-
nèrent la mer de la Manche pendant la belle saison
de cette année , et la rade de Cherbourg fut
presque toujours couverte d'une division navale.
Un des bâtiments de cette escadre, la frégate la
Résolue venant des Dunes à Cherbourg, s'échoua
par un beau temps , le 25 juin, sur les rochers
du cap Levi. On crut d'abord pouvoir la remettre
à flot ; on débarqua tout son matériel : l'administration de la marine fit de grandes dépenses pour
essayer de la relever ; mais tous les efforts furent
vains, il fallut la démolir sur la place.

Cependant la partie officielle du *Moniteur* annonça que le roi et sa famille viendraient visiter
Cherbourg. Bientôt un officier de bouche arriva
pour préparer les logements. L'hôtel de la préfecture fut destiné à la famille royale ; les maisons
voisines furent louées pour les ministres, les aides-
de-camp, les grands officiers ; les marmitons,
les laquais, le menu fretin de la maison dut loger
à la caserne des équipages de ligne Le bâtiment

de l'espadage, dans le chantier à bois, fut disposé pour une salle de banquet. L'escadre française de la Manche se réunit sur la rade, où se rassemblèrent aussi quantité de petits navires anglais du *Royal Yacht Club*, les mêmes qui avaient donné précédemment une fête nautique à Cherbourg.

1833,
1.er sept.

Le 1.er septembre à trois heures de l'après-midi, Louis-Philippe descendait à cheval la côte du Roule, accompagné de ses deux fils le duc de Némours et le prince de Joinville, et suivi de messieurs le maréchal Soult, duc de Dalmatie, ministre de la guerre et président nominal du conseil; de l'amiral comte de Rigny, ministre de la marine; du maréchal comte Gérard, du lieutenant-général comte Excelmans, du comte Lemarrois, général de division en retraite, et des aides-de-camp de sa majesté le lieutenant-général baron Bernard, les maréchaux-de-camp vicomte de Rumigny et baron Gourgaud, et les colonels baron Berthois et comte d'Houdetot. Il fut reçu au bas de la côte par le lieutenant-général baron Teste, commandant la division, et le maréchal-de-camp Barthémy, commandant le département. Ensuite il vint à l'arc-de-triomphe, où l'attendaient messieurs de la municipalité, le contre-amiral baron Lemarant, préfet maritime, et les officiers de la marine ; Gattier, préfet de la Manche ; le colonel Charlet, commandant la place ; le contre-amiral baron Hamelin, inspecteur général des troupes de la marine, et une foule d'étrangers et d'habitants de la ville.

M. Noël-Agnès, maire de Cherbourg, présenta au roi les clefs de la cité, et dit : « Sire, le corps » municipal a l'honneur d'offrir à Votre Majesté » les clefs de la ville de Cherbourg.

» Vous trouverez dans tous ses habitants des » amis de l'ordre et d'une sage liberté ; c'est dire » assez combien ils vous sont dévoués et quel » bonheur votre présence répandra parmi eux.

» Daignez, Sire, agréer l'hommage bien sin- » cère de notre fidélité et de notre inviolable » attachement. »

Louis-Philippe répondit à cette allocution, et la foule, qui n'avait pas entendu une de ses paroles, applaudit par de vives acclamations.

Le cortége, passant au milieu d'une double haie de soldats, entra en ville par l'avenue du Cauchin et les quais, au son des cloches et au bruit du canon. Les nombreux navires qui se trouvaient dans le port étaient pavoisés et couverts de monde jusqu'au haut des mâts ; la façade des maisons était décorée de verdure , de guirlandes et de pavillons tricolores ; les fenêtres étaient garnies de dames agitant leurs mouchoirs ; la foule ne cessait de crier vive le roi ; on se pressait sur le passage du monarque : ce n'était pas une marche, c'était une entrée triomphale. Arrivé sur sur la place du *Rempart*, Louis-Philippe fut salué par l'artillerie des vaisseaux mouillés sur la rade. En passant près de l'église, il fut complimenté par le clergé, qui l'attendait là en habits sacerdotaux.

Aussitôt installé au palais , le roi voulut recevoir les autorités civiles et militaires. Elles lui furent présentées par leurs chefs respectifs, dont la plupart lui adressèrent des discours. On remarqua parmi ces harangues celles de messieurs Bonnissent , sous-préfet de l'arrondissement (*) ; Vrac, président du tribunal civil ; Delachapelle, au nom du tribunal de commerce ; Dumont-Mou-

---

(*) On remarqua dans la réponse du roi que ce prince se rappelait d'être venu à Cherbourg dans sa jeunesse, en 1788. Ce fut dans ce voyage que , transporté d'un juste sentiment d'indignation , il fit briser la fameuse cage de fer du Mont-Saint-Michel.

lin , juge-de-paix du canton ; Le Bruman , principal du collége ; Briquet , curé de la paroisse, et le comte Armand de Bricqueville, colonel de la garde nationale. Nous ne reproduirons que le discours de M. Noël-Agnès , maire de Cherbourg , comme parlant au nom du conseil municipal et de la ville. Ce magistrat s'exprima ainsi :

« Sire, le corps municipal vient offrir à Votre » Majesté l'hommage de sa reconnaissance et de » son dévouement.

» Ces deux sentiments sont inséparables dans » nos cœurs , comme ils le sont dans ceux de » tous les bons Français.

» La liberté sauvée par vous , l'ordre rétabli, » les conséquences de la révolution de juillet » défendues contre des tentatives insensées , le » calme et la confiance renaissant au dedans, la » paix assurée au dehors : tels sont les bienfaits » que nous devons à la fermeté et à la haute » sagesse de Votre Majesté, et qui appellent en » retour tout notre dévouement.

» Cette dette de la reconnaissance sera douce » à acquitter pour nous, Sire ; car avant d'être » roi , vous aviez , comme prince , toutes nos

» affections. Notre dévouement sera durable;
» car il se fortifie chaque jour de tout le poids
» de nos convictions. Nous croyons que sans
» ordre il ne peut y avoir de vraie liberté ;
» que les institutions du 7 août seules peuvent
» assurer le maintien de l'un et de l'autre , et
» qu'elles contiennent le germe de toutes les
» améliorations utiles , dont le développement
» progressif et régulier peut assurer la félicité
» publique.

» Vous parler du port de Cherbourg , c'est
» vous entretenir encore des intérêts de la France.
» Nous nous félicitons, Sire , que Votre Majesté
» ait voulu en apprécier par elle-même toute
» l'importance. L'achèvement de ces immortels
» travaux, trop long-temps négligés, sera une
» des gloires de votre règne et dotera la France
» d'un monument nouveau de force et de gran-
» deur.

» Après d'aussi graves intérêts, Votre Majesté
» daignera-t-elle nous permettre d'arrêter un
» instant son attention sur ceux de notre ville
» en particulier ?

» Des établissements importants , dont les
» principaux sont un tribunal, un hospice, une

» église, restent à créer, et nos ressources sont
» bien inférieures aux dépenses qu'ils nécessite-
» ront. Nous invoquons votre royale sollicitude
» à l'égard des biens spoliés de notre hospice,
» dont nous réclamons la réintégration depuis
» long-temps et toujours sans succès.

» Un vaste magasin à poudre est situé non
» loin du centre de nos foyers; il menace la
» vie de vingt-cinq mille personnes, l'existence
» de la ville entière, et celle de tous les éta-
» blissements militaires et maritimes que le
» gouvernement a élevés avec tant de frais. Plu-
» sieurs fois nous avons réclamé l'éloignement
» de cet effrayant voisinage, et ç'a toujours été
» en vain. Nous implorons votre justice et votre
» bienveillance, et nous serons heureux de de-
» voir à Votre Majesté la délivrance d'un danger
» qui compromet la vie de nos concitoyens et
» les intérêts de l'état (*).

(*) Il est singulier que ce foyer de destruction ait été
placé dans un lieu sans défense, entouré de maisons bourgeoises et de manière à menacer constamment la ville, et
il est surprenant qu'on ne puisse point parvenir à le faire
ôter de là. La généreuse supplication de M. Noël-Agnès
n'a pas eu plus de succès que les démarches faites précédemment à cet égard. Et pourtant, dans cet état de choses,

» Sire, quelques mois se sont à peine écoulés
» depuis que , dans son propre palais, j'ai eu
» l'honneur , au nom du conseil municipal ,
» d'appeler la protection de Votre Majesté sur
» un établissement de bains de mer naissant dans
» cette ville. Vous lui avez accordé l'insigne
» honneur de porter votre nom. Nous vous ap—
» portons avec empressement le tribut de notre
» profonde gratitude, et nous formons le vœu
» que cet établissement devienne pour nous une
» heureuse occasion d'offrir souvent à Votre
» Majesté et à sa famille l'hommage des sentiments
» que nous exprimons aujourd'hui et qui nous
» animeront toujours. »

On distingua dans la réponse du roi le passage
suivant relatif à Cherbourg : « Vous devez compter
» sur mon désir de favoriser tout ce qui peut
» être utile à votre ville ; ainsi j'aurai soin de
» recommander les demandes particulières que
» vous m'adressez sur les divers objets dont vous
» m'avez entretenu, à ceux des ministres qu'elles
» concernent, et je m'en occuperai autant que

---

une seule étincelle suffirait pour anéantir en un instant
une cité populeuse et des établissements qui ont coûté tant
de millions.

» je pourrai. Quant aux grands travaux , vous
» connaissez mon désir de les voir terminés , et
» vous pouvez être certain qu'ils seront conti-
» nués avec activité dans la proportion des fonds
» que les votes législatifs mettront à la disposi-
» tion de mon gouvernement. »

Après l'audience le roi fut dîner dans la salle
d'espadage. Il admit à sa table, qui était de plus
de cent couverts, les grands officiers de sa suite,
les chefs des administrations, les principaux fonctionnaires de Cherbourg, et plusieurs étrangers
de distinction, parmi lesquels on remarquait lord
Durham et lord Belfast, pairs d'Angleterre; lord
Yarboroug , amiral du *Royal Yacht Squadron*
et membre du parlement ; le chevalier Stanley ,
le vice-amiral lord Colleville , lord Cofton , le
commodore sir Charles Oyle , lord Clombrouk ,
lord Exmouth, fils du vainqueur d'Alger, et le fils
de l'amiral Codrington.

La musique ne cessa de jouer dans la salle du
banquet , et en sortant du dîner les convives
purent voir toute la ville illuminée.

Les autorités se rendirent à neuf heures du
soir à l'arc-de-triomphe du Roule pour y attendre la reine. Elle arriva à minuit avec ses

enfants les duc d'Aumale et de Montpensier et
les princesses Marie et Clémentine. Madame
Adélaïde , sœur du roi, accompagnait la reine.
Leur suite était composée de mesdames la marquise de Chantérac , la duchesse de Massa et la
vicomtesse de Rumigny ; de messieurs le pair et
maréchal-de-camp comte Anatole de Montes-
quiou et le chef de bataillon comte Alfred de
Chastellux, chevaliers d'honneur de la reine et de
madame Adélaïde, et de messieurs Cuvillier-
Fleury et Delatour , précepteurs des jeunes
princes.

2 septemb.

Le lendemain à dix heures, les fonctionnaires
furent présentés à la reine. A midi et demi, le
roi monta à cheval , suivi des princes , des ma-
réchaux et d'un brillant cortége, pour aller passer
la revue des gardes nationales de Cherbourg et
de l'arrondissement et des troupes de la garnison.
Ces différents corps, formant un effectif de cinq
à six mille hommes , étaient rangés sur une
ligne qui s'étendait sur le quai ouest du port de
commerce , l'avenue du Cauchin et la route de
Paris le long du canal de retenue. Après avoir
passé devant le front de la colonne, ainsi que la
reine et les princesses qui suivaient en calèche
découverte , le roi s'arrêta sur le quai ouest du

bassin du commerce , à côté d'un pavillon où sa famille et les dames de la cour se placèrent : la garde nationale , les douaniers , les ouvriers de la marine et les troupes de terre et de mer défilèrent par pelotons devant lui , en donnant des marques de leur amour à la nouvelle dynastie.

Après la revue, Louis-Philippe , accompagné de toute sa suite, se rendit au Port-Militaire , où le reçut le préfet maritime, qui lui présenta les clefs de l'établissement. Il visita les cales, monta sur le *Friedland*, vaisseau de cent vingt canons, et alla à bord du vaisseau à deux ponts le *Jupiter*, qui était en armement. Il se fit présenter les différents projets d'agrandissement du port, tracés à diverses époques (1), les compara, et se les fit expliquer en détail par les ingénieurs. Ensuite le roi, sa famille et leur nombreux entourage s'embarquèrent sur le bateau à vapeur le *Sphinx* pour aller à la Digue. Les bâtiments de l'escadre se pavoisèrent, et le royal cortége traversa la rade au bruit du canon des vaisseaux. Le monarque débarqua au môle, parcourut une

(1) *Relation* du séjour du Roi et de la Reine des Français à Cherbourg, par M. Noël-Agnès, maire de la ville, page 20.

25

partie de son revêtement, alors découvert par la basse mer, et manifesta à plusieurs reprises l'intérêt qu'il portait à ce gigantesque monument.

En revenant au port, le roi, placé sur la dunette du *Sphinx*, fut salué par l'artillerie des navires français et étrangers, et par les *hourras* des équipages des yachts anglais. Il se rendit à bord du *Louqsor*, mouillé dans l'avant-bassin du Port-Militaire. Ce bâtiment, d'une forme toute nouvelle, à fond plat et à cinq quilles, venait de la Haute-Egypte et était en relâche à Cherbourg. Il portait à Paris un des obélisques du village de Louqsor (Luxor), ou de l'ancienne Thèbes, immense pyramide longue de vingt-trois mètres, et de forme quadrangulaire d'une largeur en tous sens de deux mètres quarante-trois centimètres à la base et d'un mètre cinquante centimètres au sommet (1). Le roi visita avec intérêt ce monolithe millénaire, couvert de caractères hiéroglyphiques, mais dont le revêtement en planches, qui le préservait de toute dégradation pendant la traversée, ne laissait à découvert que la base et le pyramidion. Cet obélisque, donné par le

---

(1) *L'Obélisque de Louqsor à Cherbourg*, par M. de Berruyer, page 6.

pacha d'Egypte, avait été érigé, dit-on, sous le pharaon Rhamsès II, dix-huit cents ans avant notre ère. Le *Louqsor* apportait aussi en France un beau sarcophage en basalte vert, trouvé à Thèbes, derrière le Rhamesseum ou palais de Sésostris, au fond d'un puits funéraire de cent vingt-cinq pieds de profondeur, et qu'on croit, d'après les inscriptions qui l'ornent, avoir servi de sépulture à la reine Onkh-Nas, femme d'Amasis et fille du pharaon Psamméticus II (1). Ce fut sur ce bâtiment même que le roi éleva au grade de capitaine de corvette messieurs Verninac de Saint-Maur, lieutenant de vaisseau, commandant le *Louqsor*, et Sarlat, officier du même grade, commandant le navire à vapeur le *Sphinx*, qui avait remorqué du Nil à Cherbourg le bateau chargé de l'obélisque.

Il était plus de sept heures lorsque le roi et sa suite rentrèrent au palais. Après le dîner, qui se prolongea assez long-temps, quelques demoiselles présentèrent à la reine une écharpe en blonde, sortie des ateliers de la manufacture de la ville. Ensuite les dames furent admises au salon de la princesse.

---

(1) *L'Obélisque de Louqsor à Cherbourg*, par M. de Berruyer, page 8.

Le 3, le roi, accompagné de la reine et de sa famille, des ministres et d'un brillant cortége, s'embarqua à onze heures sur le *Sphinx*, qui alla jeter l'ancre au milieu de l'escadre mouillée sur la rade. Louis-Philippe se rendit à bord de la frégate l'*Atalante*, qui portait le pavillon amiral, où il fut reçu par le baron de Mackau, commandant la flottille, et par les capitaines de tous les bâtiments de la division. On rendit à la famille royale les honneurs d'usage; on exécuta en sa présence la manœuvre des voiles, et l'équipage du navire défila devant elle. Le roi fit une distribution de croix aux officiers; puis il voulut aller visiter la corvette l'*Héroïne*, et successivement les frégates la *Flore* et la *Junon* : mais l'état agité de la mer l'empêcha d'accomplir ce dessein, ainsi que celui de faire une course au large, et d'assister en dehors de la Digue au spectacle des évolutions de l'escadre. Il alla à bord du yacht de lord Yarboroug, vice-amiral du R. Y. C., et fit présent au propriétaire de ce navire d'une tabatière enrichie de diamants. Quant à la reine, restée sur l'*Atalante* avec une des princesses, elle se trouva indisposée par l'effet de la grosse mer, et revint directement au port.

Le roi visita ensuite le fort du Hommet, par-

courut l'enceinte du port, entra dans plusieurs
établissements, et revint à l'hôtel de la préfecture vers cinq heures. A dix heures, il se rendit
avec la reine, madame Adélaïde, les princes et
les princesses, au bal qu'on lui donna dans les
salons des *Bains-Louis-Philippe*. L'entrée de la
famille royale dans cet établissement fut annoncée par un bouquet de fusées qu'on tira du sommet
du Roule. Le bal fut brillant; mais on assure
qu'il coûta à la ville la somme exorbitante de dix
mille francs : c'était payer un peu cher la splen-
deur d'une soirée !

4 septemb.

Le 4 dans la matinée, Louis-Philippe travailla
avec ses ministres de la guerre et de la marine,
pendant que la reine et les princesses visitaient
la corderie, où elles virent faire un cable de vaisseau. A deux heures, il reçut les membres de la
société académique de Cherbourg, qui lui présentèrent leurs hommages par l'organe du directeur, et lui offrirent un exemplaire du premier volume de leurs *Mémoires*, qui venait d'être publié.

Il était près de trois heures lorsque le roi sortit
du palais. Il se rendit avec son cortége ordinaire
au fort de Querqueville, qu'il examina long-temps;
puis il se porta sur la hauteur des Couplets, couronnée par une redoute ; revint par Equeurdre-

ville, et visita successivement l'hôpital de la marine, la caserne des équipages de ligne, et le local occupé par la direction des travaux maritimes, où sont les plans en relief des divers projets faits pour le Port-Militaire de Cherbourg.

Le roi se trouva indisposé par suite des fatigues de la journée et ne put se rendre au spectacle, où on l'attendait. Il fit remettre au directeur de la troupe théâtrale une somme de cinq cents francs pour la loge qui lui était préparée (1).

5 septemb.   Enfin le 5 septembre à neuf heures du matin, Louis-Philippe reprit la route de Paris, laissant quinze cents francs au bureau de bienfaisance, huit cents à l'hospice civil, et deux mille six cents pour être répartis entre les canotiers, l'équipage du *Sphinx*, divers indigents, et les ouvriers de la marine qui avaient opéré en sa présence. Il alla à cheval jusqu'au Roule, où l'attendaient les autorités de la ville et une partie de l'état-major de l'escadre. La reine, les jeunes princes et les princesses partirent le lendemain à pareille heure; et Cherbourg devint tout d'un coup désert, en

----

(1) *Relation* du séjour du Roi et de la Reine des Français à Cherbourg, par M. Noël-Agnès, maire de la ville, page 30.

comparaison de la foule d'étrangers qui s'agitait dans son sein pendant le séjour du roi, affluence qui était telle , qu'une chambre se louait dix, quinze et jusqu'à vingt francs par jour.

Louis-Philippe avait dit en partant « qu'il attendait de sa visite des résultats avantageux pour Cherbourg ; qu'il ne tiendrait point à lui que ce port ne devînt plus tard un des premiers ports du monde, et qu'il n'acquît toute l'importance que sa position maritime lui a assignée (1) : » mais ce voyage du roi n'influa et n'a encore influé en rien sur l'activité des travaux de Cherbourg. On continua les enrochements de la Digue, et le môle, dans toute son étendue, a été considérablement exhaussé en **1834**. On ne cesse de travailler à ce grand ouvrage, pour lequel d'énormes blocs de douze ou quinze milliers sont extraits des carrières du Roule, conduits au port de commerce sur des chariots en fer et par un chemin de fer (*), et embarqués au moyen d'une grue. La Digue est une œuvre de géant qui nécessite des matériaux gigantesques.

Cette année **1835** , Cherbourg a vu s'élever

---

(1) *Journal de Cherbourg* du 8 septembre 1833.

(*) Ce chemin de fer fut établi en 1833.

dans son sein un temple pour les protestants an-glicans, modeste édifice dont l'érection fut au-torisée en 1853 et commencée l'année suivante.

Une jetée va être établie à l'ouest de l'entrée du port de commerce; elle sera parallèle et sem-blable à celle qui longe le côté est du chenal. Elle est déjà commencée.

Quant à la ville, elle s'embellit tous les jours : de nouvelles rues sont percées, les anciennes sont alignées; les masures tombent, de belles maisons les remplacent. Elle s'agrandit rapide-ment, et si cet accroissement progressif continue encore long-temps, il n'est pas douteux que cette cité n'acquière un haut degré d'importance dans l'avenir.

Nous ne finirons pas sans exprimer le vœu de voir bientôt terminé le grand établissement maritime de Cherbourg, auquel on travaille depuis un demi-siècle, et qui a déjà coûté plus de cent millions à la France; mais par le temps qui court, Dieu sait quand il recevra son dernier complément!

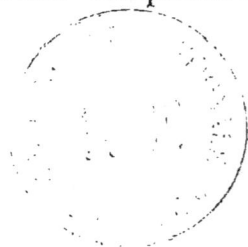

FIN.

TABLE.

FIN DE LA TABLE.

www.ingramcontent.com/pod-product-compliance
Lightning Source LLC
Chambersburg PA
CBHW061008220326
41599CB00023B/3870